城市可持续发展：
国际经验与中国道路

郝宇 著

Cities' Sustainable Development:
International Experiences and Chinese Path

北京理工大学出版社
BEIJING INSTITUTE OF TECHNOLOGY PRESS

版权专有　侵权必究

图书在版编目(CIP)数据

城市可持续发展：国际经验与中国道路／郝宇著
．－－北京：北京理工大学出版社，2023.10
ISBN 978－7－5763－2980－3

Ⅰ.①城… Ⅱ.①郝… Ⅲ.①城市经济－经济可持续发展－研究－中国　Ⅳ.①F299.2

中国国家版本馆 CIP 数据核字(2023)第 197319 号

责任编辑：李慧智　　**文案编辑**：李慧智
责任校对：周瑞红　　**责任印制**：施胜娟

出版发行 ／ 北京理工大学出版社有限责任公司
社　　址 ／ 北京市丰台区四合庄路 6 号
邮　　编 ／ 100070
电　　话 ／ (010) 68944439 (学术售后服务热线)
网　　址 ／ http://www.bitpress.com.cn

版 印 次 ／ 2023 年 10 月第 1 版第 1 次印刷
印　　刷 ／ 廊坊市印艺阁数字科技有限公司
开　　本 ／ 710 mm × 1000 mm　1/16
印　　张 ／ 17.75
彩　　插 ／ 2
字　　数 ／ 294 千字
定　　价 ／ 89.00 元

图书出现印装质量问题，请拨打售后服务热线，负责调换

序

探究城市的可持续发展是一项非常有价值的工作。随着城市化进程的快速推进,目前我国城镇化率已超过60%,大量人口在城市区域聚集。在经济高速增长的同时,产生了一系列生态环境问题,如大气、水体、土壤等环境污染问题,不仅直接危害居民的身心健康,还抑制或干扰经济生产活动,增加了经济发展的环境成本。城市可持续发展与经济增长之间的矛盾日益尖锐。

如何实现经济发展与环境质量之间的平衡?"既要金山银山,又要绿水青山"已成为现阶段我国社会对经济发展方式的普遍共识。在人与自然和谐共生的新时代生态文明思想指导下,我国的发展模式也正由过去的"高速增长"转变为中高速和"可持续发展"的新常态。适逢这样的时代背景和使命召唤,城市作为人类活动的核心场所和国家经济活动的中心,成为环境经济领域研究者关注的重点,也成为中国经济发展与环境保护方面探索性研究的主战场。

《城市可持续发展:国际经验与中国道路》一书具有以下特点:

第一是系统性。该书系统地对城市可持续发展的内涵及相关理论进行了详尽的阐述,对国内外的相关研究进展以及学术界存在的争议进行了全面的综述,并分别从环境承载力评价、空气污染治理、自然资源利用与可持续转型等方面进行了实证分析。

第二是深广性。本书特点是各章之间有相互联系但又相对独立。作为德国汉堡大学的博士,作者发挥自身优势,整理和搜集了大量的国内外文献和历史数据，进行了实证分析，并对未来我国城市可持续发展之路进行了展望。

第三是针对性。一项研究如果没有针对实践，没有问题导向，无异于隔靴搔痒、自娱自乐，价值会大打折扣。本书每一章的撰写，都是以中国现实问题为导向。围绕这些关键问题，从研究背景和文献综述起笔，对国外城市可持续发展的成功经验进行详细的案例分析，探讨总结国内城市可持续发展的相关实践，最后提出解决方案。这大大提升了研究成果的实用价值。

本书一共分为14章，分别是第1章绪论、第2章可持续发展的理论基础与演进、第3章中国社会可持续发展现状分析、第4章城镇化与城市空气污染的实证研究、第5章城市可持续发展与环境承载力研究、第6章低碳城市建设的典型案例分析、第7章中国城市化进程与节能减排的实证研究、第8章城市可持续发展与能源消费转型、第9章城市可持续发展与能源供应转型、第10章城市可持续发展与人口、第11章城市可持续发展与土地资源利用、第12章城市可持续发展与水资源利用、第13章城市群建设与区域经济可持续发展、第14章城市可持续发展的道路规划与未来展望。

城市发展中的不可持续问题并非一日之寒。如何减轻甚至消除其与经济社会发展之间的矛盾，可能需要几代人的不懈努力，需要政府、企业及公众的广泛参与。这也为科研工作者提供了广阔舞台和不竭动力。我愿意向资源与环境经济学等相关专业的学者和师生推荐此书。

北京师范大学经济与资源管理研究院名誉院长

目 录

第 1 章 绪论 ··· 1
  1.1 城市的源起、诞生与发展 ··· 1
    1.1.1 城市如何诞生与起源 ··· 1
    1.1.2 城市的定义及内涵 ··· 3
    1.1.3 城市群的基本概念与城市承载力的内涵 ···························· 4
  1.2 城市发展与城市化进程 ··· 6
    1.2.1 城市化的概念与内涵 ··· 6
    1.2.2 中国城市化与城镇化 ··· 7
  1.3 城市化进程中的主要挑战 ··· 10
    1.3.1 城市发展与人口规模扩张 ·· 10
    1.3.2 城市发展与生态环境质量 ·· 12
    1.3.3 城市发展与土地资源利用 ·· 12
  1.4 城市可持续发展的概念与内涵 ·· 13
  1.5 城市可持续发展的研究意义 ··· 14
  1.6 全书结构安排 ·· 15

第 2 章 可持续发展的理论基础与演进 ······································ 18
  2.1 "可持续发展"的思想源起与历史 ·· 18
    2.1.1 古代的可持续发展思想 ··· 18

2.1.2　西方现代可持续发展思想的源起与演进 ·· 20
　2.2　可持续发展的定义及其重要内涵 ··· 23
　　2.2.1　可持续发展定义的形成 ·· 23
　　2.2.2　可持续发展定义的拓展与完善 ·· 25
　2.3　可持续发展的理论基础与经济学内涵 ·· 27
　　2.3.1　古典经济学与新古典经济学增长理论 ·· 27
　　2.3.2　零增长理论——增长价值怀疑理论与增长极限理论 ······························· 28
　　2.3.3　可持续发展中的经济定理 ··· 29
　2.4　全球可持续发展目标的提出与指标构建 ·· 30
　　2.4.1　全球可持续发展目标（SDGs）的提出 ·· 30
　　2.4.2　可持续发展目标的系统性评价指标体系 ·· 33
　2.5　可持续发展的制约与挑战 ·· 33
　　2.5.1　制约可持续发展的多重因素 ··· 33
　　2.5.2　可持续发展的未来取决于城市发展 ·· 35
　2.6　本章小结 ··· 37

第3章　中国社会可持续发展现状分析 ·· 38
　3.1　社会可持续发展的概念与内涵 ·· 38
　　3.1.1　可持续发展的历史 ··· 39
　　3.1.2　社会可持续发展的概念与内涵 ·· 41
　　3.1.3　中国社会发展现状 ·· 43
　3.2　社会可持续发展的评价方法 ·· 44
　　3.2.1　基于环境成本货币化的指标框架 ·· 45
　　3.2.2　以自然科学理论模型为基础的指标框架 ·· 46
　　3.2.3　基于SDGs目标下的可持续发展指标框架 ·· 47
　3.3　社会可持续发展面临的挑战 ·· 48
　　3.3.1　发展不均衡问题 ·· 48
　　3.3.2　能源与资源稀缺性 ·· 50
　　3.3.3　资源环境承载力 ·· 53
　3.4　本章小结 ··· 54

第4章 城镇化与城市空气污染的实证研究 ········· 55

4.1 城镇化与城市空气质量 ········· 55
4.1.1 "城市化"与"城镇化"的区别 ········· 55
4.1.2 城镇化与空气污染物排放 ········· 56
4.1.3 城镇化与温室气体 ········· 57

4.2 城市空气污染的主要特征和驱动力 ········· 58
4.2.1 城市空气污染的主要特征 ········· 58
4.2.2 城市空气污染的驱动力 ········· 60
4.2.3 历史排放问题 ········· 64

4.3 健康损失估算与清洁支付意愿 ········· 65
4.3.1 空气污染的健康损失 ········· 65
4.3.2 空气污染与清洁支付意愿 ········· 66

4.4 计量模型与数据来源 ········· 67
4.4.1 模型建立 ········· 67
4.4.2 变量和数据说明 ········· 67

4.5 实证结果分析 ········· 69
4.5.1 城镇化与城市空气污染 ········· 69
4.5.2 空气污染与健康损失 ········· 70
4.5.3 空气污染与清洁支付意愿 ········· 72

4.6 本章小结 ········· 74

第5章 城市可持续发展与环境承载力研究 ········· 76

5.1 城市可持续发展与城市环境承载力 ········· 76
5.1.1 城市可持续发展 ········· 76
5.1.2 城市可持续发展与城市环境承载力 ········· 77
5.1.3 城市环境承载力研究的紧迫性 ········· 78

5.2 国内外文献回顾 ········· 80
5.2.1 城市环境承载力的相关内涵 ········· 80
5.2.2 城市环境承载力的研究方法 ········· 82
5.2.3 城市环境承载力的研究现状 ········· 84

5.3 城市环境承载力案例分析 ·· 86
    5.3.1 印度尼西亚迁都 ·· 86
    5.3.2 城市环境承载力评价——以 15 个副省级城市为例 ········ 90
5.4 本章小结 ··· 95

第 6 章 低碳城市建设的典型案例分析 ································ 97
6.1 德国汉堡——欧洲绿色首都 ·· 97
6.2 日本东京——岛国低碳模式 ·· 99
6.3 丹麦哥本哈根——绿色能源的领先者 ··························· 101
6.4 低碳城市建设的中国实践 ··· 103
    6.4.1 低碳城市建设的相关政策 ·································· 104
    6.4.2 低碳城市试点 ·· 105
    6.4.3 低碳城市建设路径 ·· 106
6.5 国外低碳建设对中国的启示 ······································ 108
6.6 本章小结 ·· 110

第 7 章 中国城市化进程与节能减排的实证研究 ·················· 111
7.1 城市化与节能减排相关研究 ······································ 112
    7.1.1 城市化的发展进程 ·· 113
    7.1.2 城市化进程中的节能减排 ·································· 113
    7.1.3 城市化与节能减排 ·· 114
7.2 中国城市节能减排效率测算与分析 ······························ 116
    7.2.1 中国城市节能减排效率测算方法 ························· 116
    7.2.2 中国城市节能减排效率结果分析 ························· 117
7.3 城市化与节能减排的研究方法与数据 ··························· 120
    7.3.1 模型设定 ·· 120
    7.3.2 非线性关系检验 ··· 121
    7.3.3 数据来源 ·· 121
7.4 中国城市化对节能减排的实证分析 ······························ 123
    7.4.1 基准回归分析 ·· 123
    7.4.2 非线性关系分析 ··· 125

7.5　城市化与节能减排的结论与政策建议 …………………………… 129
　　7.5.1　城市化与节能减排的结论 ………………………………… 129
　　7.5.2　城市化与节能减排的政策建议 …………………………… 129
7.6　本章小结 …………………………………………………………… 130

第8章　城市可持续发展与能源消费转型 ………………………………… 132
8.1　中国城市能源消费转型的必要性 ………………………………… 133
8.2　城市能源消费转型的国际案例 …………………………………… 135
　　8.2.1　交通部门的能源转型国际案例 …………………………… 135
　　8.2.2　建筑部门的能源转型国际案例 …………………………… 137
　　8.2.3　工业部门的能源转型国际案例 …………………………… 138
8.3　城市能源消费转型的中国实践 …………………………………… 140
　　8.3.1　中国交通部门的能源转型 ………………………………… 140
　　8.3.2　中国建筑部门的能源转型 ………………………………… 143
　　8.3.3　中国工业部门的能源转型 ………………………………… 144
8.4　城市能源消费转型的经验启示 …………………………………… 146
　　8.4.1　交通部门能源转型建议 …………………………………… 146
　　8.4.2　建筑部门能源转型建议 …………………………………… 147
　　8.4.3　工业部门能源转型建议 …………………………………… 148
8.5　本章小结 …………………………………………………………… 150

第9章　城市可持续发展与能源供应转型 ………………………………… 151
9.1　能源供应转型的国际经验 ………………………………………… 151
　　9.1.1　德国能源转型 ……………………………………………… 152
　　9.1.2　美国能源转型 ……………………………………………… 153
　　9.1.3　丹麦能源转型 ……………………………………………… 155
9.2　可持续发展：电力与热力部门融合——以德国城市为例 ……… 156
　　9.2.1　可再生能源与区域供热的结合 …………………………… 156
　　9.2.2　德国电力部门与热力部门的融合潜力 …………………… 158
　　9.2.3　德国电力部门与热力部门融合的探索 …………………… 159

9.3 中国城市能源转型与实践 ································ 161
　　9.3.1 中国的能源革命 ····································· 161
　　9.3.2 能源供给侧的改革成果 ······························ 163
　　9.3.3 中国能源可持续发展探索 ···························· 164
9.4 本章小结 ··· 166

第10章 城市可持续发展与人口 ·································· 167
10.1 人口对城市发展的重要影响 ······························ 167
10.2 人口与城市可持续发展的相关研究 ························ 168
10.3 人口现状 ·· 170
　　10.3.1 城镇化进程中人口数量 ····························· 170
　　10.3.2 城市化过程中人口结构 ····························· 172
　　10.3.3 人口素质 ·· 173
10.4 人口与城市可持续发展的关系 ···························· 174
　　10.4.1 人口规模与城市可持续发展 ························· 174
　　10.4.2 人口结构与城市可持续发展 ························· 177
　　10.4.3 人口素质与城市可持续发展 ························· 178
　　10.4.4 人口流动与城市经济增长 ··························· 179
　　10.4.5 城市产业发展与劳动力就业 ························· 180
10.5 人口与城市可持续发展中存在的问题 ······················ 182
　　10.5.1 城市人口规模与自然资源承载力不匹配 ··············· 182
　　10.5.2 城市人口规模与城市基础设施建设不协调 ············· 184
　　10.5.3 城市人口在区域经济发展中的不平衡 ················· 185
10.6 人口与城市可持续发展的国外经验与国内实践 ·············· 186
　　10.6.1 国外经验 ·· 186
　　10.6.2 国内实践 ·· 189
10.7 本章小结 ·· 193

第11章 城市可持续发展与土地资源利用 ························ 194
11.1 城市土地可持续利用的内涵与理论 ························ 194
　　11.1.1 城市土地的内涵及范围界定 ························· 194

11.1.2　土地资源可持续利用的源起与发展 ……………………………… 195
11.2　城市的定位与分类 ……………………………………………………… 197
11.2.1　按城市规模划分 ……………………………………………………… 197
11.2.2　特色城市分类及土地资源利用面临的问题 ………………………… 199
11.3　城市土地可持续利用的国外案例分析 ………………………………… 202
11.3.1　资源型城市与土地可持续利用 ……………………………………… 202
11.3.2　城市转型与土地可持续利用的国外案例分析 ……………………… 203
11.4　城市土地可持续利用的中国实践与经验借鉴 ………………………… 205
11.4.1　资源型城市与土地可持续利用的国内实践 ………………………… 205
11.4.2　资源型城市与土地资源可持续利用的支持政策 …………………… 207
11.5　本章小结 ………………………………………………………………… 208

第 12 章　城市可持续发展与水资源利用 ……………………………………… 210
12.1　水资源承载力及其评价方法 …………………………………………… 210
12.1.1　水资源承载力定义 …………………………………………………… 210
12.1.2　水资源承载力研究理论基础 ………………………………………… 211
12.1.3　水资源承载力的组成 ………………………………………………… 212
12.1.4　水资源承载力评估方法 ……………………………………………… 213
12.1.5　水资源承载力评价方法总结 ………………………………………… 216
12.2　中国城市化进程中的水资源利用问题 ………………………………… 216
12.2.1　水资源利用效率的研究综述 ………………………………………… 216
12.2.2　中国水资源利用面临的主要问题 …………………………………… 219
12.3　水资源可持续发展的国际经验 ………………………………………… 220
12.3.1　国际水资源管理体制 ………………………………………………… 220
12.3.2　水资源管理的经济手段 ……………………………………………… 221
12.4　水资源管理的中国实践与经验借鉴 …………………………………… 222
12.4.1　义乌"五水共治"水资源管理 ……………………………………… 222
12.4.2　国内外经验对中国的启示 …………………………………………… 223
12.5　本章小结 ………………………………………………………………… 224

第13章　城市群建设与区域经济可持续发展 ······ 225
13.1　城市群建设与区域经济可持续发展的关系 ······ 225
13.2　中国城市群建设基本情况 ······ 228
13.2.1　城市群基本情况分析 ······ 228
13.2.2　城市群建设基本特征 ······ 230
13.3　城市群建设的国际案例与经验借鉴 ······ 231
13.3.1　韩国首尔城市群 ······ 231
13.3.2　日本首都圈 ······ 231
13.3.3　韩国首尔城市群和日本首都圈建设对中国的经验借鉴 ······ 232
13.4　世界三大湾区建设与湾区经济发展的国际经验 ······ 233
13.4.1　世界三大湾区建设与湾区经济 ······ 233
13.4.2　世界三大湾区建设的国际经验借鉴 ······ 235
13.4.3　中国粤港澳湾区建设与经济发展 ······ 236
13.5　中国城市群建设与区域经济可持续发展的道路选择 ······ 238
13.6　本章小结 ······ 241

第14章　城市可持续发展的道路规划与未来展望 ······ 242
14.1　未来城市可持续发展的智慧型道路规划 ······ 242
14.1.1　数字经济赋能的可持续发展之路——印度 ······ 242
14.1.2　智慧城市先导者阿姆斯特丹 ······ 244
14.2　中国城市可持续发展的道路规划与政策建议 ······ 247
14.3　本章小结 ······ 251

参考文献 ······ 252

后　记 ······ 270

第1章 绪论

可持续发展是从当前的现实情况出发，兼顾未来后辈的需求，即留给我们的子孙后代一个体面生活的权利或机会。实际上，由于人类活动产生的对周围环境的影响或改变在起初是不明显的，涉及的改变细微而缓慢，直到问题严重了才引起警觉和重视。有时一个问题的后果可能会是另一个看似同它无关的人类活动所引起的。城市作为一种人类历史文化现象，逐步演变发展为经济活动的中心。城市规模经历了不同的发展阶段而持续扩张，引起了诸多生态环境问题，如自然资源短缺、环境污染和气候变化问题等等。本章将对"城市"这一社会组织形式的起源与发展历程进行系统梳理，对全书中的关键性概念和具体的研究范围进行界定，最后对全书结构进行简要介绍。

（1）城市是什么？它是如何产生的？又经历了哪些过程？

（2）城市可持续发展的内涵与关键性概念。

（3）城市发展过程中的主要问题与制约瓶颈。

1.1 城市的源起、诞生与发展

1.1.1 城市如何诞生与起源

人类历史的萌芽或起步阶段时，城市的形式便已经起源了。城市的建设、形成和发展，有着渊远而复杂的历史。Henderson（2003）指出"城市"这一社会形态是伴随社会生产力发展形成的，是人类从事各类生产活动、文化活动的集中场所，是比城镇或村庄更大规模的人口居住地，是工业化和现代化发展的必然结果。了解和明晰城市的发展历史，梳理其结构和功能，是城市研究的首要任务。从人类文明的发展过程中可以体会到城市的作用，认识各个阶段中城市发展的面貌、存在的问题和有效的解决方案，从而探讨人类城市进一步发展的选择。

最早的城市形式始于公元前 3 500 年左右的中东和近东，即现今的伊拉克和叙利亚附近。换句话说,历史上已知的最古老的城市社区大约始于距今约6 000年前。这些最早期的城市,地处历史上土地肥沃和资源丰裕的地区。例如被称为美索不达米亚的历史地区(即古希腊对两河流域的称谓),其中的城市包括埃里杜、乌鲁克和乌尔;两河流域是幼发拉底河和底格里斯河(所谓的"新月沃地")。随着人们开始种植农作物并在社区定居,埃及的尼罗河沿岸、印度次大陆的印度河流域,以及中国黄河的流域也都诞生了城市。这些肥沃地区的农业生产保障人们放弃游牧(作为猎人或采集者的生活方式)也可以获得充足的食物资源,沿着河流流经的区域建造房屋和村落定居。河流也提供了一个必需的运输系统,促进了贸易的形成。

后来随着历史的推移,城市更为成熟的形态伴随着墨西哥、中国以及印度的文明而出现。在13世纪,世界上最大的城市是中国的长安(今西安),人口超过100万。到18世纪伦敦人口才达到100万的水平。受限于食物供应和交通运输,这些城市人口规模不大,1800年仅有不及3%的世界人口居住在城市,超过95%的人口是农民(Gomes da Silva et al., 2020)。

在接下来的几千年里,城市的数量、规模和地位不断提升。一些城市稳定地发展直至今日,而另一些城市在历史上虽一度人口规模最大(如美索不达米亚),但只是昙花一现不复存在。还有一些城市则经历了人口下降和收缩(Hollander et al., 2019;吴康 等,2021)。纵观历史,城市作为经济发展中心,一直吸引着非城市人口涌入。但城市化也有代价,尤其是当它发生的速度过快时。世界上大多数城市的人口都在持续性地增长,有些城市的人口数量正以前所未有的速度爆发式增长。目前世界上一些超级大城市,人口超过2 000万,是具有潜在危险的。

工业革命是促进城市快速发展的重要原因之一。它始于18世纪中叶的英国,然后传播到美国和欧洲等其他地区。工业革命催生了大量的工厂,创造了城市地区大规模的劳动力需求。随后的一个多世纪里,美英等国的数百万人口开始从农村迁往城市。随着世界工业化进程的推进,它们也变得更加城市化。英国伦敦的人口从1800年的100万增长到1810年的600万,到1851年,城市化率就达到了54%。第二次工业革命促进了美国长达几十年的城市化过程,并使得纽约大都市区在20世纪50年代的人口超过1 250万,成为当时世界上最大的城市。

新技术也推动了城市人口的增长,尤其是使城市能够建成高层建筑物的技术，为城市人口增长带来了显著的变化。钢铁品质的不断提升促成了摩天大楼的建设，电梯的发明使摩天大楼可以将人们带到空中的套房和办公室，从而进一步增加了人口密度。今天，世界上的城市地区居住着全球半数以上的人口，未来30年，还将达到全球人口2/3的比例。

1.1.2 城市的定义及内涵

目前，联合国尚未给出关于"城市"内涵的明确量化定义，而是遵循每个国家使用的、依据自身国情提出的定义，这些定义在不同国家之间存在着较大的差异。这里将全世界主要发达国家和人口规模较大的国家，关于城市的定义梳理如下[①]：

美国：居民数量在2 500人及以上的聚集地，人口密度达到每平方公里1 000人以上。两种类型的城市区域：居民人数为5万或以上的区域，和居民人数至少为2 500人但少于5万人的城市群。

加拿大：在最近期的人口普查数据中，人口密度为每平方公里400人以上的地区。

日本：拥有5万或5万以上居民的城市，60%以上的房屋位于主要建成区，60%以上的人口从事制造业、贸易等相关类型的业务。

英国：英格兰和威尔士为1万名或以上居民的建成区；苏格兰为有3 000名以上居民的定居点；北爱尔兰为有5 000名或更多居民的定居点。

法国：在一个连续的建筑区域内有超过2 000名居民（两栋建筑之间的距离不超过200米）。

荷兰：指人口超过2 000人的居民聚集从事生产生活和社会文化活动的场所；而人口少于2 000人，且从事经济活动的男性人口中不超过20%从事农业的的居民聚居地，以及通勤者的特定居住地，则被定义为半城市。

挪威：至少有200人居住的建筑中心，建筑之间的距离不超过50米。边界是动态的，可能会因发展和人口变化而改变。

瑞士：城市空间包括聚集和孤立的城镇。

波兰：拥有城镇权利或城镇地位的所有地区，有单独法律的规定。

葡萄牙：居民人数超过2 000人的，从事生产、生活和社会文化活动的聚集

---

① 数据来源：《2019年世界人口数据展望报告》。

场所。

希腊：拥有2 000名及以上居民的带有市政或公共部门的地区。

匈牙利：根据具体（经济、商业、制度、文化等）标准，由共和国总统以城镇名称承认的地方。

爱尔兰：包括1 500人及以上居民的郊区。

新西兰：包括行政区、城镇区、乡镇，人口为1 000人或以上。

印度：城镇指设有市政公司、市政分区委员会、城镇委员会、通知分区委员会或营地委员会的地方；此外，所有拥有5 000名或以上居民、密度不低于每平方英里①1 000人或每平方公里400人的地方，都具有明显的城市特征，且至少3/4的成年男性人口从事农业以外的职业。

印度尼西亚：在人口密度、农业家庭的百分比、城市设施的使用、额外设施的存在以及非住宅建筑面积的百分比方面满足特定标准的区域。

巴基斯坦：人口普查时有大都会公司、市政公司、市政委员会、镇委员会或营地的地方。

巴西：由市政法定义，即一个城市或城镇中各城市的自然边界范围内的区域。

城市化是21世纪世界上发生最大规模的动态演进现象之一。在过去几个世纪里城市在其规模、形式、结构和组成方面发生了巨大的变化，同时很大程度上在区域和地方的发展中发挥着重要的作用。城市已成为解决可持续经济增长、发展和繁荣问题的积极力量。无论是在发达国家还是在发展中国家，它们都有力地促进了创新、消费和投资。城市展现的是一种生产性的有机系统，以它为发展基础，21世纪面临的大部分挑战，诸如贫困、不平等、失业、环境退化和气候变化等问题都有望得到解决。利用城市在人口与投资方面聚集的特点，更易于将社会经济、科学技术、能源与环境等发展要素联系起来。所有这些因素构成了制定实现可持续发展综合政策所需的关键关系。这使城市成为连接所有可持续发展目标的重要纽带。

1.1.3 城市群的基本概念与城市承载力的内涵

目前，在城市发展形式上，一个较显著的趋势就是世界很多城市都趋向于大

---

① 1平方英里≈2.59平方千米。

城市化。人口和财富进一步向大城市集中，表现出快速增长的态势，出现了超级城市（Supercity）、巨型城市（Megacity）、大都市区（Metropolitan District）和大都市带（Megalopolis）等新型城市空间组织形式。城市群由多个地理位置邻近的城市组成，其形成源自城市发展到特定阶段后科技进步、规模经济效应推动的产业与人口在空间上的集聚与扩散，是城市发展进入高级阶段的标志。城市群是在地域上集中分布的若干特大型中心城市和部分卫星城市集聚而成的庞大的、多核心、多层次的城市集团，是城市加速发展的重要表现形式。城市群发达的交通运输系统，如高铁、城际铁路的建设发展和陆续开通，有助于节省出行时间、提高邻近城市的可达性和生产力（Liu et al., 2018）。

与单一城市的封闭系统不同，城市群中的城市边界具有开放特性，这有利于城市之间频繁和便捷的信息传递与知识交流。Choe 等（2008）研究综述了亚洲各国城市群的形成、发展方式和发展潜力，得到的结论是城市群发展中需充分考虑基础设施、服务、经济增长潜力等因素。该研究摒弃了传统发展规划的城乡二分法，认识到城市中心不仅是经济增长的中心，也是周边地区的服务中心。

在我国的城市发展过程中，总体的要求是以城市群为主体，构建大、中、小城市以及小城镇共同协调的发展格局。目前，城市群的快速发展对中国的区域经济增长和农业人口转移有非常重要的影响。伴随城市群区域面积的不断扩张，集中了各种各样的社会经济活动，吸引了大量来自农村地区的人口流入。与此相伴，产生了一系列制约城市群可持续发展的棘手问题，如区域间不平衡的经济增长、城市群发展不协调、自然资源枯竭、环境污染加剧，生态系统退化和公共服务供应短缺等。

在此背景下，城市承载力（Urban Carrying Capacity，UCC）概念受到越来越多的关注。城市综合承载力是指在一定的社会、经济及技术水平约束下，同时在一定自然资源和生态环境条件下，某一城市在发展中可利用的资源、生态环境、基础设施等要素，对城市人口及经济社会活动等所能承载的规模和强度的阈值，即资源环境、基础设施、要素市场、产业经济等对城市系统协调发展及可持续发展的支撑能力。对中国三十个省的城市承载力状况进行评估发现，城市规模与 UCC 之间存在正相关；存在沿海城市 UCC 高于中西部地区的地理格局；基础设施和环境因素在评估 UCC 中具有重要的权重。通过对中国 286 个城市颁布的发展规划进行关键词识别和文本分析，得出不同城市之间存在显著的差异化发展趋势。这些差异主要体现在城市发展的挑战和应对措施方面。

1.2 城市发展与城市化进程

1.2.1 城市化的概念与内涵

"城市化"一词的词意是来自英文单词中的"Urbanization"。在英文词语的原意中,城市化与城镇化之间并不存在差异,都是指随着一个国家或地区的社会生产力发展、科学技术的进步以及产业结构的调整,该区域的经济社会发展,在产业结构上由以农业为主的传统乡村社会,向以工业(第二产业)和服务业(第三产业)等非农业型产业为主体、现代城市型社会逐步转变和渐进发展的过程。

从人口统计学角度来说,城市化是随着时间推移,人口通过迁移等方式从农村地区重新分布到城市地区。重要的是需要明确定义"城市"的标准,而这因国家不同而不同。因此,在进行跨国城市化及发展比较时需要特别注意城市定义上存在的差别。城市和农村的根本区别在于,城市人口生活在范围更大、密集程度更高、更多样化的城市,而不是生活在范围较小、人口较为稀疏的农村。

改革开放后至2016年,中国国民实际总收入曾年均增长9.6%。与同期世界上其他国家相比是增长最快、持续时间最长的。这个时期,中国的城市化速度也是最快的,城市化率以每年3.08%的速度增长,从原先的17.9%,提升至56.8%。从平均增长速度方面比较,远高于高收入国家的0.33%和低收入国家的1.39%,也明显快于身处相似转变阶段国家的平均水平(1.75%),以及处于相同经济发展阶段的中等偏上收入国家平均水平(1.65%)。在这38年的时间阶段内,中国城市人口对世界城市人口的增量贡献率为25.6%。

在与其他国家的发展进程比较中发现,中国的城市化进程具有鲜明的特征:①城镇化率较高;②城乡收入差距较大,并且在扩大;③城市经济结构不平衡。城乡居民收入差距过大是我国农村人口向城市迁移的主要原因(Zhang et al., 2021)。以市场经济为基础,中国需要一种更加平衡的城市政策干预方法。中国可持续转型应充分利用自身优势,实施有效措施,渗透到社会各个方面(Liu, 2010)。

至2021年中国经济已经取得了显著的成效,国内生产总值自1978年改革开放以来,由3 645亿元增加到1 133 239.8亿元,年均经济增速保持在6%。经济的快速发展也带来了严重的生态环境问题，如自然资源短缺、环境污染和气候变化等问题，能源资源对外依存度提升的安全问题，人口聚集产生的传染病风险等。处于转型发展中的我国经济社会，正在加快推进现代化建设，并进入全面建成小康社会的重要阶段，深刻认识城镇化进程对经济发展和社会繁荣稳定的促进作用，以及相伴随的不利影响和制约瓶颈，具有重大意义。

1.2.2　中国城市化与城镇化

在中国，长期以来都存在有"城市化"和"城镇化"两种表述形式。一字之差，反映了对城市的发展道路存在两种有差异的认识，曾经出现持续近 20 年的激烈争论。在争论中，持"城镇化"观点的人认为中国特色的城市发展道路（在 20 世纪八九十年代，中国政府和学界的主流观点是"城镇化"）是以小城镇为主；而持"城市化"理念的人，则坚持中国城市发展，应以发展城市为主，发展小城镇并不能支撑起中国城市的发展，也不能提供现代发展的空间载体。持"城市化"观点的人又分为"大城市论""小城市论""中等城市论"，以及"大中小城市协调发展论"，逐渐成为主流。

城镇化过程包括劳动人口从事的职业发生转变、产业布局和结构发生转变、土地及空间规划格局发生转变、能源资源使用情况以及其他自然资源使用情况的变化。不同的学科从不同的角度有不同的解释，国内学者从人口学、地理学、社会学、经济学等多个学科角度对城镇化及其发展的概念分别予以了阐释。

1. 人口统计学角度的城镇化定义

人口学将城镇化定义为农村人口转化为城镇人口的过程，即将侧重点落在了人口的迁移上。指的是"人口向城市地区集中，或农业人口变为非农业人口的过程"。目前，我国城镇人口在 60% 左右，因此，逐步加快人口向城市的转移，对于促进农村剩余劳动力的转移、实现经济增长有战略意义。

2. 社会学角度的城镇化定义

社会学的角度，将城镇化定义为农村生活方式转化为城市生活方式的过程。利用发展这一手段，达到提高人民生活水平、改善大众生活质量这一根本目的。促进人的技能和素质的提升，提高人类社会的整体发展水平，使人与人、人与自然和谐发展。

3. 经济学角度的城镇化定义

从工业化的角度进行经济学上的定义，城镇化就是农村经济转化为城市化大生产的过程。城市化是工业化的必然结果。一方面，工业化会加快农业生产的机械化、提高农业生产率，同时工业扩张为农村剩余劳动力提供了大量的就业机会；另一方面，农村的落后也不利于城市地区的发展，从而影响整个国民经济的发展。加快农村地区工业化大生产，对农村区域经济和整个国民经济的发展，都有着积极的意义。

不同的学科从不同的角度对城市化及其发展的内涵做出了阐述和解释。通过比较，我们可以发现其内涵是基本一致的。即一个国家或地区的人口由农村向城市转移、农村地区逐步演变成城市地区，随着城市人口逐步增长，城市基础设施和公共服务设施不断完善，同时城市文化和城市价值观念成为主体，并不断向农村扩散。城市发展就是生产力进步所引起的人们的生产方式、生活方式，以及价值观念的转变过程。

在中国城镇化迅猛发展的 40 多年中，农村地区向城市迁移了大规模的人口，相应的劳动就业人口完成了从农业部门到非农业部门的转移和劳动资源的重新配置。这都充分展示了相关改革消除生产要素流动的体制障碍的巨大成果。因此，城镇化推进的过程及其揭示的体制变革、结构转变、增长贡献和分享效应，可以成为改革开放促进发展、实现分享过程的一个全方位缩影。

2011 年，中国城镇人口已超过总人口的半数[①]。2019 年，社科院城市发展与环境研究所在北京发布了以"大国治业之城市经济转型"为主题的蓝皮书，书中指出，中国城市自中华人民共和国成立以来经过 70 年的发展，在五个方面取得了历史性的突破和跨越：一是城镇化水平有了明显的提高，城市建设与发展取得了历史性的跨越；二是城市经济发展水平持续保持快速增长，综合性的经济实力取得了历史性的跨越和迈进；三是城市产业结构不断优化，产业规模和产业层级方面取得了历史性的跨越和提升；四是城市经济发展向着日益开放、日益包容的方向前进，融入世界经济大的发展体系之中，以城市为主体的开放型经济取得历史性的跨越和增长；五是随着城镇居民收入的较快增长，民众的生活水平得到大幅度的改善，实现了历史性的跨越。同时，也明确指出，在中国城市经济发展中，存在不平衡和不充分问题，发展中的不可持续问题以及短板依然十分突出。"不平衡""不充分"和"不可持续"三类问题的具体表现是：经济发展的"不平衡"问题体现在经济增长与社会发展的不平衡、收入与分配的不平衡、区域与

---

① 数据来源：中国社科院 2012 年发布的《社会蓝皮书》。

城市之间发展的不平衡方面；经济发展的"不充分"问题主要体现在社会生产力尚未得到充分发展，在公共产品和公共服务方面，还存在着发展滞后等问题；而城市经济发展方式较为粗放、自主研发与原始创新能力不强、经济结构失衡问题、生态环境约束趋紧等，可以用"不可持续"发展来归纳和形容。新时期中国城市经济发展仍将面临严峻挑战。Friedmann（2006）评价中国的快速城市化进程为"Urbanizing at Breakneck Speed"，直译就是"要使颈骨折断似的、非常危险的城市发展速度"，认为中国城市主义（Urbanism）的关键特征之一是城市规模的快速扩张。

城市化直接关系到城市面积和离开农村迁入城市的总人口比例。随着1978年改革开放，政府逐步放松了对人口流动的管制，中国经历了一个前所未有的快速城市化进程，这也成为世界上最大的城乡间人口流动。中国的城市化水平在改革开放初期曾经低于20%，2011年数据首次突破50%的门槛。现有文献从城乡人口迁移的不同角度对中国城市发展进行了许多研究，如人口的迁移历史（Chan et al.，1985）、迁移趋势、模式和驱动力（Chan et al.，1994）。

在国家或区域经济社会发展过程中，城市的发展是重要标志之一。中国快速的城市发展及城市化进程面临着诸多方面的严峻挑战，这与以人口占比作为衡量城市化及发展的单一指标来考察和测量城市发展水平存在一定的关系。目前测度城市化水平的方法主要包括单一指标法和综合指标法。单一指标法往往被用来测度某个城市的城镇化水平，一般采用城市人口占比这一关键指标。该方法固然有其简单易行、数据可获取程度高的突出优点，但城市发展是由经济结构和生产生活方式的根本性转变综合形成的社会性变化，涉及原有产业的转变、新兴产业的发展更迭、城乡社会结构的全面调整和转型、庞大的基础设施建设和资源环境的支撑。单一的人口城市化水平，只测度了农村人口向城市集中的数量过程，并不能很准确地反映出城市发展中的各方面丰富的内涵。构造综合测度指标体系能够更全面、更完整地监测城市发展进程，阐明人口城市化与地域景观、经济结构以及生产生活方式协同演进的状况，以期推动我国城市可持续发展。

在城市化发展进程中，暴露出的可持续发展问题，已有文献从多个不同的维度，开展了大量的分析研究。有学者基于文献计量方法对城市化过程中城市发展存在的问题进行了梳理（Wang et al.，2012；朱晓丹 等，2020），还有学者从城市群发展视角（罗润东 等，2022）、环境生态视角（代瑜平 等，2021）、科技创新视角（丁镭 等，2021）对城市化进程进行了总结。城市化不同阶段面临的主要生态问题及产生原因如表1-1所示。

表1-1 城市化不同阶段面临的主要生态问题及产生原因

阶段	主要生态问题	产生原因
城市化初期	自然草地、森林系统退化导致水土流失、荒漠化	城市市场形成，农业耕种面积扩大
城市化中后期	地表水源污染、空气质量下降	城市规模扩大
	固体废弃物增加	城市人口增加、工业规模扩大
	生活用水的水源减少、水质变差	人口过度密集，高度城市化生活方式使人均用水量增加
	噪声污染，光、电磁污染	交通出行密集、玻璃建材大量使用
	绿地面积不足	城市规模持续扩大、建筑设施激增

资料来源：邹心庆（2011）。

1.3 城市化进程中的主要挑战

1.3.1 城市发展与人口规模扩张

过去三个世纪发生了人口规模上的爆发式增长。1800年，世界上只有不到3%的人口居住在城市。到21世纪初，世界上超过一半的人口居住在城市中心。在最近的短短65年中，世界经历了人口从农村向城市的大规模转移。由联合国公布的统计数据显示，2007年世界城市人口首次超过农村人口，且人口越来越多地向高度密集的城市集中。全球人口中居住在城市地区的比例从1950年的29.6%增加到2015年的54%。《2019年世界人口数据展望报告》预计，到2030年"可持续发展目标"监测期结束时，世界人口的60%将会是城市人口。从数字的绝对变化趋势来看，1990—2000年，全球城市人口平均每年增加5 700万人，2010—2015年，增加到了每年7 700万人。2020年，世界上约有56.2%的人口居住在城市。人口向城市地区聚集最显著的是拉丁美洲。2020年该地区有81.2%的人口居住在城市地区，是1950年41.3%的近两倍（如图1-1所示）。人口和人类活动的过度集中给城市的可持续发展带来了严峻而复杂的挑战。

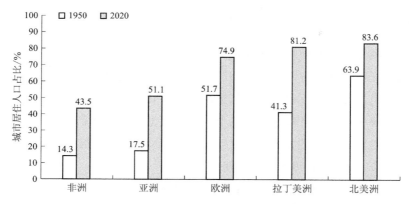

图 1-1 世界五大洲城市居住人口占比变化趋势

近年来，随着城市化进程的加快，出现了越来越大的城市，特大城市为拥有 1 000 万以上人口的城市。1950 年，美国纽约和日本东京的大都市区成为世界上第一批特大型城市。工业革命时期最大的城市存在于北美和欧洲。如今亚洲和非洲正在经历最大幅的城市人口增长。截至 2019 年，日本东京以超过 3 700 万的居民而成为世界上最大的城市地区，中国上海、墨西哥首都城、巴西的圣保罗和大都市区常住居民人口规模均已超过 2 000 万。

着眼于当今城市的发展，联合国预测，到 2030 年将有 41 个特大城市。印度已经有 5 个拥有超过 1 000 万居民的大都市区，据估计到 2030 年还将增加到 7 个。刚果民主共和国的首都是一个拥有 1 160 万人口的特大城市，其人口统计和增长趋势预示它可能会迅速超过一些世界上的超大城市。

与英国和北美的城市一样，非洲和亚洲的城市也在努力为快速增长的人口提供服务。人口的快速增长，可能是由于城市人口过高的出生率：拥有 1 200 万人口的非洲尼日利亚拉各斯市是该洲最大的城市，其中约 2/3 的人口生活在贫民窟中，造成了"首都贫民窟"现象。拉各斯最大贫民窟的渔业社区负责人斯蒂芬·阿吉（Stephen Aji）表示："大部分居民依靠捕鱼为生，不具备其他的生活技能。当水中发生漏油或塑料污染时，就会带来一定程度的经济损失。"新型冠状病毒肺炎在贫困和人口稠密的城市地区造成的破坏最大。特别是对于生活在全球非正式定居点或贫民窟的 10 亿人而言，过度拥挤也使人们难以遵循合理的措施（例如保持社交距离和自我隔离）。尽管人口增长过快有许多不利因素——从交通拥堵到贫民窟的困局——但世界超大城市的人口仍在继续增长。

1.3.2 城市发展与生态环境质量

城市在诞生和发展中是无法脱离周围环境的,它时刻与周围环境发生物质、能量与信息交换。从远古刀耕火种的原始社会,到男耕女织、犁耕之作的农业文明,发展为机器轰鸣的工业文明,从蒸汽时代转化到电气时代,再到现今信息时代,在追求快速提升经济效益的背景下,这种转变改变了我们建立网络和联结的方式。城市是经济增长的主要源动力,贡献了全球约60%的GDP,也产生了全球约70%的碳排放量和60%的资源使用量[①]。

短期内迅速提高的经济水平,在为人类带来富足生活的同时,也埋下了自然环境失衡的隐患。以牺牲自然环境来获取经济收益的人类活动大面积地侵占了山野绿地、江川林地等,也迫使很多动物、植物失去了永久的栖息地,从而走向了灭绝,这对物种多样化来说是一个毁灭性的打击。近年来比较频发的雾霾天气(Yang et al., 2017; Li et al., 2017)、酸雨和泥石流等自然灾害,正以巨大的力量吞噬着人类引以为傲的家园。

环境健康是居民健康的一个重要保障。影响环境健康的因素主要是自然因素和社会因素。良好的生态环境质量和高效的资源利用是城市可持续发展的基础,更是实现城市健康的一个重要途径。对于中国的三大城市群[京津冀(BTH)、长三角(YRD)和珠三角(PRD)地区]的实证研究表明,在京津冀地区观察到与极端高温热浪相关的居民死亡率最强,其次是在长三角地区。气候变化使得城市化挑战进一步复杂。到2030年,气候变化和自然灾害每年可能会给城市造成3 140亿美元经济损失,把7 700万城市居民推入贫困深渊。气候变化还使极端天气的发生概率大大增加。例如,加勒比地区的多米尼加就经常遭遇飓风的肆虐。2017年,飓风玛利亚摧毁了该国的热带雨林,对其旅游业和房地产业造成了毁灭性打击,造成的经济损失总额达13亿美元,约占该国GDP总额的24%。

1.3.3 城市发展与土地资源利用

耕地是农作物生产的主要载体,也是粮食生产的根基。目前,中国的人均耕地仅1.38亩,远低于世界平均水平的3.1亩。要养活14亿人口,面临着土地资源供应短缺的巨大挑战。城市发展过程的加速和经济增长在过去20年中进一步

---

① 数据来源:联合国可持续发展目标,https://www.un.org/sustainabledevelopment/cities/(访问日期:2022-04-01)。

加剧了农业用地的短缺。有研究表明，中国农业耕地正以惊人的速度减少。虽然转变为城市和工业用途的面积占耕地损失总量的比例相对较小，但城市化仍应是对未来农业生产的一大威胁。主要原因在于城市的发展过程会通过废物处理和空气污染（产生的酸沉积）增加土壤污染的风险。由于土地被过度开发，许多城市经济结构失衡，土地短缺问题更加严重。

运用文献计量的研究方法，结合 Citespace 等软件，Wang 等（2012）基于 1991—2009 年发表的文章，对城市发展过程中相关研究进行了分析和梳理，论证了土地规划和利用在城市发展中的重要地位。总体而言，城市的发展过程研究与城市化率具有较强的相关性，但不同国家城市的发展过程和模式不同。

1.4 城市可持续发展的概念与内涵

"可持续发展"这一重要的概念，是在 1972 年的联合国会议上被首次提出的。在 1992 年里约热内卢举行的联合国环境与发展会议上，通过了"旨在促进人类住区可持续发展"的《21 世纪议程》。此后，可持续发展的概念在许多的研究中都得到了广泛的应用，特别是在有关城市发展的研究中。城市化包括空间扩张、建筑新增、人口增长和社会经济活动更迭。城市人口的快速增长造成了许多问题，如社会不平等、非正式居住和贫民窟、资源短缺和气候变化。这些问题都对城市的可持续发展产生了负面的影响。1996 年的《21 世纪本土化议程》指出了可持续性的四个方面，即社会、经济、环境和制度。可持续发展被认为是解决这四个维度问题的一种方案。

城市可持续发展作为一个重要组成部分得到了重视。城市可持续发展的特征是城市化过程符合可持续发展的原则。城市可持续性是两个概念的交叉：城市化和可持续性。城市可持续发展可以定义为两个层面，第一个是可持续城市，第二个是城市可持续发展。可持续城市是描述城市现状，如生态环境保护、资源的合理利用、个人福利以及人类基本需求的满足（Shen et al., 2011）。可持续城市代表了一个经济空间，在这个经济空间内，社会、经济和生态的矛盾得到了管理和解决。城市可持续发展是一个动态发展的过程，其中社会、经济、环境和制度的可持续性受到同等的关注（Shen et al., 2011）。

世界各地的城市一直致力于倡议和实践，以实现社会、环境和经济发展的可持续。与这些倡议和实践相呼应的是可持续城市发展已列入许多政策议程，如新城市议程（The New Urban Agenda）（Caprotti et al.，2017；Valencia et al.，2019）。在实践中，生态环境保护、土地开发、住房、人口增长和移民、能源利用、政策等各个方面都受到不同学者的关注和讨论。这些术语或关键词在不同类型的城市研究中都有体现，对我们理解可持续城市发展理论有所启示。

城市的高质量发展，对区域和全球的可持续发展是至关重要的。中国城市化率已从1978年的17.9%，增加到了2019年的60.6%，2030年将达到70%（陈睿山 等，2021）。中国的城市发展道路被认为是独特的，因为它既不与发达经济体相同，也未复制或延续其他发展中国家的模式。近几十年来，经济学家、土地规划人员和地理学家在描述中国城市发展路径上花了大量时间和精力。如Chen等（2011）研究了1995—2005年的房价改革等问题，深入探讨了在城乡迁移和城市发展过程中，对中国城市住房价格产生的影响。中国相对其他国家独特的户籍制度和庞大的人口基数，在人口迁移和城市发展模式上有一定的特色。关于中国城镇化进程与房地产市场及房价变化之间的关系，有学者研究了1999—2010年中国住房价格的决定因素，主要包括抵押贷款利率、生产者价格、广义货币供应量和实际有效汇率（Zhang et al.，2012）。城市住宅价格的快速上涨可以解释为"供求力量""收入决定需求"和"建筑成本影响供应"等。

世界格局中的中国城市发展经历了快速衰退期（1960—1978）、稳定提升期（1979—1995）和快速推进期（1996—2010）三个阶段（Chen et al.，2013）。不同的发展阶段，为利益相关者带来了巨大的收益。同时，快速的城市发展和经济发展也给环境、社会和治理方面带来了诸多问题。可持续的城市化，是促进中国城市地区发展的最有效的途径。回顾近年来有关中国可持续城市化的研究，特别是主要城市的案例发现，中国许多城市从多个方面对可持续城市化进行了尝试，也积累了许多经验。

1.5 城市可持续发展的研究意义

城市的可持续发展是一项系统性工程。伴随着城市化的动态进程，涵盖生态环境、资源利用、社会经济发展等诸多方面。思考如何在经济稳定增长的前提下，推动城市向低碳、绿色、智慧方向发展，不仅是各个城市从自身现状出发必须正视的问题，更关系着我国城市体系的完善和可持续发展的大局。因此，研究城市可持续发展具有深刻的理论意义。当前学术界关于城市转型问题的研究成果较多，但大多数都是从地理学、土地规划利用、产业经济学等角度出发，较少系统全面地从生态环境、资源利用、经济发展三个方面分析我国城市的发展过程中存在的问题。本书的研究内容以可持续发展理论为基础，围绕城市发展过程中的生态、资源和经济问题开展具体的分析和研究，通过对中国典型城市发展历程的全面回顾，结合国外典型城市的转型经验，提出适用于我国城市可持续发展的有效方案，为未来实现智慧化的发展提供新的视角。

深刻思考当前我国城市发展过程中存在的困难，探索符合城市发展规律的绿色低碳转型路径，对于我国城市的可持续发展具有深远的实践意义。其一，通过对国际典型城市的转型实践进行分析和总结，为促进我国城市的绿色转型提供新思路。通过系统梳理国际典型城市在发展过程中面临的具体问题和解决方案，识别我国城市转型中面临的各项挑战，提出有针对性、有实效性的解决对策和实施方案，能够为国内城市转型提供经验借鉴。其二，深入研究城市的绿色转型发展路径，也是推进我国生态文明建设的应有之义。

目前，我国作为世界生态文明的倡导者，已经逐步进入了生态文明建设的新阶段。在应对生态环境问题（如气候变化）上，提倡发展绿色经济、循环经济和低碳经济，建立美丽家园，强调绿色发展的重要性。绿色发展，是我们党对传统发展观的一大理论创新。用绿色发展的理念引领，将资源枯竭型城市进行转型，实现经济效益和生态效益相统一，是在发展中遵循绿色和可持续的原则，从而形成人与自然，生产、生活与生态和谐的、现代化的一种新格局。绿色转型发展主要分两个层面：一是针对传统的资源产业来说，通过改造和升级，加强在资源的开采、加工和流动等多个环节的环保监控，减少资源浪费和提高使用效率，增加产品的附加值；二是针对非资源型产业，加强对第三产业的扶持力度，调整现代服务业在城市产业结构中的比例。摆脱对资源的依赖，发展多元产业结构，加强生态环境的保护和治理，促进城市的绿色转型，推进我国生态文明建设。

1.6 全书结构安排

本书共包含 14 章。根据城市可持续发展进程中面临的主要困难和挑战划分为三个篇章，即生态可持续发展篇、资源可持续发展篇和经济可持续发展篇。以下对全书的 14 章内容进行简要介绍。

第 1 章，绪论。本章首先对后续章节中出现的关键术语，如"城市""城市化""城市群""可持续发展"等概念和内涵进行明确界定,对城市发展过程中问题进行简要的介绍,梳理本书的研究背景和研究意义。对目前与城市可持续发展相关的研究内容和研究方法进行简要的总结和介绍。

第2章,可持续发展的理论基础与演进。作为全书的理论基础,本章将系统梳理可持续发展理论的渊源与形成、定义的演变与发展轨迹。对目前可持续发展理论中关于经济可持续发展的相关理论进行重点介绍。具体来说,涉及经济增长的极限理论,以及经济增长的怀疑理论。之后从社会可持续发展、经济可持续发展和生态可持续发展三个方面对全球可持续发展目标进行介绍,进而对目前世界范围内的一些典型城市在发展中面临的制约和挑战进行识别。

第3章,中国社会可持续发展现状分析。在系统梳理国际典型城市在发展中面临的制约和挑战的基础上,对我国不同城市的发展现状进行分析,运用评价指标系统识别经济发展不均衡、能源资源稀缺性和生态环境承载力方面的不可持续因素。

第4章,城镇化与城市空气污染的实证研究。本章围绕城市发展进程中空气污染问题展开实证分析。具体包括城市空气污染的主要社会经济驱动力识别,通过构建计量经济模型研究城市化与空气质量的关系,以及空气污染与居民健康损失估算。

第5章,城市可持续发展与城市环境承载力研究。城市化进程快速推进,城市规模持续扩大,城市人口激增,伴随而来的是城市人均可利用资源紧缺的压力。本章首先系统性地识别影响城市环境承载力的关键因素,构建城市生态环境承载力的指标评价体系,并对国内外城市环境承载力开展案例分析。

第6章,低碳城市建设的典型案例分析。对国际上的典型低碳城市,如德国汉堡、日本东京及丹麦哥本哈根等案例进行研究分析;对中国低碳城市的试点政策效应进行检验,对比国际典型城市,总结得到我国低碳城市建设过程中存在的异同点,归纳形成可以借鉴的低碳城市可持续发展的经验与启示。

第7章,中国城市化进程与节能减排的实证研究。本章系统梳理了城市化进程与节能减排之间的关系,对我国不同城市的节能减排效率进行了测算,并开展了对城市化进程与节能减排关系的实证研究,充分识别了其影响机制。

第8章,城市可持续发展与能源消费转型。本章从我国城市发展与能源消费现状出发,对国外典型城市能源消费转型的举措,开展详尽的案例分析,得到国外转型的相关经验和启示;总结和归纳我国城市能源消费转型的典型案例,对我国城市未来能源消费转型发展的趋势进行展望。

第9章，城市可持续发展与能源供应转型。本章对国际、国内几大部门能源供应转型的具体案例展开研究，具体涉及交通部门、建筑部门和工业部门。系统梳理国外典型城市的成熟发展经验，从而为城市分部门能源供应转型提供一定的经验借鉴。

第10章，城市可持续发展与人口。城市化进程促使城市地区的人口规模呈现爆发式增长。本章在总结国内外特大、超大城市转型发展的基础上，提出国内发展的相关政策建议。

第11章，城市可持续发展与土地资源利用。城市化进程加快，伴随出现的各种用地需求使城市用地规模持续扩张。城市发展的快速扩张引发了生态环境污染和农业耕地退化现象，导致城市土地空间的可持续利用面临着严峻的挑战。本章按照城市的定位、城市的规模和城市特色对我国600余座城市进行了划分，对国外典型的资源型城市转型与发展进行了深入的案例分析和经验总结。

第12章，城市可持续发展与水资源利用。水资源的稀缺性在城市地区日益凸显。水资源存在着较为明显的时间和空间上的分布不均匀特征，其变化趋势具有一定的不确定性，且易受到污染和多种因素的影响。本章以水资源承载力为出发点，侧重分析和识别中国城市发展进程中的水资源利用问题，并以爱尔兰都柏林的水资源管理系统为例，讨论中国城市水资源可持续利用的路径。

第13章，城市群建设与区域经济可持续发展。城市的发展进程与中国经济增长紧密联系，本章以国际上日韩城市群建设和发展为案例，从产业结构、国土规划、生态环境、创新动力等方面进行系统的论述；以国内珠三角和长三角为案例，并对比粤港澳大湾区的发展，总结经验和教训。

第14章，城市可持续发展道路规划与未来展望。以智慧城市作为可持续发展进程中的重中之重，围绕城市的智慧化进行研究。总结国外智慧城市的未来发展方向和道路规划方案，并设计中国未来智慧城市的规划方案，为中国城市的可持续发展建言献策。

第 2 章　可持续发展的理论基础与演进

传统工业高能耗、高污染、高排放的发展模式为人类社会带来巨大进步，但人类对自然环境进行大规模的开发和利用也导致生态持续恶化。过去受限于生产力水平，人类生产活动对自然及生态环境产生的负面影响较为有限。然而随着城市化进程的快速推进、科技水平的迅速提升，引发的环境污染问题影响范围更大、持续时间更长。生态环境污染已不再是单纯的区域问题，更成为一个多民族、多地区、复杂性的长期危机。不可持续的生产模式和生活方式，引起各类生态环境污染、资源短缺、全球气候变暖等问题，对人类的生存和永续发展产生了严重的威胁。面对"生存"与"发展"的矛盾，为了保障人类社会的永续发展，人们不得不开始思考发展的"可持续性"问题。本章对可持续发展思想的历史渊源以及相关理论的演进过程进行系统梳理，对可持续发展中可能涉及的经济学定理进行了概述归纳，对可持续发展目标的提出和指标构建进行基本评价，最后关注可持续发展面临的制约与挑战。

（1）可持续发展是什么？它的历史渊源和概念内涵是怎样的？

（2）可持续发展中可能涉及的经济学思想有哪些？

（3）可持续发展目标的提出与完善。

（4）可持续发展过程中存在的问题及面临的制约与挑战。

2.1 "可持续发展"的思想源起与历史

2.1.1 古代的可持续发展思想

在中国，我们的先人早在先秦时期便开始思考人与自然的关系，可持续发展的思想已经萌芽。特别是中国数千年的农业发展以种植业为主，早在新石器时期便建立了种植体系，这些是人类社会赖以生存和维持发展的必要物质基础。中国古代强调的"天人调谐"思想，不仅存在于思辨与审美中，更注重其在治国政策和实践中的体现。早在春秋战国时期就已经产生了"保护鸟兽鱼鳖""封山育林"等维持生物自然生长、繁衍状态的治国理念。儒家主张"仁者爱人"和"仁民爱物",始终重视对生态环境的保护,如"钓而不纲,弋不射宿"[①]的观点,就是主张人类不可滥杀、影响动物正常的生活繁衍;管仲不仅意识到保护生态环境的重要性,同时将保护山泽林木这一生态思想上升到对君王的道德要求,其所倡导的"为人君而不能谨守其山林、菹泽、草莱,不可以立为天下王"正是主张"森林是重要的资源,应归属国有"思想的重要体现。战国时期,荀子认为自然界中的万物都应当遵循各自规律、顺时而动,提出"万物各得其和以生,各得其养以成",并将保护自然资源视为治国安邦之策。认为这样才能维持国家发展的和谐平衡,使国家得以永续,规避自然资源代际供求矛盾。在《孟子·梁惠王上》中,孟子也曾提出"不违农时,谷不可胜食也;斧斤以时入山林,材木不可胜用也"。这些主张都一致强调人类在进行生产活动时,不能一味地掠夺自然资源,而是要尊重自然规律、取之有道、用之有节。

上述先秦时期提出的永续发展思想也是当时人类社会发展的真实写照。在我国夏、商、西周社会时期,经济发展以农业为主,人们的生产生活都需要依赖自然资源进行,且依赖程度较高。可持续发展的思想也主要围绕着农业生产活动展开。尽管其涵盖领域较为单一、没有形成思想体系,但先人们的"环保"意识也对后世可持续发展思想的演进产生了巨大的影响。

随着经济社会的不断进步,人们进一步思考"经济效益"与"生态效益"的关系。中国古代杰出的农学家贾思勰曾指出"丰林之下,必有仓庾之坻"。他认为良好的生态环境同时能给人类带来良好的经济效益。唐宋时期众多思想家也意识到了生态环境保护的重要性。白居易认为人的欲望是无限的,而可以利用的资源是有限的,提出"天育物有时,地生财有限,而人之欲无极"[②]。苏轼也看到了环境保护的生态经济效益,并通过众多诗句表达了自己的生态环境观。例如"池塘得流水,龟鱼自浮沉"。除了用诗句体现自己的观点,苏轼为官期间,也积极将其生态保护思想付诸实践,改善自然环境、提升居民生活。

中国封建社会发展在唐宋时期达到了空前的繁荣,经济、文化、科技等领域在这个时期达到顶峰,生产力水平也大幅提升。强盛的国家实力也促进了人口数量的高速增长。"人地矛盾""人口结构不合理"等问题也在这一时期开始凸显。

---

① 出处:《论语·述而》。
② 出处:白居易《策林二》。

面对唐朝后期发展中的经济衰退问题，元稹和李觏指出，人口结构的合理化，是维持社会稳定发展的关键要素。由于非农人口逐渐增加，农业生产和发展的后劲不足，经济社会发展也受到制约，因此要让非农人口回归农业生产，缓解"人地矛盾"。

为了促进经济社会发展、提高生活水平，人们常常忽略自然环境的承载力和资源约束的限制。而实现人类社会的可持续发展，其关键在于发展不能超过自然资源和生态环境的承载能力。明朝通过引进番薯和玉米，改善了大部分人的生活；清朝康熙时期，免除了人口税。这些举措促使城市发展，也使我国人口数量和人口规模不断扩大，生态环境持续恶化，社会发展与人口增长之间的矛盾逐渐凸显。人们为了满足自身发展需求，无限制地掠夺自然资源，造成了生态失衡。徐霞客在游记中写道："抛石聚垢，池为半塞，影遂不耀，觅之无可观也"。这一记载强烈谴责人们随意破坏生态环境的行为，具有很强的生态意识。

随着马克思主义哲学思想和理念的持续发展与演进，关于人类如何实现可持续发展的问题，也越来越引起关注和重视。马克思主义提供了必要的理论基础，澄清可持续资本主义条件（基于投资、生产、市场和利润的扩张）与生态环境可持续条件之间的冲突。认为资本主义生产对于直接的眼前利益过分注重，无法维持人类世代的可持续发展。可持续发展的理念是马克思主义哲学实践的具体体现。马克思运用唯物史观对世界经济社会发展现象进行分析说明，并创立了世界历史理论。这些重要论述，准确把握住了人与自然的关系，详细而清晰地阐明了尊重、顺应和保护自然的重要性和必要性，着重分析了保护生态环境和保护生产力的辩证统一。随着该理论的不断深入，人们进一步思考促进经济增长与保护生态环境的"平衡之道"。

2.1.2 西方现代可持续发展思想的源起与演进

人与自然生态环境之间的关系随着人类经济社会所处的不同阶段而发生着持续的变化。人类从早期的崇拜自然、依赖自然、尊重自然逐渐向改造自然、利用自然、征服自然的阶段迈进。在两次世界大战之后世界经济进入了高速增长的时代，人类社会变得空前繁荣。工业革命诞生和兴起，催生了大量的工厂，逐渐发展形成以机器生产代替手工劳动的生产方式，社会生产力和生产效率大幅提升。与此同时，生产、交换和消费等经济活动突破了国家地域限制，各个国家之间通过国际贸易形成日渐紧密的联系和交往。整个世界也逐渐演进变化，成为一个

"你中有我、我中有你"的命运共同体。人们对经济全球化的体验和认知越来越深入,其他领域的全球化趋势也逐渐引起人们的关注。

很长一段时间内,人们被一种"假象"所迷惑,认为为了谋求自身的发展,人类可以随意地支配和利用自然资源,无须对生态环境承担责任。众多国家走上了以 GDP 增长为首要目标的发展道路,依靠无限制投入生产要素和无序扩张生产规模来推动经济增长,即"扩张型"的发展模式。苏联的地理化学家韦尔纳茨基在 1943 年就认识到了人类发展对自然生态环境的重大影响。尽管人和地球上的所有生物一样,只是生态环境中的一部分,但人类的强大欲望和力量却日益超出自然生态圈的承载能力,并试图凌驾于自然之上。从自然科学的角度其创立的"生物圈学说"为后世探讨可持续发展奠定了理论基础。美国著名生态学家、野生生物管理之父奥尔多·利奥波德,在其《沙乡年鉴》一书中,提出了对经济价值与生态价值的思考,以"生态中心主义"和"整体主义"思想启迪着人类与自然和谐共处,促进了环境运动的蓬勃发展,发挥了不可估量的作用。利奥波德的主张及论述思想经历了两个阶段的变化。在早期研究中,他主要从经济学基础出发,主张从人类长远利益出发来保护自然环境。为了谋求发展,人类可以选择性地只保护或控制对个体有利的环境和物种,这一观点在某种程度上与经济学中"寻求利益最大化"的理念一致。而到了后期,在广泛吸收了生态学的发展成果后,利奥波德意识到人类只是生态共同体的一部分,与其他物种居于平等地位。保护自然的出发点不应在于人类发展本身,而是为了生物共同体的和谐发展。任何物种的前途和命运都不应该以人的意志为转移,应该得到足够的关注和重视。他对人类发展与自然生态环境之间"和谐共存"关系的深刻思考,也使其成为美国"新环境理论"的领导者(聂嫄媛,2005)。

到 20 世纪中期,作为工业文明的发源地,西方发达国家创造了前所未有的巨大的社会物质财富。人们在享受现代工业化革命成果的同时,也开始遭受到环境的报复。举世闻名的"八大公害事件"就是生态环境向人类发出警告的有力证明。这些世界级的环境公害事件,使生态环境和公众生活受到了严重的损害,以极其惨烈的方式,向人们呈现出环境污染所带来的恶劣影响。"人类无法成为自然环境的主宰"逐渐成为共识。粗放型经济发展模式带来的生态环境问题将危及全人类的生存和发展,人类对生态环境的破坏也终将会受到大自然的报复。在这样的背景下,世界范围内的公众环保意识空前觉醒。各界有识之士纷纷运用自己的资源和力量为环保运动积极奔走,各国政府也深刻反思经济社会发展的"不可持续性"问题。

美国海洋生物学家蕾切尔·卡逊，最早提及"可持续发展"概念。在1962年出版的《寂静的春天》一书中，她表达了自己对环境破坏的关注。该书运用大量科学事实提醒人们：在之前的发展中，人类对自然的随意改造和破坏，使人类赖以生存的土地、空气、海洋等受到了污染；人类无限制地向自然排放原本并不存在的化学物质也使自然生态链遭到了严重破坏。DDT（有机氯类杀虫剂）等农药的滥用对生态环境的影响复杂且难以逆转，而这些污染最终也将威胁到人类自身，使人们失去"阳光明媚的春天"。这一警告在引起人类对DDT质疑的同时，也迫使人们对传统发展观念进行反思和探讨。

随着环境污染和生态失衡等问题的影响逐渐扩散到全球，生态环境危机已经不单纯是某一个国家和地区的任务，更是全世界面临的共同挑战。1972年6月各国政府在瑞典斯德哥尔摩召开了历史上第一次"联合国人类环境会议"。在这次会议中，人们首次在世界范围内共同讨论当代环境问题、探讨环境保护战略，这标志着人类社会团结起来共同思考经济发展与环境保护之间的关系，深刻反思人类社会的发展模式。此次会议通过了《联合国人类环境会议宣言》，并向全人类提出一个响亮口号："我们只有一个地球"。同年，芭芭拉·沃德及勒内·杜博斯的同名著作《只有一个地球》也在全球问世。在书中，他们始终将生态环境与发展问题结合起来论述，着重强调了地球资源的有限性。将人类生存发展与生态环境之间关系的认识引向一个新境界，即如何处理有限的资源与持续的发展之间的矛盾。

此外，1972年罗马俱乐部出版的《增长的极限》一书，关注增长领域的上限阈值问题，强调了人口增长和工业化进程受自然资源及生态环境的限制，对其可能会对人类未来生存的影响程度进行了推算和预测。大量的数据事实表明，如果人类社会仍然按照当前的增长速度进行资源开发利用及扩张，一个世纪之内就将达到发展的极限。

尽管从当今科学理论方法上来分析，该报告夸大了人口爆炸、环境污染等问题，但在当时的国际社会中，人们对增长极限问题的关注和担忧促进了可持续发展观的形成和发展。美国著名生态经济学者莱斯特·布朗于1981年公开发表了《建设一个持续发展的社会》，清晰明确地提及了可持续发展的思想与内涵。指出要通过控制人口增长、保护自然资源以及开发可再生能源等手段来实现可持续发展。该理论在可持续发展观的形成史中占据重要地位。联合国世界环境与发展委员会（WECD）于两年后正式宣布成立。该组织以"持续发展"为基本纲领，提出以人类共同福祉为发展目标的可持续发展观；1987 年，该组织发表的《我们共同的未来》(*Our Common Future*) 研究报告中，正式地提出了可持续发展的概念①。此后，"可持续发展"的思想席卷全球，受到强烈关注。《保护地球——可持续生存战略》（1991）、《里约热内卢环境与发展宣言》、《21 世纪议程》、《联合国气候变化框架公约（1992）》等历史性文件也相继诞生，确立了可持续发展观在当代科学发展理念中的重要地位。可持续发展的基本思想和主要内容概述如表 2-1 所示。

表 2-1 可持续发展的基本思想和主要内容概述②

基本思想要点	核心内涵
鼓励经济增长	面对经济发展与环境保护之间的矛盾，可持续发展不是为了保护环境而抑制经济的增长。经济增长在消除贫困、增加人类福祉等发展问题上具有重大意义。传统发展模式仅关注经济生产效益，为了追求高产出，人们不断增加资源要素的投入，带来了众多环境问题。可持续发展是重新对经济增长方式进行审视和探索，实现经济增长与环境保护的平衡协调
重视资源和环境的承载能力	可持续发展追求人与自然的和谐。面对资源的有限性和发展的无限性问题，经济社会的发展不能超出自然资源与生态环境的限制。人类不能为自身的需求无限地向自然索取。要严格控制资源消耗，在地球承载力内进行经济建设，实现资源的永续利用
谋求社会的全面进步	发展不仅是数字上的经济增长。全面发展还包括社会经济结构优化，文明程度提高。人类的最终目的是实现社会的进步。人类应在可持续发展的过程中改善人居环境、提升生活质量。社会的全面进步是人类共同追求的目标

2.2 可持续发展的定义及其重要内涵

2.2.1 可持续发展定义的形成

自人类诞生以来，人们便开始探索人与自然的关系。人类意识的进步与社会

---

① 资料来源：https://sustainabledevelopment.un.org/content/documents/5987our-common-future.pdf。
② 资料来源：MBA 智库百科——可持续发展理论。

发展的阶段密不可分。在原始社会，总体的生产力水平还非常低，人类生活及生产完全依赖自然资源及环境。通过采集野生植物、狩猎动物等方式生存，对生态系统的影响极其有限。面对大自然现象，如风雨雷电（下雪）、日月星辰（日食月食）等，人们将其视为有生命、灵性且具有伟大意志力的对象并加以崇拜。关于"自然崇拜""自然敬畏"的讨论几乎贯穿整个中国的哲学史。

随着经济社会的不断进步，人们对人与自然（人与生态环境）之间的关系有了深刻的思考，逐渐意识到：人类在大自然面前不是无能为力的，相反，人类可以通过社会生产活动有目的地利用自然、改造自然。我国举世闻名的都江堰、京杭大运河等工程便是古代劳动人民与大自然斗争的智慧成果。在农业生产主导的传统社会中，这些改造自然的光辉典范为生产力进步做出了巨大的贡献。随着这些水利项目的修建落成，我国粮食产量大幅提升，人民生存问题得以有效解决。众多农业科学技术也不断进步，极大程度上促进了我国农业社会的发展与繁荣。与此同时，各地运河的修建缩小了地理阻隔，为交通提供了巨大便利。由此兴起了一批古代城市，并逐步形成了古代基本经济政治格局。面对改造自然所带来的巨大财富，人们的野心和欲望变得更强，继续无限制地向大自然索取。

自工业革命诞生和兴起以来，蒸汽机的出现将机器的强大动力展现在人类面前，人类的生产动力开始不仅仅局限于人与自然。蒸汽机的运用也直接促进了各类新式机器的发明创造。为了运作机器，大量的能源燃料被开发利用。各处工厂有了动力源，也开始随意向自然界排放工业生产废弃物。这使生态链受到严重破坏，大量动物濒临灭绝。严峻的资源短缺及生态环境恶化问题制约着人类的生存与发展。

可持续发展是解决人类需求与自然限制的矛盾问题。面对这样庞大的研究议题，人们率先讨论的是自然资源的持续利用问题。自然资源是人类生产发展的基础，自然资源的短缺与枯竭，经济社会的发展也将难以维系、难以满足子孙后代的需求。早在18世纪，自然资源使用的安全最低标准、环境限制与承载力等问题已经被欧洲学者们热议。Weber等（2017）认为：人类为了获得安全、和谐的社会环境，需要以牺牲一定程度的自由为代价；为了保证人类社会的持续发展，人们也需要保护生态资本不超出自然限制。马尔萨斯是第一个预见资源短缺将限制经济增长的学者。他在《人口原理》中指出，在当今发展模式下，社会人口的增长远远超过土地向人类供应生活生产资料的能力。土地生产的粮食数量随时间推移将不足以支撑全人类的发展。由此带来的饥饿问题将抑制人口的增长，阻碍社会的发展与进步。尽管马尔萨斯对人口增长后果的论述过于悲观，但他深刻地意识到了土地环境的限制，为可持续发展概念的形成提供了理论基础。这一观点也表明人们已经开始思考如何平衡"社会需求"与"资源限制"。人类在开发和利用自然资源时，不能无限制，而是要充分考虑其更新再生的速度。

此后环境运动逐渐走上政治舞台，越来越多的人开始关注环境保护，"无害环境、造福子孙后代的发展"成为全世界讨论关注的议题。已有研究认为，"可持续发展"一词作为科学概念或定义，最早见于《世界自然保护大纲》。该报告由国际自然保护同盟于1980年制定。在这一报告中，人们首次将改善环境与促进发展整合至同一理论中。世界环境与发展委员会（WCED）于1987年4月27日，在英国伦敦举行的新闻发布会上向世界提交了《我们共同的未来》报告（Keeble，1988）。该报告又称为《布伦特兰报告》，正式对可持续发展的概念和内涵进行了界定：即可持续发展本质上是满足当代人需求和愿望的同时，不破坏后辈所需的资源。这个定义涵盖了可持续发展的关注重点："需求"以及满足需求所受的"限制"。它包含两个关键概念：第一，通过公平地分配机会和资源来满足需求，特别是世界上贫困人口的需求；第二，为保障未来环境满足需求的能力，对当下增长和资源利用设置限制。人类要发展，首先要解决贫困人口的基本需求，向全人类提供可持续生存的基本条件，如卫生、教育、水和新鲜空气等。其次在满足发展需求的同时要关注到自然环境的限制，不能为了短期生存需要而耗尽自然资源，危及后代人的发展；在满足当代基本需求的同时，将后代的发展利益作为一个整体加以保护。这也意味着经济学家不再只注重狭小时空中的资源配置问题，而是考虑如何维持人类长期经济发展。目前最常用的定义是由布伦特兰委员会（Brundtland Commission）提出的。

在可持续发展观的影响下，公平问题也得到重新的理解和讨论，代际公平等概念相继被提出。佩基在1988年将代际公平阐述为：假如当前决策的结果将影响几代人的福祉，那么这样的影响应该在各代人之间进行公平的分配。"保护后代资源"的概念是可持续发展与传统环境理念的主要区别之一。

2.2.2　可持续发展定义的拓展与完善

尽管"可持续发展"的定义获得了一定的政治共识，但随着参与者和时代环境的不同，其定义和概念也在不断地拓展与丰富。由于可持续发展最初从生态环境污染问题中诞生，众多学者一开始着重从生态属性方面定义可持续发展。人与自然的关系是共存共生，是命运的共同体。为了保证生态系统的稳定性、实现人类社会的持续发展，在可持续发展思想的引领下，需要寻找和探索一种全新的生态发展模式，这种模式中人与自然可以达到和谐共生。1991年，国际自然保护联盟（IUCN）、联合国环境规划署（UNEP）和世界自然基金会（WWF）联合发布了《保护地球——可持续生存战略》。可持续发展被定义为"在生态系统的承载力范围内提高人类生活质量"，提出了人类可持续生存的九项基本原则。同年11月，国际生态学协会（International Association of Ecology，INTECOL）和国际生物科学联合会（International Union of Biological Science，IUBS）联合举办了可持续发展的专题研讨会，定义可持续发展为"保护和加强环境系统的生产和更新能力"。自然科学家对"可持续发展"的定义，对于生态系统的连续性、生物物种的多样性以及社会生产力的持续发展得到广泛关注。

越来越多的学者围绕这一议题开展研究和探索，经济、社会等相关因素也逐渐被纳入可持续发展的定义之中。美国学者爱德华·巴比尔在其著作中，认为可持续发展是同时实现以下目标的最大化：生物系统维持遗传多样性、恢复力；经济体系满足基本需求、平等和增长；最后，社会制度促进文化多样性、可持续性、社会正义。该定义关注的是第三世界人民处境，重点在于消除贫困，强调了可持续发展中经济增长的重要性。在经济增长与环境保护的"整合"进步后，《保护地球——可持续生存战略》意味着尊重自然并在限度内发展的道路。这一报告将发展内涵拓展到提高人类健康水平、改善人类生活质量等社会领域。指出可持续发展的最终目的是促进人类社会的全面进步，只有人类社会得到全方位的改善和提升，人类才真正地实现了全面发展。

无论是将定义的侧重点放在经济属性还是社会属性，人类都希望在充分考虑自然资源和环境限制的条件下，最大限度地实现经济增长及社会进步。人们开始将经济、社会及生态环境三个领域作为一个复合系统纳入可持续发展的定义和研究中。城市作为现代经济社会发展的载体，其可持续发展问题值得关注。最早的"可持续城市发展计划"由联合国人居署和环境规划署在全球范围内推行。将"可持续城市"定义为：在经济、社会和环境三大领域中均能实现持续发展的城市。在实现发展目标的同时，对于自然资源的开发和使用应维持在可持续的水平，对潜在环境灾害风险具有一定的预警和抵御能力[①]。到1994年，基于"可持续发展"概

---

① UN-Habitat, UNEP. Sustainable cities programme 1990 – 2000: a decade of United Nations support to broad-based participatory management of urban development [R]. Nairobi: UN-Habitat, 2001.

念，我国发布了《中国 21 世纪议程》，作为中国 21 世纪人口、环境与发展的白皮书，在充分结合中国国情的同时，其着重从三维结构复合系统出发，将经济、社会发展及资源利用环境保护等方面紧密结合在一起，制定了中国可持续发展的战略目标及具体行动，以寻求各系统间有序、稳定、持久的协调发展。

在各组织对可持续发展战略的构想中，可持续发展已不再是单纯的环境保护问题。在人类可持续发展系统中，经济可持续是基础，生态可持续是条件，社会可持续才是目的。可持续发展揭示了"发展、协调、持续"的系统本质，是"人口、资源、环境、发展"四位一体的辩证关系，更是生态—经济—社会三维复合系统整体的全面性战略。在当下，面对人口压力、资源短缺、能源消耗及环境恶化等问题，只有积极转变增长方式，才能真正地构建与实现可持续发展的理性框架。

2.3 可持续发展的理论基础与经济学内涵

"发展"一词，曾被经济学家简单界定为"经济增长"。经济增长是指一个国家或地区所产出的物质产品及服务的增加，产品及服务的持续累积也意味着经济规模和生产能力的提升。为了促进经济增长，人类社会需要投入生产要素，因此经济实力的提高也依赖于国家自然资源禀赋、实际资本累积量、人力资本等生产要素的提升。与此同时，技术进步和制度环境的改善也能促进经济的增长。经济增长问题是经济学永恒的研究主题，其中资源禀赋始终占据重要地位。

2.3.1 古典经济学与新古典经济学增长理论

在许多经济学家的观点中，土地等自然资源的限制是经济发展的主要制约因素。英国的理论奠基人亚当·斯密曾在其著作《国富论》中指出：资源总是具有相对稀缺性的。在一般情形下，市场经济会以价格机制来保持正常运转。但市场经济发展"失灵"的根本原因就是相对稀缺资源的不合理分配和利用。亚当·斯密的观点突出了市场经济的重要意义，为现代经济发展理论分析提供了必要的理论基石。作为古典经济学的集大成者，李嘉图认为所有土地、资金和劳动力等社会生产要素的边际报酬都是递减的。资源对经济增长的约束限制并非不可跨越，相反，随着世界逐渐融为一个有机整体，人类可以依靠技术进步、贸易合作等途径和手段来解决资源危机，跳出"马尔萨斯陷阱"。

新古典经济学认为自然资源、社会资本和人力资本三者之间具有可替代性，因此对自然环境的破坏并不一定会影响人类的未来社会福祉。20世纪40年代末，英国经济学家哈罗德和美国财经家多马依据凯恩斯的有效需求理论，提出了一个解释经济周期变化并保证国民经济长期稳定增长的数学理论模型。考虑了一个发展过程中的国家为了维持国民收入和就业的长期稳定、平衡发展所必需的前提条件，并指出，只要有持续的资本形成，就可以为经济增长带来持续的源动力。在此基础上，索洛的增长模型强调了技术进步的重要性，认为是促进经济增长的关键性因素。索洛指出经济向平衡增长的路径是稳定的，其长期模型使人们意识到，并非只有通过积累资本才能促进经济的增长。

针对经济发展和社会收入分配之间的关系，美国经济学家库兹涅茨提出了所谓的"倒U曲线"假说。库兹涅茨根据传统农业向现代工业的转化过程，重新设计了传统农业和非农业部分，并研究了它们之间产业结构变动及其对人均收入差距变化所产生的影响。他还指出：在国民经济发展的初始阶段，随着国民人均收入的不断提高，收入分配将趋于不平等；这种不平等的分配问题随着经济进入充分发展阶段将不断改善。由此，库兹涅茨一度认为"自然资源绝对缺乏的限制并不会影响经济增长"。在上述经济学思想的梳理中，我们发现彼时的经济学研究变成游离于生态系统之外的独立的价值系统研究。

2.3.2 零增长理论——增长价值怀疑理论与增长极限理论

20世纪中期，受环境公害事件影响，人们开始意识到，经济社会只是生态环境中的一个子系统，人们迫切需要一种新的经济思想来指导发展。在20世纪60年代末，西方国家开始盛行一种"为了避免人类走向灭亡，必须限制人口和国民生产总值增长"的发展思想。经济发展真的可以让人民生活得更快乐吗？针对这一问题，1967年英国经济学家米香（E. J. Mishan）对西方社会只关注GDP增速的现状，向社会提出了尖锐的质问。米香指出科学技术提高等所促进的经济增长只能带来物质商品数量的提升，并不一定代表人民生活水平的改善；在国民收入提高的同时，人们的幸福感也正在降低。米香的论点从价值判断的视角对经济发展的重要性表示质疑与否定，要求人们重新看待经济发展和人民福利之间的关系。1972年，美国学者米都斯（D. H. Meadows）在《增长的极限》一书中指出：按照目前的全球经济增长模式，地球上的不可再生资源会很快耗尽，人类社会将走向无法控制的崩溃和灭亡。这一增长极限理论从经济增长引起环境变化的角度，让人们意识到人类的生产和发展存在极限，人们应当重新审视经济系统与生态环境系统之间的关系。

在米都斯的论述中，他首先指出了制约国民经济增长的五种因素，分别是人口增加、粮食供应、资本投资、自然环境污染和能源消耗。上述因素的增长都表现为指数增长。米都斯统计出了以上五个因素的倍增时间，综合考虑，构建起相互影响的反馈机制。他发现在1970年之后，人口和工业生产仍然维持着指数递增速度，而急剧减少的自然资源使工业化不得不放慢发展进程。在工业化发展到达顶点之前，环境污染也将扩大。由于粮食和医药品的短缺导致死亡率增加，人口的增长最终将趋于停滞，甚至导致人类在2100年以前走向崩溃。

米都斯的"增长极限论"一经提出，便在西方世界受到了强烈的质疑。有人质疑他的经济分析方法有误，有人则认为他是带着电子计算器的"马尔萨斯"。此外米都斯提出的"零增长理论"，也并非解决增长矛盾问题的合理手段。但是，米都斯的学术贡献是巨大的，他率先从定量分析的角度对人口增长、资源环境等与经济增长之间的关系进行研究，并意识到世界是一个大系统，人口、生产、环境只是其中的一部分，各个要素之间的相互作用与要素本身同样重要。这些学者的研究促使社会各界有识之士开始重新思考"我们的未来"，为可持续发展的研究打下了扎实的基础。

2.3.3 可持续发展中的经济定理

1. 外部经济的产生

在传统发展模式中，众多国家走上了一条单纯地追求GDP数量增长的道路。为了达到经济增长的目标要求，人们往往以牺牲环境作为代价，此时为了实现经济增长的环境成本超过了发展的效益，从而形成不可持续的发展（褚大建，2003）。从成本-收益的视角出发，可持续发展的过程实际上是逐步将环境成本货币化的过程。在实现发展最大收益的同时，要通过生态环境治理等手段将经济社会发展过程对自然环境损害的经济成本降到最低。然而由于生态环境价值的特殊性，环境恶化所产生的经济成本往往难以核算。

在这种背景下，与"环境成本"相关的经济理论也相继出现。在马歇尔的经济学分析中，对价值和价格理论做出了广泛的研究，并第一次明确提出了"外部经济"的概念。所谓外部经济，是指由企业外部原因而引起的企业生产成本的下降。作为马歇尔的学生，庇古在《福利经济学》一书中继续对外部性问题加以剖析，并对外部经济（正外部性）和外部不经济（负外部性）的概念界定。

其中，外部不经济是指一些企业（或个人）由于其他企业（或个人）的经营活动而遭受不良影响，而又无法在产生这种危害的企业（或个人）身上获得赔偿的现象。环境污染便是经典的负外部性问题。

对于众多负外部性现象，庇古重点关注了"公共产品"领域的应对方法。在"公共产品"生产过程中，不仅存在显著的私人成本，同时也隐含着社会成本的问题。庇古认为征收"庇古税"可以纠正生产发展中的外部不经济问题。而随之发展起来的科斯定理则表明，在产权界定划分清晰的情形下，私人市场能够经过自愿协商，达到资源配置的最优化结果。解决外部性问题到底是通过市场交易手段还是"庇古税"，取决于对交易费用及效益的经济分析。

2. 波特假说的提出

新古典经济学认为，环境保护与经济增长是相互抑制的。加强环境保护意味着对企业生产提出了高要求，在某种程度上会使企业的生产成本上升，妨碍企业产出的增长。然而 Porter 和 Van der Linde（1995）却指出，适当的环境规制有时会倒逼企业进行技术创新。在保护环境的要求下，为了追求利润最大化，企业倾向于通过技术升级来降低环境成本，从而提升企业经营效益和市场竞争力。这为我们实施可持续发展战略提供新思路。越来越多的文献试图量化环境政策与技术创新之间的关系以检验"波特假说"。例如，范丹和孙晓婷（2020）采用动态面板平滑转移模型和中介效应模型，研究了双重环保规制手段对绿色技术创新和绿色经济的非线性影响。

"波特假说"表明适当的环境规制可以通过"技术补偿效应"和"学习效应"改善环境质量和提高产出。这种由技术进步和效率提高带来的产出增长即为全要素增长。Wu 等（2020）则利用空间杜宾模型，探究了环境法规、环境分权政策对我国绿色能源全要素生产率的直接影响，发现环境规制与中国绿色能源全要素生产率之间呈现 U 型关系。在上述研究中，我们发现，制定合理的环境规制手段对于促进经济社会可持续发展极其重要。

2.4 全球可持续发展目标的提出与指标构建

2.4.1 全球可持续发展目标（SDGs）的提出

可持续发展概念，继续围绕着人类社会发展的重要议题进行深入交流。《人类发展报告》(*Human Development Report*, HDR) 于 1990 年首次发布, 该报告认为经济增长没有自动带来社会发展, 解决人类脱贫问题与可持续的经济社会发展密不可分, 需要全世界的共同努力。为改善民众生活, 摆脱极度贫穷, 2000 年 9 月世界各国领导人在联合国首脑会议上, 就减少贫困、饥荒、疫病、文盲、环境污染以及对女性的歧视, 共同订立了一个有时限的发展目标, 正式提出了联合国千年发展目标 (MDGs)。《联合国千年宣言》的发布为人类社会在新世纪的蓬勃发展指明了方向, 作为一个全面的世界发展目标, 它有效汇聚了世界减贫共识, 并明确"我们的理念和使命是在促进可持续经济发展的前提下减少任何类型的极度贫穷, 并为全人类建立可保障稳定繁荣发展的生产基础"。是国际社会对于人类命运共同体发展合作的一致承诺。这个愿景式文件, 涵盖经济、社会和自然等多个领域, 重申了"自主、和平、凝聚、包容、尊敬自然和共同承担责任"等价值。还明确涵盖了 8 项总体目标、18 个分目标和 48 个具体的衡量指标 (体系), 量化了人类福祉中的重要方面, 是获得广泛认同的。在 1990—2015 年, "千年发展目标"成为评价世界经济进步发展水平的主要指标。联合国千年发展目标的核心如表 2-2 所示。

表 2-2 联合国千年发展目标①的核心

目标	部分内容
MDGs 1	消灭极端贫困和饥饿 (1990—2015 年, 将饥饿人口比例减半)
MDGs 2	实现初等教育普及
MDGs 3	促进两性平等并赋予女性权利
MDGs 4	降低儿童死亡率 (1990—2015 年将 5 岁以下儿童死亡率减少 2/3)
MDGs 5	改善孕妇和幼儿的健康 (1990—2015 年, 将产妇死亡率减少 3/4; 到 2015 年实现普及性健康服务)
MDGs 6	防治艾滋病、疟疾和其他疾病 (到 2015 年制止并开始扭转病的蔓延; 到 2010 年使所有需要治疗的人获得艾滋病治疗)
MDGs 7	保障环境的可持续能力 (到 2015 年, 将无法持续获得安全饮用水和基本卫生设施的人口比例减半)
MDGs 8	建立促进发展的国际伙伴关系 (与制药公司合作, 在发展中国家提供可负担的基本药物)

---

① 资料来源: UNMDGs, http://www.un.org/millenniumgoals/。

在"千年发展目标"提出后的十多年，世界各国纷纷为实现这一要求而奋斗。根据《千年发展目标2015年报告》，在全球的共同努力下，人类已经显著地改善了自身的生活。全球在极度贫穷中的人口数量已经比1990年减少了近50%，发展中国家小学净入学率已经超过了91%，全球儿童及产妇死亡率下降了近50%，众多地区的陆地和海洋保护区也在大幅度增加。"千年发展目标"在世界范围内尤其是在发展中国家中取得的成就有目共睹，但目标框架中仍然还有相当多的愿景未能如期达成。

MDGs的批评者们也随之指出了该目标的诸多缺陷，例如"千年发展目标"是有选择性的。一方面，"千年发展目标"的协商讨论范围受到极大限制。尽管MDGs最终在世界范围内受到广泛关注，但在形成过程中没有得到充分的讨论和协商，尤其是严重缺少发展中国家的参与。由发达国家主导的目标框架建立使发展中国家始终处于依赖地位，众多发展问题没有得到及时的交流和解决。另一方面，"千年发展目标"的发展范围也并不全面。例如在第七项目标"推进环境可持续发展"中，它仅仅关注生物多样性的丧失，对于能源消耗、气候变化等诸多挑战没有充分地考虑，导致生态环境与发展没有形成良性的互动。此外，许多无法直接进行衡量的指标和权利也没有得到深入的讨论。上述不平衡、不充分的发展也意味着MDGs无法轻易地转变为国家目标。国际社会需要在"千年发展目标"的基础上设定一项新的议程来完成其未竟的事业，可持续发展目标应运而生。

在制定讨论2015年后发展议程的过程中，广大发展中国家明确地指出未来的发展目标应该建立在"千年发展目标"之上。联合国可持续发展目标（SDGs）诞生于2012年在里约热内卢举行的联合国可持续发展会议，是一系列新的发展目标，既延续了"千年发展目标"的精华内容，同时也对存在问题进行了改进与升级，从经济、社会、环境三个维度极大地丰富了过往目标。2015年9月，联合国发展峰会在纽约总部举行，世界百余位国家元首或政府首脑参与会议，其中包括我国国家主席习近平。此次发展峰会规模庞大，意义非凡，是继2000年首脑会议、2012年"里约+20"峰会之后，全世界为促进可持续发展的又一具有里程碑意义的重大活动。在此次会议中，联合国正式通过了2015年后发展议程《变革我们的世界：2030年可持续发展议程》，从可持续发展的高度实现"千年发展目标"的超越。

相比较而言，进一步将能源利用、可持续的经济增长及消费生产模式、全球气候变化及海洋保护等问题纳入其中,是对可持续发展理念的进一步延续和提升。这表明人们对于发展的认识已经脱离了简单的数量追求,将可持续发展深入经济、社会及环境系统的方方面面,实现了三个维度的有机整合:无论是消除贫困与饥饿,还是促进持久、包容、可持续性的经济增长;无论是消除性别不平等,还是追求和保障优质的,具有包容、公平的教育;无论是保证可持续消费和生产模式,还是采取手段应对气候变化等环境问题,上述这些内容是每一个国家在追求可持续发展目标时,需要积极努力并共同实现的。

2.4.2 可持续发展目标的系统性评价指标体系

对任何发达国家与发展中国家来说,实现联合国规定的可持续发展目标(SDGs)既是机遇,更是挑战。如何对各个目标的落实情况进行度量和监测是检验各国 SDGs 实践的关键。联合国已建立了可持续发展目标的全球指数框架(United Nations Global Urban Monitoring Framework, UMF),通过指标体系数据反映可持续发展目标落实进展情况以及面临的困难。对 SDGs 目标落实情况的有效评价也可以动员各方促进议程实施。2015 年,联合国统计委员会通过会议决定成立了国际"可持续发展目标"指标专家小组(IAEG-SDGs),该小组汇集了 28 个成员国的统计理论组织。各国对全球范围内可持续发展目标监测的具体指标架构进行了研究和制定。2017 年大会正式通过了"17 项总体目标、169 项具体目标以及 232 项指标"的世界可持续发展指数框架。在 2020 年修改后的世界指数框架中包含了 247 个指数,在去掉重复使用的指数之后为 231 个指数。

自《联合国 2030 议程》发布以来,许多国家根据自身 SDGs 实施进展情况积极向联合国提交审查报告,例如中国等。然而报告大多是整体情况的定性分析。也有众多学者就 SDGs 实施情况展开定量分析。如 McArthur 和 Rasmussen (2019) 对加拿大的 SDGs 指标达标情况进行了定量分析,Huan 等(2021)则关注了 15 个"一带一路"国家的 SDGs 进展状况。

2.5 可持续发展的制约与挑战

2.5.1 制约可持续发展的多重因素

可持续发展的过程是不断迎接挑战的过程。21 世纪伊始,随着人类社会逐渐步入科技高速发展和经济社会国际化的新纪元，"与自然共生"已成为可持续发展研究的时代性课题。在人类发展过程中，尤其是在开发自然资源、拓展生活空间、追求经济效益等过程中，发展与环境的冲突时时处处存在。在人类对自然环境作用空前强烈的当下，这些矛盾不仅得不到缓和，反而还在加剧。与环境冲突的方式和模式变得更加多样化、复杂化，内涵也更加丰富与深刻。世界银行前副行长维诺德·托马斯表示，气候变化、经济危机以及粮食问题或许是导致全球可持续发展之路"脱轨"的三大挑战。联合国经济和社会事务部副秘书长刘振民认为，在看到执行可持续发展目标方面取得的进展和强劲势头时，也应看到气候变化的持续影响、全球经济增长速度的放缓、人口老龄化、收入分配和机会不公平等现象对可持续发展战略的制约。

1. 气候变化问题对人类发展模式产生巨大挑战

近年来，随着气候变化问题的不断加剧，酸雨、臭氧层破坏等环境公害问题给全球发展带来越来越深刻的影响，使当代环境问题越过国界，成为全人类的共同任务。越来越多的证据表明，全球极端自然灾害增多的部分原因来自气候变化。世界银行独立评估局曾发表报告称：受气候变化影响，全球热浪、洪水、干旱等极端自然灾害的发生频率已显著增加；这一改变将深刻影响城市建设、人类健康以及陆地海洋生态系统，给全球发展带来严重负面影响。联合国气候变化巴黎大会主席洛朗·法比尤斯认为，如何实现绿色可持续发展成为当今世界面临的重大挑战之一。为了解决全球气候变化问题，全人类必须在世界视野的角度下共同携起手来，实现现代工业文明的转型和升级，使人类社会从以依赖化石能源为基础的传统发展模式向低碳经济发展模式转变，进一步提升化石能源的清洁高效利用率。

2. 自然资源的相对稀缺性日益突显

长期以来，为了实现发展目标，人们无限制地扩大生产投资规模并增加物质投入。这种粗放型的经济增长方式在推动人类社会进步的同时，也导致经济发展与资源环境之间的矛盾越来越尖锐。资源供需不平衡矛盾的日益加剧，使自然资源消耗成为制约经济社会发展的主要障碍。土地是一切生产的原始资料。英国古典政治经济学奠基人威廉·佩第认为"劳动是财富之父，土地是财富之母"。他的观点道出了土地对于经济增长的重要意义。随着社会生产的快速发展，人们对于土地资源的需求也不断增加。但土地资源数量是有限的，经济增长、城镇化发展对土地资源需求的"无限性"与土地供给的"紧缺性"之间的矛盾更加凸显。能源资源是人类社会赖以生存和发展的物质基础。中国近年来取得的成就离不开能源系统的有力支撑。然而随着国家步入工业化和城市化加速发展时期，生产生活对能源的依赖度日趋增强，经济社会发展对能源资源的刚性需求不断增加。人类无限的需求与有限的自然环境资源间的矛盾成为可持续发展面临的巨大挑战。

3. 粮食安全问题限制农业可持续发展

粮食安全是世界和平与发展的民生保障，是构建人类命运共同体的重要基础。自古代起，便流传着"民以食为天"的说法，充分反映了"粮食"问题对于人类社会发展的重要性。进入现代社会以来，我国在"十四五"规划纲要中正式将粮食综合生产能力纳入经济社会发展的主要指标。面对可持续发展的时代浪潮，我国作为农业大国，农业生产也迫切需要实现可持续发展。然而当前现代农业生产也面临着严峻的环境问题。一方面，工业废弃物等外部污染源严重破坏了农田生态系统，威胁粮食作物的生产；另一方面，农业生产中过度开垦、过度放牧捕捞，及化肥农药等投入品的使用也使农业成为污染环境、破坏生态的重要源头。

4. 全球经济增长趋势放缓也可能破坏可持续发展

根据联合国经济和社会事务部《2019 年世界经济形势与展望》报告，由于贸易紧张局势加剧、冲突以及快速的技术变革给社会和就业带来的不利影响，全球增长前景黯淡。面对根深蒂固的结构性挑战，在非洲、西亚、拉美等落后地区，人均收入增长预计持续疲软。为实现到 2030 年消除贫困的可持续发展目标增加了困难。从联合国经济和社会事务部 2020 年年初发表的《世界社会报告》（*World Social Report*）中也发现，基于性别、年龄、种族、族裔、移民地位、残疾和社会经济地位而出现的不平等现象在发达国家和发展中国家都普遍存在。收入分配以及机会的不平等也对全球稳定与繁荣及社会凝聚力构成挑战。

2.5.2 可持续发展的未来取决于城市发展

面对制约可持续发展的重大挑战，为了确保可持续目标战略的顺利实现，我们还需要积极探索未来的发展方向。城市化是人类社会发展的必经阶段，是现代性的重要特点之一。《21 世纪的城市：关于城市未来发展的专家报告》中指出当今世界经济、社会和环境协调发展的关键还在于城市。改革开放以来，中国城镇化进程明显加速，全国城镇化率已从 1978 年的 17.92% 增加到了 2020 年的

63.89%。城市规模快速扩张促进我国经济社会发展的同时，也带来了一系列的环境生态问题。

习近平总书记指出："建设人与自然和谐共生的现代化，必须把保护城市生态环境摆在更加突出的位置，科学合理规划城市的生产空间、生活空间、生态空间，处理好城市生产、生活和生态环境保护的关系，既提高经济发展质量，又提高人民生活品质。"[①] 近年来，国内外学者对城市化与生态环境之间的影响进行了较为深入的研究。Grossman 和 Krueger（1995）认为城市经济发展与生态环境污染之间呈现"倒 U 型"曲线关系。王国霞等（2017）基于我国中部地区37个资源型城市10年间的指标数据，建立起城市化与生态环境系统之间的耦合模型，测度了其动态变化，发现了生态环境治理水平的提升对资源型城市本身、地区转型升级的重要性。

全球气候问题逐渐严峻，极端天气日渐频发。人类的影响是"自工业时代开始全球平均地表温度上升近 1.1℃"的主要驱动力，以及在大气、海洋、冰层和生物圈中观察到的许多其他变化（IPCC，2021）。城市化进程加快对能源消费造成的影响，以及相应的温室气体排放，尤其是二氧化碳排放水平，受到学术界的广泛关注。有学者对新兴经济体和发展中国家的城市化进程影响开展了实证研究（Sadorsky，2014），结果表明城市化水平对碳排放水平的影响是不确定的；有学者研究得出城市化水平同二氧化碳排放水平呈"倒 U 型"关系（Zhang et al.，2017a）；也有学者认为呈"U 型"（Shahbaz et al.，2016）。

此外，还有学者研究了城市化进程对其他生态环境问题的影响。在快速城市化和城市群规模扩张的过程中，曾经的"高耗能、高污染、高排放"的粗放型经济发展模式，在促使经济快速增长的同时，也引发了一系列诸如雾霾、水质污染及生态体系破坏等问题。循环经济是未来区域可持续发展的重要模式。采用指标评价体系，对京津冀城市群城市化与生态环境系统的协同发展格局进行了评价（孙钰等，2021）；也有学者以长株潭"3+5"城市群、长三角城市群（李菁等，2022）、长江中游城市群为研究对象，运用实证研究的方法对城市群生态效率进行了评价和影响因素识别。结果表明，城市群整体生态效率水平较高，其中技术进步和经济发展水平是推动生态效率提升的主要驱动力。由此可见产业结构调整及技术进步在城市化与生态环境协调发展中发挥着重要作用。城市化进程涵

---

① 资料来源：https://www.sohu.com/a/462407045_114731。

盖人口（Lv et al.，2019；童玉芬 等，2022）、能源（Sheng et al.，2017；Zheng et al.，2019）、产业发展（Gebre-Egziabher，2019）、经济增长及生态环境（Nagaoka et al.，2021）多个方面，因此为了更好地实现经济、社会及环境协调发展的可持续目标，我们必须积极发挥城市在可持续发展中的重要作用。

2.6 本章小结

可持续发展理念的形成经历了相当长的历史过程。本章系统地阐述了可持续发展思想的历史渊源以及相关理论的形成和演进过程，对可持续发展中可能涉及的经济学定理进行了概述归纳。在当前形势下，可持续发展已经不再是单一领域的发展问题，它的研究范畴也早已突破了初始的生态环境保护问题，是经济、社会及生态环境三方面协调统一的全面性战略。城市是未来经济、社会和环境协调发展的关键。当城市的发展面临重大制约与挑战时，可持续发展之路也必将出现问题和阻碍。在推行《联合国 2030 议程》的背景下，统筹人与自然和谐相处是世界各国的重点任务。如何对 SDGs 的实施结果进行系统的量化评价、推进城市的可持续发展是各界学者未来努力的方向。

第 3 章 中国社会可持续发展现状分析

人类对社会系统与生态系统关系的认识经历了相当长时间。自人类诞生以来，便积极探索人与自然的关系，人类生态意识的进化与经济、技术、社会形态密不可分。在生产力水平低下的原始社会，人类的生产活动完全依赖于自然，在大自然面前，一切人类活动都显得十分渺小。然而，随着生产力的发展与进步，人类由传统农耕社会进入现代工业社会。机器的出现极大程度地解放了人们的双手，突破了人类自身能力的限制，在技术和社会形态方面推动了人类的全面进步。人们拥有了工具后，开始无限制地开发改造自然以满足自身的需求与欲望。很长一段时间以来，高能耗、高污染、高排放的粗放型发展模式成为世界各国的发展方式，为人类社会带来进步的同时也导致生态环境的持续恶化，对自然环境的破坏给人类的发展带来很多负面影响。面对生态环境问题与社会持续发展之间的矛盾与冲突，充分了解社会可持续发展的概念内涵显得尤为重要。本章从社会发展的角度切入，对社会可持续发展的概念与历程进行系统梳理，对可持续发展的评价方式进行归纳介绍，最后关注中国社会面临的可持续发展制约问题。

（1）社会可持续发展是什么？它的概念内涵和发展历史是怎样的？中国社会发展现状如何？

（2）如何对社会可持续发展进行评价？

（3）中国社会可持续发展过程中面临的制约与挑战。

3.1 社会可持续发展的概念与内涵

从 20 世纪 80 年代起，环境污染所带来的惨痛影响已严重威胁到人类的生存与发展，生态环境治理逐渐成为全球共识。各国各界有识之士呼吁经济社会发展不能建立在破坏自然环境的基础上。面对经济增长、社会发展与生态环境保护之间的矛盾与冲突，寻求各个系统之间的平衡与协调发展成为世界重大课题。其中可持续发展作为一种新的观念得到了发达国家及发展中国家的普遍认可。可持续发展的内涵指为了实现人类社会的永续发展，人们在满足当前社会生产生活需求的同时，不能对子孙后代的生产发展能力造成影响。社会作为一个有机整体，各个组成部分相互联系、相互作用，社会的进步与发展也离不开各个系统之间有效磨合。可持续发展模式的提出表明人类对于社会发展的研究不再只涉及某个单一领域，而是强调经济、社会、生态三个系统的协调统一。在人类社会实现可持续发展的进程中，经济可持续发展是重要的物质基础，生态可持续发展是不容忽视的条件，而社会可持续发展则是人类延续与进步的最终目的。可持续发展观念的提出在很大程度上丰富了人类看待发展问题的维度。在当下的发展中，人类必须用整体的思想看待问题，不能再将发展简单定义为经济增长，或是仅将发展关注点放在生产力系统中，而是要统筹兼顾经济与生态的协调，实现全面发展。

中国作为世界上最大的发展中国家、拥有几千年文明的历史大国，面临着经济社会发展与生态环境保护之间的"两难"。数千年来，关于人口激增、环境污染等问题的研究和讨论从来不曾停止。改革开放以来，中国在经济发展中已经取得举世瞩目的成就。然而，繁荣的经济却在很大程度上以高碳排放、高污染程度作为代价。在我国前期的工业发展过程中，大量依靠煤炭的能源结构使得我国面临着前所未有的环境危机。一方面，在煤炭的开采阶段，大量的开采使得土地资源以及水资源受到严重的破坏；另一方面，在煤炭的燃烧与利用过程中产生的大量有害气体直接进入生态系统，在影响人体健康的同时也对大气环境造成了严重的危害，导致了雾霾、酸雨、全球气候变暖等环境问题。生态系统的破坏改变了区域自然资源的空间分布格局，加剧了自然灾害发生的频率，对人类农业生产等活动也产生了重大的影响。当粮食安全面临危机，人类温饱的基础需求得不到满足时，社会最终也将难以延续。因此实现社会的可持续发展是当下发展的必由之路。

3.1.1　可持续发展的历史

早在几千年前，人类便有了环境保护的意识。在中国古代原始社会向农耕文明社会的转型过程中，"持续利用、协调发展"的思想已经被众多思想家及学者广泛讨论。春秋战国时期，诸子百家争鸣，各家各派在思想文化等领域中有着各自不同的观点与见解，但对于保护生态环境、维护自然平衡等问题，各个学派取得了一定的共识：人类必须尊重自然、顺应自然。荀子意识到生物和环境之间的依存关系。他认为"川渊枯则龙鱼去之，山林险则鸟兽去之"[①]，自然界中的生物与自然环境

---

① 出处：《荀子·致士》。

之间密不可分。《吕氏春秋》也提出"竭泽而渔，岂不获得？而明年无鱼；焚薮而田，岂不获得？而明年无兽"[①]，这强调人类在利用自然资源的时候，不能忽略生态环境的承载能力，更不能无限制地开发和掠夺，否则将破坏自然资源的再生能力。西汉时期创作的论文集《淮南子》在继承先秦道家思想的基础上，综合了诸子百家学说中的精华部分，指出："欲致鱼者先通水，欲致鸟者先树木。水积则鱼聚，木茂则鸟集""草木未落，斤斧不入山林"[②]，其倡导的"尊重、顺应自然规律以及促进人与自然和谐发展"的观念与当今的可持续发展思想相近。此后，对社会的可持续发展的探索从未停止。

到了明清时期，我国人口迅速增长，生态环境持续恶化，社会发展与人口增长之间的矛盾逐渐凸显。人们为了满足人口快速增长情况下的发展需求，无限制地掠夺自然资源，造成了生态失衡。此时，环境破坏问题大多表现为区域性和局部性。尽管对部分地区产生了一定的负面影响，但面对迅速发展的巨大诱惑，经济建设与环境污染的矛盾常常被忽略。这个阶段，中国社会真正意义上的环境保护意识和政策法规还没有形成。

18世纪60年代，人类社会进入工业革命阶段，西方发达国家工业发展尤其迅速。世界各国之间的交流和联系也更加紧密。人们深刻意识到能源的过度采集和耗用会使自然环境受到严重破坏，导致全球变暖、物种灭绝等生态环境问题，将严重威胁人类的生存和发展。随着民众环保意识觉醒，环境运动也开始兴起。20世纪70年代，人们进一步意识到人类生存环境所必需的生态条件正在日益恶化，生态环境治理逐渐成为全球共识。我国的"官厅水库污染"事件也使中央政府迫切意识到保护环境的紧迫性和重要性。

随着联合国人类环境会议的召开，人类首次将环境问题纳入各国政府和国际政治的事务议程中。意识到人类只有一个地球，呼吁各国共同努力来维护改善生态环境，造福子孙后代，并建立了"世界环境日"。每年世界环境日主题的确定不仅反映了当年世界的主要环境问题和关注热点，也表明了人类对可持续发展的理解不断深入。

我国的环境保护事业也在1972年后受到广泛关注。1973年，面对日益突出的环境污染问题，我国第一次在中央政府层面召开环境会议，正式将环境保护上升到国家政策层面。随后多个环保机构相继建立，环保法规相继出台。到了今

---

① 出处：《吕氏春秋》。
② 出处：《淮南子》。

天，保护生态环境、促进人与自然和谐共生已成为社会共识。我国环境保护政策的思路和战略也不断完善。

进入中国特色社会主义新时代，习近平总书记提出了一系列加强和推进生态文明建设的新思想、新观点和新方法，对生态文明建设的重要性、紧迫性做了前瞻性的阐述。"绿水青山就是金山银山"理念作为习近平总书记在经济建设领域与生态环境保护领域协调统筹的重要论述，已成为新发展理念的重要组成部分。在当今环境形势之下，我国传统的发展模式已经难以继续。一方面，仅仅依靠大量投入生产要素的发展模式已不再能带来持续的高增长；另一方面，完全依赖于资源消耗的发展模式带来了严重的生态环境问题。因此我国迫切需要转变经济发展模式。"两山论"的提出要求在社会主义事业的建设中既不能为了促进经济发展而舍弃环境，也不能为了保护环境而放弃经济发展。这与可持续发展内涵中的"鼓励经济增长、重视生态环境的承载能力"等思想观念一致。不论是经济增长还是生态环境保护都是社会发展的客观需要。生态环境不仅仅是经济发展的物质基础，更是发展与财富本身。正如"生态环境生产力论"所提及的：保护生态环境就是保护生产力，改善生态环境就是发展生产力。任何社会的延续与发展必须具备可持续发展的内在逻辑。而有悖于可持续发展观念，以牺牲生态平衡换取的文明，如楼兰、玛雅等古国文明，也将消失在历史的长河中。

3.1.2 社会可持续发展的概念与内涵

社会可持续发展是可持续发展的重要组成部分。国内外对社会可持续发展也进行了相当多的研究和论述。马克思在对近代以来的世界经济与社会发展的研究中引入唯物史观，并创立了世界历史理论。世界历史不是一个历史编纂学的概念，而是一个哲学历史观的概念。揭示的是世界各个国家各个民族在经济、政治、文化领域成为有机整体的过程。在民族历史转变为世界历史的进程中，近代工业革命和国际贸易扮演着重要的角色。向世界历史的转变不是单纯的精神抽象运动，而是完全物质的、可以在现实生活中得到证明的实际过程。机器的出现革新了社会的生产力，消除了分工的自然属性。与此同时，随着国际贸易的兴起，生产、交换和消费过程突破了国家地域限制，使世界成为一个有机整体。每一个国家和个人的需求都离不开整个世界的发展。随着全球化进程的不断推进，面对世界复杂的经济形势问题，各国以"人类命运共同体"的新视角，提出在谋求本国发展的同时也要兼顾他国合理利益，寻求全人类的共同利益，促进人类社会的可持续发展。

1991年发表的《保护地球——可持续生存战略》指出发展的目的是使人民享受长寿、健康和满足的生活。将可持续发展定义为"在保护自然资源、不超出生态环境承载力的情况下,改善人类的生活品质",该定义从社会发展的角度论述了可持续发展的最终目的。随后,在1994年发表的《人的发展与社会指标》一书中,迈尔斯阐述了评价人的条件,并制定"以人为中心"的发展战略及相关的指标。他尤其强调社会平等、关注未来等问题。Sachs（1999）在对"社会可持续发展及整体发展"的讨论中,确定了社会可持续发展的若干组成因素,其中包括社会同质性、公平的收入,以及获得商品、服务及就业的机会,并将一系列社会维度的因素和概念纳入可持续发展的讨论之中。Godschalk等（2004）增加了对社会可持续发展中"宜居性"的讨论。随着城市化进程的不断推进,人居环境压力也逐渐凸显。其研究使人们开始关注城市规划领域中的可持续发展。Vallance和Dixon（2011）提出了社会可持续发展的三重模式,包括满足社会基本需求的"发展可持续性",以实现生物物理环境目标的"桥梁可持续性",同时提出了"维持可持续性"的方式。

在对社会可持续发展总体概念进行了梳理和概括之后,国内外学者也针对具体社会领域的可持续发展问题进行研究。社会是以人为本的,社会的持续发展离不开适宜的人口数量、合理的人口结构以及良好的人口素质。随着人口老龄化问题的日益严重,也有学者对人口结构变动对经济增长的负面影响进行了研究。Maestas等（2016）在美国人口结构变化对经济增长影响的实证分析中,发现"老龄化过程中所导致的生产率下降"以及"劳动力减少"等问题是人均GDP增速下降的重要原因。都阳和封永刚（2021）基于122个国家25年的面板数据,实证检验了不同人口老龄化速度对经济增长的影响,认为老龄化速度要达到一定的阈值,才会对经济增长产生显著的负面影响。陈彦斌等（2019）也提出可以通过发展人工智能来应对老龄化问题对经济增长的冲击。人力资本作为经济增长的重要源泉,也在促进产业结构升级（周茂等,2019）、全要素生产率增长（Chen et al.,2018）等方面发挥作用。

城市化是社会发展的必然趋势。随着越来越多的人口向城市聚集,城市成为人类经济活动的中心,也成为人类社会实施可持续发展战略的重要阵地。在城市化快速推进的进程中,由于资本和市场的逐利性,经济发展到一定阶段会产生增长与公平之间的矛盾,从而加剧社会分化,阻碍城市的可持续发展。钞小静和沈坤荣（2014）将二元经济结构特征引入跨期模型，认为城乡收入差距通过影响劳动力的质量影响经济增长。除了经济增长与社会公平之间的矛盾，还有众多学者研究了空间资源分配的社会公平问题。如唐子来和顾姝（2015）基于城市公共绿地的生态环境视角，研究了公共绿地资源与常住人口之间"空间错配"的地域不公平问题，进一步表明合理的资源配置在城市可持续发展中的重要作用。面对日益突出的城市环境问题，关注城市生态承载力、发展低碳经济也成为可持续发展的必由之路。

3.1.3　中国社会发展现状

改革开放以来，中国站在世界瞩目的发展舞台之上。回顾我国的发展历史，短短40年间，我国经济体量茁壮成长。新世纪以来，经济规模总量从2001年的10.93万亿元增加到2021年的114.37万亿元，圆满实现了经济总量翻番的目标，完成了社会生产力的历史性跨越。在我国取得了一定的发展成就的同时，也面临着经济下行的巨大压力。根据中华人民共和国2022年国民经济和社会发展统计公报，2022年，我国的GDP增速下降至3.0%，经济增长已经告别了高速增长与中高速增长时期，进入缓慢爬坡阶段。在拉动经济增长的重要引擎中，消费是我国经济稳定运行的"压舱石"。2021年我国社会零售总额44.08亿元，增长速度较疫情之前下滑趋势明显。由此导致的我国需求收缩，成为经济增速放缓的重要原因之一。在投资方面，我国固定资产投资增长乏力，投资韧性显著不足。出口增速也有明显转弱趋势。依靠"三驾马车"拉动的传统社会发展模式亟须转变[①]。改革开放初期，我国工业以劳动密集型的一般加工制造业为主。在全世界500多种主要工业产品之中，中国有200多种工业品产量居世界第一。随着社会主要矛盾的变化，中国经济开始由高增长发展转向高质量发展，我国产业结构也不断调整变化。2021年我国第三产业增加值占国内生产总值的比重增加到53.3%，第二产业增加值的比重为39.4%，第一产业增加值的比重下降到7.3%。由此表明当前我国"三二一"产业格局更加稳固，单纯依靠大量生产要素投入的传统发展模式正逐渐升级优化。

根据统计年鉴数据显示，2021年我国人口出生率仅为7.5%，创下了1978年以来的历史新低。人口出生率降低、人口老龄化程度加剧成为众多发达国家及发展

---

① 资料来源：https://baijiahao.baidu.com/s?id=1722891535868291922&wfr=spider&for=pc。

中国家面临的普遍社会问题。中国作为全球第一人口大国，城市化进程及规模也位居世界前列。城市化是社会生产力发展、技术进步和产业结构调整的结果，是社会可持续发展的重要载体。2021 年，我国常住人口城镇化率达到 64.72%，相比于 2020 年年末，提高了 0.83%。超大规模的人口迁徙也使城市面临着巨大的压力。受资源开发、城镇扩张等的影响，我国生态环境空间被过度挤压，生态空间格局破坏和功能下降成为我国突出的环境问题。与此同时，雾霾污染事件频发，空气污染严重影响着我国的发展与进步，也严重危害了人民群众的健康。由此可见，我国社会可持续发展面临着经济增长模式转变、人口老龄化、资源枯竭、生态环境超载等诸多严峻的挑战，探索社会可持续发展的路径，意义重大且任务迫切。

3.2 社会可持续发展的评价方法

自《我们的未来》正式提出可持续发展概念以来，可持续发展已经成为人类社会的理想发展模式。各个国家为了实现社会的可持续发展，制定了相关的目标和举措。美国 1993 年成立了美国总统可持续发展理事会（PCSD），PCSD 就美国的实际情况提出了可持续发展的 16 条原则。强调了社会公平的重要性，并在资源保护、人口与可持续发展等方面采取了一系列措施。为了促进可持续发展思想在经济、社会和环境方面的革新，德国联邦政府综合了国内生产总值、能源生产率、就业率等 21 个指标，作为衡量 21 世纪可持续发展的标准。除了粗放型经济发展模式为人类社会发展带来威胁，贫困问题、人口问题等也深刻地制约着社会可持续发展。新世纪元年，近 200 个国家联合签署了《联合国千年宣言》，确立了以 2015 年为时限的千年发展目标（MDGs），提出了经济、社会、环境三位一体的可持续发展模式。2015 年"联合国可持续发展峰会"进一步通过 2030 议程，制定出包含 17 个领域、169 个具体目标、231 个观察指标的可持续发展目标（SDGs），极大地丰富了可持续发展的内涵。在中国的实践中，我国政府编制了《21 世纪议程——中国 21 世纪人口、环境与发展白皮书》，提出了我国可持续发展的理论政策框架。可持续发展思想已完全融入各国的发展战略之中。

但由于可持续发展涉及的领域广，相互作用的影响复杂，因此如何对可持续发展状况进行评估，以检验各国的政策方针成为可持续发展研究的重要内容。由于可持续发展涉及经济、社会及环境等多个领域，是不同系统相互作用的结果，具有复杂性、动态性、开放性等特点，因此，对可持续发展的状况进行定量分析显得十分困难。1992 年，巴西里约热内卢召开的联合国环境与发展大会创造性地将经济、社会及环境系统纳入一个政策框架之中。提出了可持续发展战略的方案，确定了评价《21 世纪议程》的量化指标。人们第一次认识到指标体系在度量可持续发展进程中的重要作用。指标是反映实际存在的社会经济总体中某一现象的综合数量特征，包括数量概念以及具体的数值。指标的出现将复杂的经济社会现象转变为简化便捷的数字信息，便于人们进行相关的定量分析。但集合各个领域丰富的指标、构建可以描述复杂系统的指标体系却并不容易，学者们也做了很多的实践探索。Anderson（1991）表明一个好的可持续发展指标体系应该具备以下条件：指标是易于理解并可以测量计算的，指标量化的内容可以描述事件的状态，并可以在不同区域和国家之间进行比较。指标体系也成为可持续发展的重要评估工具。

3.2.1 基于环境成本货币化的指标框架

当前可持续发展指标体系框架的研究主要有两大主流方向。第一种主流方向是在经济学理论基础上对可持续经济福利指数、绿色 GDP、可持续社会指数等指数进行核算分析。1989 年，Daly 和 Cobb 首次提出可持续经济福利指标的概念，将环境损害的费用纳入社会福利水平的核算之中。1995 年世界银行公布了一套可持续发展的指标体系。这一套指标不仅量化了经济、社会发展中的财富，同时也将资源环境成本货币化，展示了各个国家的财富能力以及可持续发展水平。绿色 GDP 的提出弥补了传统 GDP 核算中对环境成本的忽视。

为了进一步了解国家的可持续发展处于何种水平，2006 年，可持续社会基金会构建了一个基于社会、经济和环境福祉三维度的"可持续社会指数"（Sustainable Society Index，SSI），并定期对指标进行修改和完善。这是第二种主流方向。目前，对社会可持续发展的评价范围几乎覆盖了全球 99% 的人口。"可持续社会指数"涉及人类社会、经济发展、环境保护三个维度。在人类福祉领域，包括充足的食物、饮用水、安全的卫生设施、教育、性别平等、收入分配等指标内涵；在环境福祉领域，包括自然资源、生物多样性、能源使用等指标内涵；而在经济福祉领域，就业率、有机农业等多个指标也被考虑。对可持续发展情况的全面评价能力使"可持续社会指数"在国家层面上得到了广泛的应用（王翔宇 等，2021）。

上述指标框架的构建为各个国家衡量可持续发展水平提供了标准。但如何选取具体的指标、如何根据各国实际情况来调整指标权重并进行综合指数的计算，都是使用上述指标体系面临的挑战。众多学者应用层次分析法、主成分分析法、灰色关联分析法、Delphi 法等确定指标权重。通过对指标值的加权平均计算评价结果（郭存芝 等，2016）。

3.2.2 以自然科学理论模型为基础的指标框架

为了应对上述指标体系在权重确定中的问题，另一大研究方向是运用系统及自然科学理论模型对可持续发展水平进行评价和分析。1993 年提出的压力－状态－响应（PSR）[①] 模型就是一个经典的分析框架。其中 P（Pressure）代表生态系统受到的外部压力，S（State）代表自然资源的变化情况，R（Response）则代表管理决策的响应。PSR 模型体现了人类对于经济社会与环境之间相互作用的思考。联合国依据《21 世纪议程》采用该模型框架构建了一个包含 134 个指标的可持续发展指标体系。然而因为指标领域过于宽泛和指标数量过于庞大，这套指标体系并没有得到广泛的应用。随后，在 PSR 的环境政策理论模型之上，其理论框架进一步被扩展为驱动力－压力状态－影响－响应（DPSIR）框架，并被欧洲环境署所采用。DPSIR 模型涵盖经济、社会、资源、环境等四大系统，不仅揭示了经济社会发展和人类生产活动对资源消耗以及生态环境的影响，同时也反映了资源及生态环境对社会的作用及反馈情况，充分考虑了城市发展中复合系统之间的因果关系，在城市可持续发展评价中得到了广泛应用。

在生态学的理论基础上，为了对生态效率进行核算，加拿大生态经济学家 William 和 Wackernagel 等提出了生态足迹法。生态足迹法通过测算比较区域生态足迹、生态承载力、生态赤字来评价研究对象的可持续发展状况。

生态足迹模型：

$$EF = N \times ef \quad (1)$$

生态承载力模型：

$$EC = N \times ec \quad (2)$$

生态赤字模型：

$$ED = EF - EC = N \times (ef - ec) \quad (3)$$

其中，EF 表示区域生态足迹；EC 表示区域生态环境承载力；ED 表示生态赤字；ef 表示人均生态足迹；ec 表示人均生态承载力；N 表示人口数。赵先贵等（2006）补充生态压力指数、生态占用指数、生态经济协调指数和可持续发展指

[①] Global Reporting Initiative (GRI). The global reporting initiative—sustainability reporting guidelines [M]. Boston, 2006.

数四个概念，形成了新的指标体系。易其国等（2020）使用能值生态足迹模型以及绿色 GDP 核算对贵州省可持续发展情况进行了评价。

随着模型的发展，越来越多的学者也尝试将数据包络分析方法应用于可持续发展评价之中。数据包络分析方法（DEA）是基于投入、产出视角对决策单元进行非参数估计的方法。相较于层次分析、Delphi 等方法，数据包络分析方法在对评价对象进行排名的同时，可以对落后对象的原因进行分析，使可持续发展的评价更加客观和准确。郭存芝等（2016）通过数据包络分析方法对输入、输出指标进行设计，评价了 20 多个资源型城市的可持续发展能力，拓展了城市可持续发展状况评价的思路。张燕等（2020）在三阶段 SBM-DEA 模型的基础上，构建了一个评价城市可持续发展效率的理论框架。在他们的研究分析中，2007—2017 年，中国粤港澳大湾区的城市可持续发展效率呈现上升趋势。

3.2.3 基于 SDGs 目标下的可持续发展指标框架

随着国际合作和交流的逐渐深入，寻求可持续发展已经成为全球生态环境治理的共同命题。联合国可持续发展目标（SDGs）的提出革新了可持续发展的评价领域及指标，基于 SDGs 框架下的可持续发展评价研究也由此兴起。率先监测可持续发展状况的是"可持续发展目标"指标机构间专家组（IAEG-SDGs）。在 2030 年议程的指导下，为了更好地评价可持续发展目标的落实情况，IAEG-SDGs 着重研究评价指标与发展目标之间的相关关系，确定了指标的定义及具体概念，并对其不断完善修改，建立起了一个可以在全球范围内进行可持续发展评价的指标数据库。

可持续发展解决方案网络（UNSDSN）也提出了全球范围内可持续发展目标落实情况评价的指标框架。但由于各个国家之间的发展状况悬殊，上述指标框架在众多国家"水土不服"，因此如何实现评价指标体系"本土化"也成为当下研究的热点。中国作为世界上最大的发展中国家，在推动世界可持续发展进程中发挥着重大作用。其中城市作为社会发展的重要载体，其可持续发展状况在很大程度上决定着各国 SDGs 目标的落实情况。为了评价中国城市的可持续发展水平，王鹏龙等（2018）以 SDGs11 为导向，利用遥感与网络大数据等多源数据，拓展了传统城市可持续评价的统计数据，提高了评价结果的空间及时间分辨率。邵超峰等（2021）在充分考虑政策及可持续发展现实需求的情况下，构建起城市层面的 SDGs 中国本土化指标框架体系，形成了涵盖人类健康福祉、资源环境可持续利用、社会经济发展动力三个领域在内的可持续发展综合指数，为中国进一步落实 SDGs 目标提供了理论指导。

3.3 社会可持续发展面临的挑战

3.3.1 发展不均衡问题

1. 经济发展不均衡

世界经济是一个不断变化、不断发展的过程。世界各国资源禀赋、地理环境以及发展模式千差万别，造成了发展条件的巨大差异。与此同时，随着经济全球化进程的快速推进，本国内的市场需求差异、国际贸易合作也使各个国家的经济发展变得越来越多元化。世界经济发展不均衡逐渐成为重要表现。发达国家与发展中国家之间的不均衡问题，尤其值得关注。

在世界逐渐融合为一个整体的过程中，一方面，落后国家吸收先进国家的技术成果从而促进本国的发展；另一方面，面对环境污染问题，由于各个国家的经济发展水平不同，环境监管力度有显著差异。众多发达国家为了改善本国生态环境、节约管制成本，倾向于将污染产业转移到监管力度较为薄弱的发展中国家，加剧了发展中国家的生态环境压力，形成了"污染天堂"。在国内外众多学者的研究中，人们普遍验证了这一假说。Levinson 和 Taylor（2008）利用工具变量法解决环境监管政策的内生性问题，发现环境监管力度的强化能够显著影响污染产品的贸易流向。Hao 等（2020）研究了中国对外直接投资（OFDI）对国内二氧化碳排放的影响，认为中国的 OFDI 通过提高经济规模（规模效应）增加了国内环境污染。在众多学者的分析中我们发现国际贸易发展与环境污染问题之间的紧密关系。"污染天堂"的出现在一定程度上阻碍了发展中国家改善生态环境、促进人与自然和谐相处，加剧了世界的两极分化。

当人们认为国际贸易只能为环境问题带来负面影响时，Birdsall 和 Wheeler 及 Reppelin-Hill 相继提出了"污染光环"假说这一反向观点。他们认为跨国企业在东道国进行的投资实际上有利于东道国的环境保护，因为这些投资迫使跨国企业使用更加环保的生产技术和标准。Eskeland 和 Harrison（2003）则通过模型演绎表明东道国的环境监管政策对 FDI（外商直接投资）的影响是不确定的，影响方向取决于资本和排污成本的互补性。他们也发现外资企业使用清洁能源的效率更高。Hao 等（2020）使用空间计量经济学工具，采用 1998—2016 年间 30 个省级单位面板数据研究了 FDI 和技术创新对环境污染的影响。结果表明增加 FDI 可以减少环境污染，在一定程度上证实了"污染光环假说"的存在。

由此，在认识国际贸易发展与生态环境问题之间的矛盾性时，我们也要发现污染转移与国际贸易之间的双重影响。经济全球化在加剧发展中国家的环境污染问题的同时，国际贸易的投资也可以倒逼发展中国家进行绿色技术升级，从而促进发展中国家的经济发展，对环境保护产生积极的影响。上述两种理论的发展也让人们意识到必须在充分考虑世界经济发展不均衡的条件下，积极探索符合世界利益、促进全世界共同发展、改善生态环境的新发展模式。

2. 人口发展不均衡

合理的人口发展是社会可持续发展的重要保障。从马尔萨斯提出"人口陷阱"问题以来，人类就没有停止探索人口增长与社会发展之间关系的问题。一方面，人口的增加会丰富社会生产的劳动力，形成规模效应，促进社会分工和技术进步，从而拉动经济社会的发展。另一方面，人口的快速扩张，会加剧自然资源的消耗及人地矛盾，与生态环境之间的冲突也将严重地制约经济社会的发展。到2021年，世界人口已达到77.9亿，较70年前人口数量增长了近3倍，世界人口发展不均衡问题也更加凸显。

截至2022年4月5日，世界部分国家人口数量、增长率及人口密度如表3-1所示。由此我们可以看到世界人口发展中存在的不均衡问题。一是人口数量不均衡，各个国家之间的人口数量差异明显，其中中国和印度占据了全球人口的很大比例。二是人口增长不均衡，尤其体现在发达国家与发展中国家的人口之中。与发展中国家相比，发达国家的人口增长水平显著缓慢。部分发达国家如日本甚至进入"负增长"时代。人口老龄化问题在全球十分突出。三是人口分布不均匀。对于中国和印度两个人口大国而言，尽管拥有相近的人口总数，但密度却大不相同。在各个国家内部，人口与地理的分布不均匀也深刻制约着本国的整体发展。

表3-1 世界部分国家人口数量、增长率及人口密度[1]

国家	人口数量/人	增长率/%	人口密度/（人·平方公里$^{-1}$）
中国	1 447 301 400	0.38	149.22
印度	1 403 018 576	1.00	427.86
美国	334 282 669	0.59	35.72
印度尼西亚	278 374 305	1.07	146.56
巴基斯坦	228 318 794	1.99	260.22

[1] 资料来源：联合国及各国统计局，https://mip.phb123.com/city/renkou/rk.html。

续表

国家	人口数量/人	增长率/%	人口密度/（人·平方公里$^{-1}$）
尼日利亚	215 281 234	2.57	234.63
巴西	214 981 893	0.71	25.29
孟加拉国	167 455 589	1.01	1 137.67
俄罗斯	145 830 647	0.04	8.53
墨西哥	131 206 972	1.06	66.97
日本	125 710 938	0.00	332.30

为了促进社会的发展，人口数量的研究固然重要，但人口结构的合理性才是最终决定社会可持续发展的关键因素。城镇化是全球经济社会转型中的重大发展问题。城镇化意味着人口从农村向城市转移，象征着劳动力从农业部门逐渐向非农部门转移。这不仅是人口结构上的变化，更是产业结构、社会结构的全面优化发展。绝大多数的发达国家，其城镇化率已经达到了80%以上。而我国人口城镇化还面临着较为严重的迁转失衡问题。一是人口城市化与土地资源城市化进程不匹配。在我国城市化进程的早期阶段，人们仅仅依靠人口数量特征来划分城市与乡村，没有为城镇化设立标准和门槛。由此带来的大规模人口流动和迁徙也加剧了城市环境的压力，使耕地存量持续减少、自然资源支撑力明显不足。此外，众多农业人口在向城市转移的过程中，只是成为形式上的市民。他们离开土地后的就业、社保等问题并没有解决，生活条件和思维观念方面也都没有得到实质性的改善。因此他们仅仅是"被城镇化"，并没有公平地享受到城市发展的成果。

3.3.2　能源与资源稀缺性

能源与资源的限制是当今世界经济与社会可持续发展的重大阻碍。工业革命以来，世界经济取得了瞩目的增长成就。然而，由于部分自然资源的不可再生性，人类社会对各类资源的刚性需求与日俱增。过多地依靠扩大投资规模和增加物质投入的粗放型增长方式，导致经济社会发展与自然资源供给之间的矛盾越来越尖锐。如何实现自然资源永续开发和利用成为可持续发展研究中的重要命题。

1. 水土资源制约

土地是人类赖以生存和生产发展的重要物质基础，一切生产的推进都离不开土地。在经济学领域的分析中，人们将土地资源视为最基础的生产要素，并将其纳入经济增长模型之中进行分析，着重强调土地对于经济增长与社会发展的重要意义。由于各个国家之间的资源禀赋存在显著差异，世界各国面临的"人地矛盾"问题也各不相同。我国是农业大国，用占世界7%的耕地，养活了全球21%的人口。高人口密度的条件已成为我国的基本国情。改革开放以来，我国经济与社会的高速发展也持续对土地资源进行无限制的开发和利用，土地供给的"稀缺性"和经济增长、城镇化发展对土地资源需求的"无限性"之间的矛盾更加凸显。这已成为制约中国经济可持续增长的重要瓶颈。中国的水土资源对经济的"增长阻尼"达到1.18%，远远超出美国等发达国家。

我国土地人均占有量少，城市用地供应不足，土地利用效率低。根据国土调查报告，目前我国现有耕地近20亿亩，严格守住了党中央决策部署的18亿亩耕地红线，完成了我国耕地基本保有量目标。尽管我国土地总量丰富，但由于人口众多，人均耕地面积仅达1.4亩，远远落后于世界平均水平，我国人地矛盾仍然十分突出。目前我国建设用地总量超过6亿亩，较2010年时增加1.28亿亩，增幅26.5%，其中城市用地不足1亿亩。2010—2021我国常住人口城镇化率10年间从49.95%增加到64.72%①，土地城镇化与人口城镇化之间的不均衡也成为制约我国可持续发展的重要问题。2010—2021年我国常住人口城镇化率如图3-1所示。

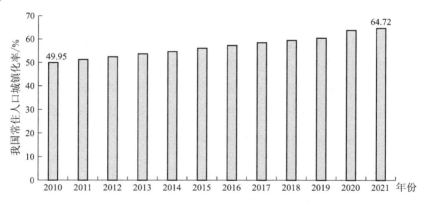

图3-1 2010—2021年我国常住人口城镇化率②

为了延续人类的生存和发展，土地和粮食是不可或缺的生存资料。水资源作为基础性的自然资源和战略性的经济资源，也同样不可替代。根据国家统计局的数据，从总量上看，我国水资源较为丰富，然而由于人口基数大，我国仍然是全球人均水资源缺乏的国家之一。随着我国城市化进程的不断推进，城市快速扩

---

① 数据来源：国家统计局。
② 数据来源：国家统计局。

张、人民生活水平提升使水资源的需求不断增加。与此同时，城市工业发展与居民生活也带来了水污染问题，水资源利用效率尤其受到关注。孙才志等（2017）在绿色发展的导向下，研究了水资源的绿色效率，强调社会服务等水平的提升在水资源绿色效率方面的积极作用。任玉芬等（2020）基于 SBM 模型对我国城市的水资源利用效率进行计算，发现我国目前主要地级城市对水资源的利用效率普遍偏低，展现出投入冗杂、产出不足的特点。

2. 能源资源制约

能源资源是现代工业文明发展的基础，是经济发展、社会进步的重要支撑性因素。工业革命以来，全球众多的发展实践表明，国家或地区经济社会发展情况与能源系统供应和保障的能力密不可分，全球经济和社会发展严重依赖于能源资源的供应。作为世界上最大的发展中国家，我国改革开放以来取得的瞩目成就也离不开能源系统的强力发展。然而，随着全球经济的复苏、工业化和城市化进程的加速推进，人类社会对能源的消费需求及依赖程度不断攀升，这使能源供需不平衡的矛盾日益严峻，经济发展一定程度上受到制约。如何改善能源资源短缺问题成为世界各国关注的热点。从中国能源需求来看，我国能源消费总量从 2015 年的 43 亿吨标准煤上升到 2021 年 52.4 亿吨标准煤，其中 2021 年较上年增长 5.2%。在能源消费比重中，尽管天然气等清洁能源的消费比例有所上升，但煤炭等化石能源的消费量仍然居高不下，占总量的 70% 以上，我国能源消费结构矛盾仍然突出。如何既保障国家能源使用的安全又达到低碳绿色的环保目的，成为实现社会可持续发展必须面对的问题。2015—2021 年中国能源消费情况如图3-2所示。

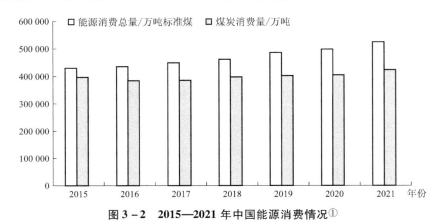

图 3-2　2015—2021 年中国能源消费情况①

---

① 数据来源：国家统计局。

面对复杂的能源使用与环境污染矛盾,我国公开向世界做出郑重承诺,将在 2030 年左右达到二氧化碳排放峰值,力争在 2060 年前实现"碳中和"。为了完成"双碳"目标,当前迫切地需要重新审视能源系统的发展。张希良等(2022)利用中国 – 全球能源模型(C-GEM)等来分析我国能源经济转型的路径,提出要进一步提高能源利用效率,推动能源结构优化,并积极发挥碳定价机制的企业激励作用。

3.3.3 资源环境承载力

在能源与资源稀缺性的分析中,我们发现经济社会的可持续发展正面临着供需不平衡的巨大矛盾。为了最大限度地满足社会发展,同时不损害子孙后代的利益,确定自然资源与生态环境的承载能力也成为世界关注的热点。资源环境承载力反映了人类经济社会发展与自然资源及生态环境之间的相互关系,最早起源于对自然生态系统的评价。1921 年,Park 首先从种群数量的角度定义了"承载力"的概念,认为生态承载力是指不损害某一生态系统下的最大承载种群数量。这个阶段对生态承载力的研究大多围绕对单一指标上限阈值的确定。面对人口增长与土地资源之间的矛盾,1949 年美国学者 William 进一步提出土地资源承载力的概念,强调了人类社会经济活动与土地资源之间的依存关系。进入 20 世纪 60 年代,自然资源耗竭以及生态环境污染等问题日益严峻,迫使人类对自然生态系统与经济社会发展之间的关系进行深入思考,资源环境承载力的研究进一步拓展和深化。到 1990 年,Rees 提出"生态足迹"理论的研究。这也意味着人们不再仅考虑单一的系统,而是对经济、社会、生态环境系统进行综合考虑,深入分析其相互作用。

面对我国严峻的能源及资源短缺问题,为了实现社会的可持续发展,众多学者也基于资源环境承载力现状及未来路径进行系统评价,尤其关注城市发展的资源环境效应。城市承载力主要包含两方面内容:一是强调在环境承载的极限内。如果城市的某一要素超过了承受的最大阈值,将为城市带来发展短板,城市某一领域的发展受到限制,进而影响城市的可持续发展能力;二是强调城市各个系统之间的综合承载能力。为了保障城市的可持续发展,不管是人口系统、生态环境系统、经济社会系统等都要保持在最大承受能力之内。段佩利等(2018)研究了中国沿海城市开发强度与资源环境承载力之间的时空耦合关系,认为在该区域目前两者大多还处于低水平作用阶段。吴大放等(2020)研究了珠三角地区城市开发强度与资源环境承载力的耦合协调程度，发现过半城市的生态经济系统正濒临失调。

3.4 本章小结

可持续发展是当今世界发展的重要方向，其中社会的可持续发展是人类的最终目的。到 2035 年，全球约 60% 的人口集中在城市。越来越多的城市面临严峻的经济发展与环境污染问题。著名城市规划学者 Calthorpe 曾鲜明地指出可持续性就是在社会、经济和生态环境中寻找一种平衡，使其能够永久地存在下去。

本章从社会可持续发展理论的内涵出发，对中国的社会可持续发展历史及现状进行了梳理。我国社会可持续发展正面临着经济增长模式转换、人口老龄化、资源枯竭、生态环境超载等诸多严峻的挑战。为了更好地对社会可持续发展状况进行评价，我们基于环境成本货币化、自然科学理论模型、SDGs 目标导向三个角度对可持续发展指标框架进行了归纳和梳理，对当前社会可持续发展面临的威胁和问题也进行了分析。社会可持续发展的落脚点在于城市，因此我们更应该关注城市化进程中的社会可持续发展问题。

第4章 城镇化与城市空气污染的实证研究

城市空气质量是衡量居民生活幸福感的重要环境指标,既关乎居民的身心健康和生活品质,又对城市可持续发展起着至关重要的作用。过去40年,中国城镇化水平稳步提高,部分城市的空气污染问题已严重威胁居民身心健康,虽然我国各级政府和各行业已通过多种途径减排,但全球污染最严重的10个城市之中,仍有7个位于中国。厘清城市空气污染的驱动因素,探究城市化发展进程中空气污染的变化趋势具有十分重大的意义。借助计量模型,本章将对我国城市空气污染的成因和危害进行实证分析,主要从以下几个方面展开:

(1) 城镇化与空气污染的关系。
(2) 城市空气污染的主要驱动因素。
(3) 城市空气污染对居民健康和福利造成的损害。

4.1 城镇化与城市空气质量

4.1.1 "城市化"与"城镇化"的区别

"城市化"一词源自英文单词"Urbanization",但在英文表述中没有"城市化"与"城镇化"的差异。在欧美国家的"市"与"镇"只存在规模差异,但在中国存在行政级别差异,且县级以上城市的经济社会发展水平和现代化程度通常远高于镇以下行政单位。

为何需要讨论这一问题?一字之差,在当前居民日常生活中,并不会有明显感知,但是一旦涉及公共资源分配和公共政策倾斜,城镇化进程将会成为重要的参考指标,对于城市化与城镇化的模糊判断可能会带来政策的扭曲和失准(陆铭等,2004)。在我国城镇化高速推进的背景下,这一问题越发凸显。例如,大量的城中村、城郊村,其居民日常生产和生活早已融入城市,此时赋予其一套乡村治理体制,并不符合实际发展需求。关于这一问题,中国学界和政界存在长达半个世纪的探索与争论，讨论的结果也直接影响了当今中国城市空气污染水平。需要关注的是，居住在城中村的居民，其实际生产、生活消费往往更加趋近于城市居民，而非农村居民，进而产生的污染也更加趋近于城市居民排放水平，因此基于户籍制度的城镇化率计算并不可靠，这一问题最早于1999年由国家统计局提出，后逐渐替换为城镇常住人口占总人口的比例。

改革开放前，为落实集中力量发展重工业的国家战略，小城镇显然无法成为支撑我国城市化和现代化的空间载体，因此"城市化"路线毫无疑问占据主流。截至1978年，超过50万人口的城市由建国时的15个迅速增长为50个，彼时需要大力发展大中型城市。改革开放后，"自下而上"的小城镇得到快速发展，以轻工业为主导的乡镇企业崭露头角。基于社会制度和经济发展的双重考量，中国政府以及学界主流都逐渐接受中国特色的城市化道路应当以"小城镇"为主，而非"大城市"，因此"城镇化"思想长期主导我国城市化进程和国家政策。因此在20世纪90年代中期以前，我国的"城市化"和"城镇化"存在显著差异。

20世纪90年代后期，改革开放由农村走向城市，以"小城镇"为主体的发展模式面临规模不经济、资源利用率低、环境破坏严重等问题；同时大中型城市不断凝聚人才与资源，逐步展现市场竞争优势。在这一时代背景下，"城市化"发展思想逐步替代"城镇化"，"十一五"规划中明确了要走集约城市化道路的思想，但仍然沿用"城镇化"表述方式。

进入21世纪后，城市化不仅强调农业劳动力向非农产业的转化，更强调农业转移人口向城市居民的转化，其内涵相比于20世纪80年代的"城镇化"更为丰富。过于密集的城市化将会带来交通拥挤、住房紧张、环境污染等城市病，参考欧美发达国家的城市化经验，可以采用建设卫星城和城市群实现"逆城市化"和"郊区化"解决大型城市人口密度过高的问题。根据国家统计局统计数据，在过去的30年里，中国有超过2.9亿人迁移到城市，截至2020年年末中国城镇化率达63.89%。本章的讨论重点在于，中国特色的城镇化发展道路，可以借鉴欧美经验，尽可能避免走先积累"城市病"而后建设中小城市来解决的弯路，但依然无法避免空气污染现象的产生。且随着城镇化进程的加快，中国城市大气污染由原来主要的煤烟型污染逐渐向复合型污染转变。

4.1.2 城镇化与空气污染物排放

人口迁移可能带来两个完全相反的效应：一方面，人口密度增加使能源供给更加集中，供给效率更高，平均消费会降低，即规模效应；另一方面，城市居民可支配收入的不断增加导致短期内带来更多的能源消费，即收入效应（Wang et al.，2018），此外，中国农村居民的人均能源消费约为城市居民的 1/3。从总体能源消费和人均能源消费趋势看，收入效应带来的影响更加显著，无可避免地导致城市空气污染问题加剧。

具体来看，以人口迁移为首要特征的城镇化通过多种路径影响城市空气质量。首先，城镇化必然伴随大规模的基建活动，城市下垫面的组成和性质被混凝土改变，地表植被、灌木和森林被沥青、玻璃和金属替代（Wu et al.，2016），这些因素共同导致了地表反射和辐射面的性质及近地面层的热交换，从而影响大气的物理性状。

其次，机动车保有量陡增、居民生活水平不断提高、建筑业和工业规模的不断扩大均需要消耗大量能源，同时释放大量余热，共同改变大气的热量状况（Wang et al.，2022）。沥青和水泥路面较原始植被的比热容更小，更容易吸收热量，城市高温化导致中心城市大气温度明显高于外围郊区，产生城市热岛效应。热岛效应导致城市近地面高温大气不断做上升运动，同时气压不断降低，导致热岛中心空气污染物不断聚集，浓度暴增。当秋冬季节地面辐射冷却，空气下沉，但上层空气仍旧保持较高温度时，对流层中出现气温随高度增加而升高的逆温现象。诸多科学研究表明，逆温现象是导致雾霾天气的重要因素（Sager，2019）。

最后，城镇化过程中大量排放各类污染气体和颗粒污染物，极大程度地改变了大气的组成成分。这一改变并不仅仅是简单的污染过程，空气污染不同于土壤污染和水资源污染，在全球范围内的传播速度相对更快（Zaporozhets et al.，2020）。

4.1.3 城镇化与温室气体

城镇化给人类文明带来巨大进步，大幅提高社会用能水平，大气中以二氧化碳为代表的强吸热性气体浓度逐年增加，大气的温室效应也随之增强。2000年，美国的能源消费总量约为中国的 2 倍；但在加入世贸组织 10 年后，中国超越美国，成为全球第一大能源消费国，中国的能源消费量也占到了全球总量的 23%。在过去 20 年里，虽然我国的非化石能源消费占比由 7.3% 逐步上升至 15.7%，风电、光伏装机量稳居世界第一，但能源消费量也从 13.1 亿吨标煤大幅上涨至 49.8 亿吨，涨幅近 4 倍。虽然巨量的化石能源消费产生了大量的温室气体排放，但是值得强调的是，不能简单地将温室气体排放增加归结为城镇化的后果。

与印象观念不同的是，中国的城镇化并未大规模侵占林地，据统计，中国仅有 6% 的城镇化面积是以牺牲林地为代价（Tong et al.，2018a；Zhang et al.，2022）。此外，虽然城镇扩张占用不少农业用地，但在此期间，中国农业耕种面积仅缩小 3.8%，通过农业集约化战略，中国实现六大主粮连续 20 年持续增产。

生态环境部相关数据显示，2002—2010 年间中国城市地面生物碳能损失达 2 000 万吨，并在 2006 年超越美国，成为全球第一大碳排放国。根据英国石油公司（BP）测算，2020 年中国排放二氧化碳 98.94 亿吨，较 2019 年增加 0.88 亿吨，减排压力依旧严峻。但从 2002—2019 年长期碳平衡表来看，通过大规模植树造林和碳市场调节，中国地面碳储量以每年 2.9 亿吨的速度快速增长，并在气候账面上实现小幅度盈余（Liu et al.，2020；Wang et al.，2019）。

4.2 城市空气污染的主要特征和驱动力

21 世纪以来，中国城市规模迅速扩张，伴随工业化和城镇化进程，人口不断集聚，居民用能需求稳步提高，以可吸入颗粒物（PM_{10}）和细颗粒物（$PM_{2.5}$）为主要污染物的城市空气污染问题日益严峻。城市空气污染严重威胁居民身心健康（Zhang et al.，2017），尤其是导致很多人罹患呼吸道疾病（Guan et al.，2016），空气污染已成为各级政府当下亟须解决的民生问题。

4.2.1 城市空气污染的主要特征

由于我国各地区人口分布、气候、石化资源禀赋、地形地貌等因素差异，造成城市间发展差异巨大，使得我国城市空气污染具有以下特点：

1. 周期性

秋冬季节城市空气污染受能源结构影响较大，尤其是我国"秦岭－淮河"线以北的城市。其中绝大多数城市空气中颗粒物（PM）指数超标，代表性的城市有石家庄、邢台、哈尔滨、沈阳等，其中沈阳市 2016 年冬季 $PM_{2.5}$ 浓度曾连续 3 日超过 1 000 微克/立方米，局部地区曾超过 1 500 微克/立方米，创造历史最高纪录。总体而言，我国华北和东北地区的城市空气污染问题在秋冬季节尤为严重。春夏季节，受季风气候影响，源自太平洋和印度洋充沛的雨水，更易带走灰尘和污染物。从图 4-1 中可以明显看出，我国历年城市可吸入污染物浓度呈现周期性变化，并呈现逐年下降趋势。

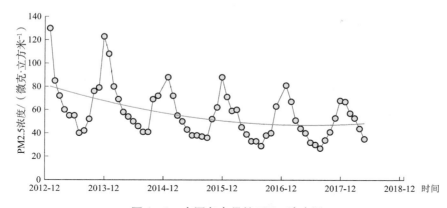

图 4-1　中国各个月份 $PM_{2.5}$ 浓度图

（数据来源：中国环境监测总站）

2. 区域性

中国北方地区冬季频发的逆温现象，直接影响大气污染物的扩散，进一步加剧了中国北方地区冬季交通排放和采暖排放的污染物长期停滞于城市近地面大气中的现象。此外，我国西北和华北地区春季风沙严重，经常出现沙尘暴等极端恶劣天气，对居民健康和生产生活带来巨大影响。中国南方城市面临的首要环境问题是二氧化硫（SO_2）超标导致的酸雨问题（Wu et al.，2016a），主要原因是大量燃烧含硫量高的煤，其次是各种机动车的尾气排放。西南地区由于山川较多并且植被茂盛，所以风尘污染较少，但主要的几个城市都有能源开发等支柱产业，并且该地区的煤炭中含硫量较高，导致贵州、云南和广西等地的大中型城市中 SO_2 含量超标，四川和重庆的地理位置特殊，人口众多且地处于盆地，不利于大气污染扩散，极其容易发生粉尘和 SO_2 超标。从图 4-2 中可以看出，京津冀城市群和长三角城市群的空气污染水平具有周期性变化的规律，且京津冀城市群的污染水平要显著高于长三角城市群，在秋冬季节污染差异更加明显。

3. 空间集聚和外溢性

我国城市空气污染以中国四大城市群为中心，向城郊和周围省市扩散。中心城市通过极化效应[①]集聚大量人口和工业产业，在城市规模不断扩大后对周边区域产

---

① 极化效应于 1957 年由经济学家迈达尔在其著作《经济理论和不发达地区》中提出，认为在市场机制的作用下，一旦地区间发展水平与发展条件出现差距，具备发展优势的地区就会在发展过程中不断地为自身积累有利因素，从而进一步遏制落后地区的发展。

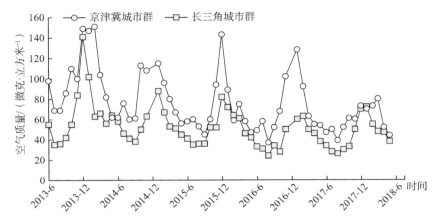

图 4-2 京津冀、长三角城市群空气污染差异
（数据来源：中国环境监测总站）

生辐射带动效应，进而形成具有连带产业的城市群，目前我国已经形成京津冀、粤港澳、长三角和成渝四大城市群。通过自然正交函数、空间计量模型等工具分析城市群时空演变，发现 AQI 指数在以特大城市为高值中心向周边地区呈衰减变化（Feng et al., 2020）；尤其在珠江三角洲内，城市之间污染物具有相互输送的特点和规律，城市间污染相互作用显著，其中广州是最典型的与周边发生显著相互作用的城市（Tong et al., 2018）。参考现有文献，城市空气污染的交互距离在 200 千米时，临近地区大气中 $PM_{2.5}$ 浓度平均低 10 微克/立方米，且邻近地区的 $PM_{2.5}$ 浓度每升高 1%，将会导致本地 $PM_{2.5}$ 浓度至少升高 0.5%，并对经济生产效率带来负向影响。

4. 多样性

我国大气污染物种类繁多，包括有悬浮颗粒物、降尘、细颗粒物（$PM_{2.5}$）、二氧化硫（SO_2）、氮氧化物（NO_x）、汞（Hg）、铅（Pb）、氟化物（XF）和苯类有机物（C_6H_6）等。其中在 2014 年前后备受社会关注的可吸入颗粒物是众多污染物中数量最大、成分最复杂、性质最多变的一种，也是导致空气污染加剧的主要原因（Li et al., 2020）。因此对颗粒物质的控制是大气污染治理的一项重要内容。此外，二氧化硫是形成酸雨的主要原因，氮氧化物对呼吸道和免疫系统会产生较大危害，重金属化合物主要源自化石燃料的燃烧。

4.2.2 城市空气污染的驱动力

城市空气污染源头主要可以分为移动污染源和非移动污染源。

移动污染源，亦可称为流动污染源，是指流动设施或无固定位置的污染物发生源，可进一步细分为道路移动污染源和非道路移动污染源。根据生态环境部公布的《中国移动源环境管理年报（2021）》，2020年机动车4项污染物①总排放量高达1 593万吨，机动车是排放的主要贡献者，其排放的CO、HC、NO_x和PM超过总量的90%。柴油车排放的NO_x超过汽车排放总量的80%，PM超过90%；汽油车排放的CO超过汽车排放总量的80%，排放的HC超过70%。此外，非道路移动污染源排放对空气质量的影响同样不容忽视②，尤其是氮氧化物的排放量接近机动车，工程机械、农业机械和船舶分别占31.3%、34.9%和29.9%，其余由铁路和飞机产生。移动源污染已成为我国大中城市空气污染的重要来源，是造成细颗粒物、光化学烟雾污染的重要原因。

非移动污染源的概念与移动污染源相对，即排放位置相对固定的污染物发生源。生态环境部在2007年年末和2017年年末分别进行了第一次和第二次全国污染源普查，根据普查结果，我国在2017年年底有各类非移动污染源358.32万个，其中，广东、浙江、江苏、山东、河北五省占全国总数的52.94%。这一普查结果再次印证了上一小节中我国城市空气污染具有区域性分布的特征，尤其是在京津冀城市群、长三角城市群和汾渭平原，单位面积的污染强度较大。从全国大气污染物排放情况来看，氮氧化物、颗粒物、二氧化硫、挥发性有机物排放量③均超过1 000万吨。

从城市空气污染的具体来源看，机动车、居民冬季取暖、工业生产和建筑业是我国城市空气污染主要的驱动力，多种污染物并存使得城市的复合型空气污染特征更加突出。

改革开放以来，中国机动车保有量以平均每年14%的速度迅速增长，自2013年以来年销量均超过2 000万辆，有70个城市的机动车保有量超过100万辆，有30个城市超过200万辆。据相关部门统计，2021年全国机动车保有量达3.95亿辆，私人汽车达2.62亿辆（如图4-3所示）。其中新能源汽车保有量达784万辆，虽然同比增速高达59.25%，但其绝对值占比仅为1.98%，尚处于发展起步阶段。据相关研究表明，我国汽车尾气及其衍生污染对雾霾的影响贡献超

---

① 其中，一氧化碳（CO）、碳氢化合物（HC）、氮氧化物（NO_x）、颗粒物（PM）排放量分别为769.7万吨、190.2万吨、626.3万吨、6.8万吨。
② 非道路移动源排放二氧化硫（SO_2）、碳氢化合物（HC）、氮氧化物（NO_x）、颗粒物（PM）分别为16.3万吨、42.5万吨、478.2万吨、23.7万吨。
③ 2017年第二次全国污染源普查结果显示，全国氮氧化物、颗粒物、二氧化硫和挥发性有机物的排放量分别为1 785.22万吨、1 684.05万吨、696.32万吨和1 017.45万吨。

过 25%①（Zhang et al.，2019）。从全球范围看，尾气排放是气候变化的重要原因之一，是各国城市空气污染治理的重点。值得注意的是，电力驱动新能源汽车的推广和普及，并不能直接消除对城市空气污染的影响（Tan et al.，2018），其最大的优势在于将原有的移动污染源集中至发电厂等固定地点，由此大幅降低污染治理和监管的成本。截至 2020 年，我国火力发电占比依然高达 67.9%。得益于近年来我国对燃煤锅炉技术的改造，火电厂的污染治理技术水平大幅提高，且成本不断降低至可接受范围，逐步将原本重污染的燃煤发电改造为"清洁能源"。此外，2021 年我国可再生能源装机规模突破 10 亿千瓦，风电、光伏发电装机均突破 3 亿千瓦，新能源装机成本不断下降，全国可再生能源发电量达 2.48 万亿千瓦时，占全社会用电量的 29.8%②。根据"十四五"规划和 2035 年远景目标纲要，预计到 2035 年我国新能源汽车占比将达到 50%。伴随新能源汽车的推广普及，清洁电力占比不断增加，以机动车为代表的移动污染源将得到进一步治理和优化。

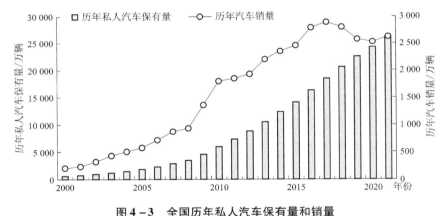

图 4-3　全国历年私人汽车保有量和销量

（数据来源：公安部、交通运输部、中国汽车工业协会）

自 20 世纪 50 年代起，我国以位于北纬 33 度附近的秦岭和淮河一线为界，在苏联援助下为北方城市居民安装集中供热系统。参考住建部统计数据，截至 2020 年年底我国集中供热面积约 122.66 亿平方米，管道长度达 507 348 千米，其中城市集中供热面积达 98.82 亿平方米，县城达 18.57 亿平方米，建制镇、乡、镇乡级特殊区域共约 5.27 亿平方米（如图 4-4 所示）。我国供暖用煤消耗约 4 亿吨标

---

① 《第二次全国污染源普查公报》的数据显示，2017 年年末，我国城市机动车保有量达 2.67 亿辆，共排放氮氧化物 595.14 万吨、颗粒物 9.58 万吨、挥发性有机物 196.28 万吨。

② 数据来源：国家能源局。

煤/年，其中散烧煤（含低效小锅炉用煤）约2亿吨标煤/年，成为除移动污染源外第二大城市空气污染源。再次参考图4-2，可以明显发现京津冀城市群在秋冬季节的空气污染浓度由于燃煤取暖出现大幅增加。散煤治理是煤炭清洁、高效利用的关键，我国在"十三五"期间散煤综合治理和煤炭减量替代成效显著，散煤用量消减超过2亿吨。以京津冀城市群为例，针对清洁供暖的补贴政策主要包括以下几个方面：锅炉改造补贴；取暖设备改造补贴；采暖用电、天然气补贴。由于历史原因，在供暖线以南的居民无法获得暖气供应，需要使用空调、电力取暖器等设备自主取暖，据测算，如果中国为南方所有城市居民提供集中供暖，则中国每年将多消耗5 000万吨煤炭。目前，我国民用散煤用量已压缩到2亿吨以内，北方地区冬季清洁取暖率达60%以上，替代散煤1.4亿吨以上。2021年12月，浙江海宁县（今为海宁市）3个生活小区接入秦山核电站实现核能供暖，成为首个核能供热示范工程项目，从此中国南方开启核能供暖的历史，预计到2025年供暖面积将达400万平方米。环保、节能、适宜、有利于城市可持续发展的供热方式将成为未来供热行业发展的方向。

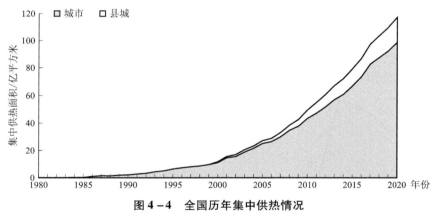

图4-4　全国历年集中供热情况

（数据来源：住房和城乡建设部）

工业不仅仅是社会发展的重要推力，也是城市空气污染的重要源头。《第二次全国污染源普查公报》（以下简称《公报》）的数据显示，截至2017年年末，全国共有工业企业或产业活动单位247.74万个，其中广东省、浙江省、江苏省、山东省和河北省①合计占工业源普查对象总数的62.61%。工业对城市空气污染的影响并不仅仅局限于化石能源消费，还包括工业"三废"的影响、材料和产

---

① 其中广东省55.48万个，浙江省43.18万个，江苏省25.56万个，山东省16.62万个，河北省14.27万个。

品运输需求的影响,以及大规模占用农业和林业用地导致绿色面积减少的影响(Lin et al.,2018)。《公报》还指出,装配了发动机的移动机械和可运输工业设备(非道路移动源)同样对空气污染产生了巨大影响。改革开放后,我国为快速发展高端制造业,从沿海到内陆地区逐步开放、大力引进先进的外商直接投资(FDI),在我国产业升级和工业化体系建设的进程中,FDI 起到至关重要的推动作用。但是,这一发展模式同样不可避免地接受了来自欧美国家淘汰的高污染、高耗能产业(Jun et al.,2018),即把中国当成落后工业产能的污染避难所(Sun et al.,2017)。

建筑业是国民经济的支柱产业之一,涵盖城乡基础设施建设、住宅建设、公路和铁路建设,是影响经济增长与衰退、繁荣与萧条的重要因素之一。2019 年,中国建筑节能协会能耗统计专委会发布《中国建筑能耗研究报告(2018)》,首次公布了 2000—2016 年全国建筑碳排放以及 2016 年各省建筑碳排放数据。报告显示,2016 年全国建筑总面积为 635 亿平方米,城镇人均居住建筑面积为 34.9 平方米;建筑碳排放总量为 19.6 亿吨 CO_2,占全国能源碳排放总量的 19.4%。建筑施工活动的平整作业、水泥搬运、混凝土搅拌、木工房锯末、石灰、纱石和回填土等建筑原材料在运输、堆放和使用过程中,会产生巨量粉尘污染,成为城市空气污染的另一大重要来源。如图 4-5 所示,以 2021 年北京市夏季 $PM_{2.5}$ 来源为例,本地排放约占六成,由道路扬尘和施工扬尘引起的颗粒物污染甚至超过工业排放。

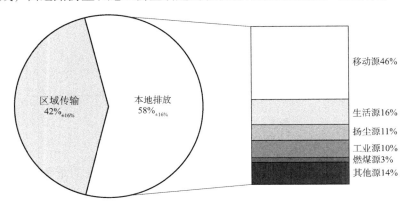

图 4-5 北京市 2021 年夏季 $PM_{2.5}$ 来源解析

(数据来源:中国环保部、北京市环境监测站;区域传输和本地排放占比可能随季节发生改变)

4.2.3 历史排放问题

城市空气污染的历史排放问题同样不容忽视。颗粒污染物即我们平常所说的"尘"。根据其物理性质,一般可以分为粉尘、烟和总悬浮颗粒物等。其中粉尘的粒径范围较大，通常为 1~200 微米。不同粒径的粉尘在重力的作用下，会产生不同的沉降特性。比如粒径大于 10 微米的降尘，由于重力的作用会在较短的时间内就沉降至地面；相反，粒径小于 10 微米的飘尘则可以长期地飘浮在空气中。因此，一般也将飘尘称为浮游粉尘。再小一点的，诸如云尘，其粒径只有 0.25~10 微米。而总悬浮颗粒物（TSP）是泛指大气当中所有粒径小于 100 微米的固态颗粒物。由此可见，颗粒污染物的组成是非常复杂的。关于雾霾的成因问题目前尚未有定论，简单地说可以区分为内因与外因：内因是各种污染源排放的细小有机物质较多，能够积聚形成霾（从一些研究情况来看，雾霾发生时空气中硫酸盐、硝酸盐和有机碳的成分会增多，这些物质既来自工业、汽车的一次排放，也有可能经历过空气中的复杂二次反应）；外因是有静稳的天气条件，历史污染物质累积，不易扩散，容易成霾。

当城市化进程不断加快，多种污染驱动力同时得到快速发展，各部门之间的环境影响不断交错叠加时，便会产生环境污染累积效应。在理想开发效率下，自然可以通过自我调节实现环境污染的消纳。但是，由于人类开发活动在时间上过于频繁、在空间上过于密集，造成"时间拥挤"和"污染协同效应"，在未能消纳历史累积污染的前提下不断加剧污染负荷，挑战环境承受能力极限。

4.3　健康损失估算与清洁支付意愿

毫无疑问，城市空气污染达到一定程度后，将会对居民的生活舒适性、身体健康尤其是呼吸道健康、心理健康，乃至社会福利产生直接损害。

4.3.1　空气污染的健康损失

空气污染的健康效应是指由污染引起的各类居民健康风险，如患呼吸系统疾病、因病伤残、早逝，等等。在城市居民生命周期中，雾霾污染是引发居民健康风险的重要因素。特别是雾霾的主要成分——细颗粒物（$PM_{2.5}$）更容易引起慢性疾病甚至早逝，对人类生命健康构成直接威胁，危害性巨大。$PM_{2.5}$能够深入肺部，甚至到达肺泡区，由于 $PM_{2.5}$ 粒子表面可能吸附各种化学物质，因此相较 PM_{10} 而言，具有更大的危害性。

2014 年是我国雾霾污染最严重的年份，居民部门使用全国能源消费总量的 7.5%，但却贡献了 27% 的一次 $PM_{2.5}$ 排放、23% 的室外 $PM_{2.5}$ 和 71% 的室内

PM$_{2.5}$排放。据世卫组织统计，2014年全球PM$_{2.5}$排放共导致420万人早逝，其中中国115万人，农村和城镇分别为64万人和51万人，这一结果远高于全球疾病负担报告中24%的占比（Yun et al.，2020）。从死亡人数中不难发现，中国农村居民因空气污染而死亡的概率明显更高，一方面是由于城镇居民可以获得更优质、更及时的医疗服务，但究其原因，是中国农村更多直接使用生物质燃料，如中国东北地区使用的秸秆。相对于城镇居民，农村居民贡献了更多的排放，也承受了更高的过早死亡风险。

城市空气污染对居民健康的影响已经日趋凸显，备受科技界、医疗卫生工作者及广大民众的关注。通过近20年来对空气污染治理的不懈努力，我国城乡居民肺结核发病率不断降低，据估算，2013年国务院公布的"大气十条"政策减少了37万人非正常死亡（Zhang et al.，2019）。也有研究指出，中国北方秋冬季节的燃煤取暖，导致淮河南北的空气质量差异巨大，并发现北方居民的寿命比南方居民少5.5年。2017年10月27日，世界卫生组织国际癌症研究机构公布的致癌物初步整理清单表明，含颗粒物的室外空气污染在一类致癌物清单中，为第五大致死因素，仅次于饮食风险、高血压、香烟和高空腹血糖，给医疗系统带来巨大压力。

4.3.2 空气污染与清洁支付意愿

从政治经济学对生命的价值角度出发，所有人的生命都在不经意间被经济学家货币化，统计生命价值法（Value of a Statistical Life，VOSL）是常用的估算方法。这是一种在对健康损失的评估中常用的评价死亡风险的方法，统计生命价值就是居民为降低死亡风险而愿意支付的少量金额，这些金额的总值就相当于一个统计生命。例如，若某居民愿意在一年中支付100元来使其死亡风险降低万分之一，这就相当于其降低死亡风险的价值 VOSL = 100 × 10 000 = 100（万元）。这是一种利用效用最大化原理的陈述偏好评估的方法。利用该方法可以在市场条件下调查居民对降低死亡风险的支付意愿（Willingness to Pay，WTP），借此评估环境污染的经济成本。随着环境经济学和健康经济学的发展，VOSL已经被广泛用于环境服务分析，成为健康价值核算领域的重要方法。

Ito et al.（2020）利用2014年后中国居民购买空气净化器的数据构建了一项全新的研究，考察了中国居民为解决室内空气污染的支付意愿，结果显示居民平均愿意支付8.5元（约1.34美元）以降低1微克/立方米，每年支付约210元

(约 32.7 美元），即 VOSL 为 210 万元，以消除北方冬季供暖带来的污染影响。虽然这一研究成果较为片面，缺乏个人层面的交易数据和线上交易数据，也缺乏除空气净化器以外的防护措施的支付意愿统计，但其结果依然具有一定参考价值，与高婷等（2015）通过对北京市民的 WTP 的抽样调查的结果相近，其结果为有 65.5% 的居民愿意每年支付 100~200 元用于降低大气环境污染健康风险，VOSL 为 66.7 万~133.3 万元。

除此之外，空气污染同样对我国居民的心理健康产生重大影响，包括精神疾病和抑郁症等心理健康问题（Zhang et al.，2017）。从宏观层面看，城市空气污染对我国居民的身心健康带来直接和间接被动损失超过 2 万亿元，约占 GDP 比重的 1.53%，人均 GDP 损失超 2 000 元（李惠娟 等，2018）。

4.4 计量模型与数据来源

4.4.1 模型建立

参考 Aunan et al.（2014）的研究及 EKC 模型（Kuznets，1955），本章首先设定如下计量模型：

$$Pollu_{it} = \beta_0 + \beta_1 urban_{it}^2 + \beta_2 urban_{it} + \beta_3 \mathbb{X}_{it} + \eta_i + \theta_t + \varepsilon_{it} \tag{1}$$

式中，$Pollu_{it}$ 表示城市空气污染程度，β_0 代表常数项，$\beta_1 \sim \beta_3$ 代表待估计的系数，$urban_{it}$ 表示省份 i 在 t 年的城镇化水平，以城镇地区常住人口占地区总人口比重计算得到；$\mathbb{X}_{it}$ 为其他的控制变量，包括人均 GDP（Pgdp）、工业增加值（Industry）、建筑业增加值（Construction）、机动车保有量（Car）、能源消费量（Energy Consumption）、城市绿化覆盖率（Green Coverage）等可能影响空气污染程度的变量，η_i 和 θ_t 分别表示省份和年份固定效应，ε_{it} 是聚类到省级层面的误差项。

4.4.2 变量和数据说明

被解释变量为 $PM_{2.5}$ 浓度数据。由于雾霾中污染物品类众多，本小节选用 $PM_{2.5}$ 浓度作为空气污染的代表变量，这一指标已被众多文献广泛使用。但我国的 $PM_{2.5}$ 检测最早始于 2013 年年末的部分试点城市，在此之前仅提供 PM_{10} 的浓度数据，为使实证结果更具说服力，增加样本时间长度，本文选用 NASA 卫星拍摄的气溶胶数据（AOD 数据），该数据被认为与雾霾息息相关。

核心解释变量为城镇化率。作为城市化的度量指标，一般采用人口统计学指标，即用城镇常住人口占总人口的比重表示。

控制变量主要根据 4.1 小节提供的主要影响因素选取，可分为经济发展水平和城市自我净化水平两个主要部分，具体而言，包括机动车保有量、工业和建筑业增加值，以及居民用能数据。

最终得到我国 30 个省、自治区和直辖市 2005—2018 年内面板数据，相关描述性统计如表 4-1 所示，本书的主要数据来源于以下几个方面：第一，省级空气污染数据。该部分数据库主要来自 NASA 卫星拍摄的气溶胶数据（AOD 数据），该数据被认为与雾霾息息相关。第二，各省城镇化率数据和相关数据，主要来自《中国统计年鉴》《中国环境统计年鉴》和《中国就业与人口统计年鉴》。第三，人均寿命和健康支出等数据，主要来自《中国卫生统计年鉴》和 CEIC 数据库。

表 4-1 变量的描述性统计

变量名	符号	单位	平均值	方差	最小值	最大值	样本数
空气污染	$PM_{2.5}$	微克/立方米	48.03	17.48	15.40	91.20	420
城镇化率	Urban	%	53.53	13.89	26.87	89.60	420
能源消费	Energy Consumption	万吨标煤	13 126.30	8 311.62	822.00	40 581.00	420
机动车	Car	万辆	372.90	374.31	12.18	2 128.29	420
肺结核发病率	Incidence of Tuberculosis	例/十万人	76.83	36.57	19.52	304.94	420
肺结核死亡率	Mortality Rate of Tuberculosis	例/十万人	0.25	0.22	0.04	2.47	420
医疗支出	Medical Expenditure	元	241.80	218.27	5.40	1 407.51	420
千人床位数	Beds per Thousand	张/千人	4.27	1.38	1.50	7.55	420
人均门诊费用	Outpatient	元/人/次	189.69	67.40	64.15	544.80	420
人均住院费用	Inpatient	元/人/次	7 264.30	3 230.04	2 730.02	22 618.90	420
人均 GDP	Pgdp	元/人	25 052.96	14 059.55	4 315.80	74 503.23	420
绿化率	Green Coverage	%	37.46	4.72	22.76	49.13	420

4.5 实证结果分析

4.5.1 城镇化与城市空气污染

表 4-2 中分别给出了控制个体固定效应、同时控制个体和时间固定效应以及分别加入控制变量后的回归结果。从表 4-2 中可以看出，不论在何种情况下，城镇化率的二次项系数均显著为负，说明城镇化率和城市空气污染之间的"倒 U 型"关系十分稳健；从 4.2 节的图表中也可以佐证，中国城市空气污染最严重的时间节点出现在 2013—2014 年，该结果也可以说明我国的城镇化道路经历了先污染、后治理的过程。在其他控制变量中，私家车和能源消费对城市空气污染的影响最为显著，这一结果与 4.2.2 小节的理论分析基本一致，机动车和居民用能是导致空气污染的最直接驱动因素。

表 4-2 城镇化对城市空气污染的估计结果

Dependent Variable：$PM_{2.5}$	(1)	(2)	(3)	(4)
$Urban^2$	-0.015 0*** (-3.87)	-0.009 3** (-0.24)	-0.007 0*** (-2.27)	-0.005 5*** (-1.69)
Urban	0.871** (2.26)	0.236 1 (0.67)	0.041 (0.14)	-0.044 (-0.15)
Car		0.015 8*** (5.40)		0.005 0* (1.79)
Energy Consumption		0.002 2*** (0.30)		0.000 8*** (3.38)
Construction		-0.001 0 (-0.30)		-0.003 (-1.09)
Control Variables	N	Y	N	Y
R^2	0.86	0.93	0.92	0.93
Provinces FE （省份固定效应）	Y	Y	Y	Y
Year FE （年份固定效应）	N	N	Y	Y

续表

Dependent Variable：PM$_{2.5}$	（1）	（2）	（3）	（4）
N	420	420	420	420

注：***、**和*分别表示在1%、5%和10%的水平上显著；括号内为t值；本表格仅展示重要控制变量的回归结果。

4.5.2 空气污染与健康损失

空气污染可能导致肺部炭末沉着①，结核分枝杆菌可以侵入人体全身各种器官，但主要侵犯肺脏，引起的肺部感染性疾病称为肺结核。图4-6展示了我国肺结核疾病发病率和呼吸系统疾病死亡率相关数据，虽然得益于医疗资源的不断发展，该类疾病的发病率和死亡率已不断下降并趋于稳定，由21世纪初的每10万人近100例不断下降至每10万人65例左右，超过全球平均水平的2倍。基于我国庞大的人口基数，每年仍有超过80万人口确诊肺结核，仅次于印度，居全球第二位。

图4-6 我国肺结核疾病发病率和呼吸系统疾病死亡率相关数据
（数据来源：中国统计年鉴、CEIC数据库）

为进一步考察城市空气污染对居民身体健康的危害，本章参考Welsch（2006）和Di Tella et al.（2008）等关于空气污染对居民幸福感的研究，将公式（1）的被解释变量替换为我国各地区肺结核疾病的发病率和死亡率，将核心解释变量替换为城市空气污染水平，新增每千人床位数、城市绿化率和人均医疗支出等控制

---

① 肺部炭末沉着同样高发于烟瘾较重的人群（Silva et al., 2018）。

变量，见公式（2）：

$$Incidence/Mortality\_of\_tuberculosis_{it} = \beta_0 + \beta_1 Pollu_{it} + \beta_2 \mathbb{X}_{it} + \eta_i + \theta_t + \varepsilon_{it} \tag{2}$$

回归结果如表 4-3 所示。其中，第一组数据以各地区肺结核发病率为被解释变量，第二组以死亡率为被解释变量，分别采用个体固定效应、个体时间双向固定效应，以及逐步添加相关控制变量的方式进行回归估计。第一组数据中，城市空气污染浓度对肺结核发病率的影响均显著为正，颗粒物浓度每增加 1 微克/立方米，地区肺结核发病率增加 0.29~0.52 例/10 万人。同时，控制变量的回归结果显示，城市绿化率对发病率有显著抑制作用，医疗支出的增加也在一定程度上降低了发病概率。但医疗保障水平的提高（每千人床位数）对于呼吸道疾病的抑制作用并不显著，这可能与呼吸道疾病多为慢性疾病的特性有关，多数病例的治疗并不需要住院治疗，只需按期服用药物即可。

第二组数据考察了城市空气污染对肺结核疾病的死亡率的影响关系。在 4 组不同的回归结果中，城市空气污染对肺结核死亡率影响均显著为正，虽然系数很小，结合实际数据，我国肺结核死亡率由 2011 年后稳步降低，但是基于我国庞大的人口基数，每年仍有 13 万因肺结核而死亡，死亡率约为十万分之一。其余控制变量的结果显著性与第一组数据相似，城市绿化覆盖率的提高对降低肺结核死亡率的推动作用不可忽视。

表 4-3　城市空气污染对肺结核发病率和死亡率的影响

Panel A	(1)	(2)	(3)	(4)
	Dependent Variable: Incidence of Tuberculosis			
$PM_{2.5}$	0.517 8*** (4.77)	0.374 1*** (3.18)	0.373 0*** (3.17)	0.291 5** (2.42)
Green Coverage			-0.514 0*** (-1.68)	-0.551 2* (-1.80)
Medical Expenditure				-0.014 5** (-2.15)
Beds /Thousand People				-1.207 6 (-1.26)
_Cons	51.958 1*** (9.85)	58.866 7*** (10.35)	78.16*** (6.09)	92.152 7*** (6.66)

续表

Panel A	(1)	(2)	(3)	(4)
	Dependent Variable: Incidence of Tuberculosis			
R^2	0.81	0.91	0.91	0.91
Panel B	Dependent variable: Mortality of tuberculosis			
$PM_{2.5}$	0.001 2* (1.61)	0.003 1*** (2.88)	0.003 1*** (2.88)	0.002 9*** (2.65)
Green Coverage			−0.003 1 (−1.10)	−0.003 8 (−1.37)
Medical Expenditure				−0.000 1* (−1.80)
Beds/Thousand People				0.016 2* (1.84)
_Cons	0.189 5*** (5.07)	0.099 1* (1.90)	0.216 0* (1.83)	0.210 3* (1.65)
R^2	0.74	0.78	0.78	0.78
Control Variables	N	Y	Y	Y
Provinces FE（省份固定效应）	Y	Y	Y	Y
Year FE（年份固定效应）	N	N	Y	Y
N	420	420	420	420

注：***、**和*分别表示在1%、5%和10%的水平上显著；括号内为 t 值。

4.5.3 空气污染与清洁支付意愿

本小节讨论的问题是，城市空气污染对居民在医院就诊过程中被迫支付更高的门诊费用和住院费用的影响。据统计①，2020年全国三级公立医院人均门诊费用为373.6元，人均住院费用为14 442.0元；二级公立医院的人均门诊和住院费用分比为238.4元和6 760.5元；其中，门诊费用同比上涨10.7%和11.1%，住院费用同比上升5.6%和8.5%。2020年全国卫生总费用高达7.23万亿元，其中

---

① 数据来源：国家卫生健康委（日期：2021-03-15）。

政府和社会卫生支出约占七成，个人实际支付为 27.7%，全国人均卫生费用达到 5 146 元。

为考察城市空气污染对卫生费用的额外负担，本小节进一步替换被解释变量为平均门诊费用和人均住院费用，见公式（3），其余变量的含义均不变：

$$\text{Outpatient/Inpatient}_{it} = \beta_0 + \beta_1 \text{Pollu}_{it} + \beta_2 X_{it} + \eta_i + \theta_t + \varepsilon_{it} \quad (3)$$

回归结果如表 4-4 所示。其中，第一组数据以各地区人均门诊费用为被解释变量，样本期间内人均花费为 189.69 元；第二组数据以人均住院费用为被解释变量，样本期间人均费用为 7 264.30 元；分别采取同 4.5.2 小节的实证策略。在第一组数据的回归结果中，第（3）列在同时控制时间和地区固定效应且未添加控制变量的情况下，结果不显著，因此主要参考第（1）~（2）列的回归结果。结果表明城市空气污染显著增加了居民门诊医疗支出，人均每次门诊需多支付 1.5~3.5 元，以 2020 年全国门诊 77 亿次为参考，这意味着 $PM_{2.5}$ 浓度每增加 1 微克/立方米，全国层面每年就要为此多支付 115 亿~270 亿元。实际这一结果仍然低估了城市空气污染给社会医疗系统带来的负担，值得注意的是受 2020 年年初新冠疫情影响，全年门诊数量较 2019 年大幅下降 5.2 亿人次。

第二组数据的回归结果中，同样以（1）~（2）列为核心参考依据，$PM_{2.5}$ 浓度每增加 1 微克/立方米，则人均住院花费增加 55~110 元。2020 年全国住院人数达 2.3 亿人次，这意味着颗粒物浓度每一单位的降低将会给国家、社会和个人节省数百亿元的资金。同时，在医疗水平更加发达的地区，综合门诊和住院治疗的成本也更高。根据环保部公布的数据看，2020 年我国全年环境污染治理总投资为 1.06 万亿元，占国内生产总值（GDP）的 1.0%；2013—2017 年，共计投入大气治污资金 1.75 万亿元，平均每年 3 500 亿元。综合比较来看，在城市空气污染治疗的投入相比医疗开支的节约是非常划算的。

表 4-4　城市空气污染对居民门诊和住院治疗成本的影响

Panel C	(1)	(2)	(3)	(4)
	Dependent Variable：Outpatient (Mean of Outpatient：189.69 yuan)			
$PM_{2.5}$	3.518 9*** (12.34)	1.505 4*** (7.21)	0.174 7 (1.47)	0.301 4*** (2.69)
Green Coverage		-6.962 5*** (10.60)		-0.548 8* (-1.65)

续表

	(1)	(2)	(3)	(4)
Panel C	Dependent Variable: Outpatient (Mean of Outpatient: 189.69 yuan)			
Beds /Thousand People		17.188 5*** (10.17)		6.738 6*** (7.51)
_Cons	359.633 6*** (25.82)	76.400 9*** (3.20)	198.132 1*** (34.28)	213.064 7*** (15.31)
R^2	0.65	0.86	0.97	0.98
	(1)	(2)	(3)	(4)
Panel D	Dependent Variable: Outpatient (Mean of Outpatient: 7 264.30 yuan)			
$PM_{2.5}$	110.323 7*** (10.47)	55.163 3*** (6.08)	5.348 3 (0.83)	17.372 8*** (4.00)
Green Coverage		−296.868 4*** (−10.40)		−19.269 8 (−1.47)
Beds /Thousand People		344.456 6*** (4.69)		717.146 1*** (20.61)
_Cons	12 592.28*** (24.46)	2 812.264*** (2.71)	7 522.592*** (24.12)	11 979.73*** (22.19)
R^2	0.79	0.886 7	0.97	0.99
Control variables	N	Y	N	Y
Provinces FE (省份固定效应)	Y	Y	Y	Y
Year FE (年份固定效应)	N	N	Y	Y
N	420	420	420	420

注：***、**和*分别表示在1%、5%和10%的水平上显著；括号内为 t 值。

4.6 本章小结

中国正在以每年1%的速度稳步推进城镇化，由此造成的城市空气污染范围不断扩大，且空气污染的程度也不断加深，给居民的日常生产、生活带来了极大的不便，给国民的身体健康带来很大的威胁，同时给国家医疗系统带来沉重的财政负担。本章的主要结论如下：

（1）移动污染源尤其是机动车保有量的激增，居民用能消费、工业排放和建筑粉尘都会对城市空气污染造成影响，在达到自然环境自我净化能力边界后会出现历史排放问题。

（2）空气污染已经对我国城市居民的身体健康造成了严重影响，虽然我国的整体医疗水平得到了显著提高，但是空气污染仍旧给医疗系统带来了巨大的压力，因此在环境污染治理尤其是空气污染治理领域投入资金是十分有效的路径，可以从根本上解决一系列负面影响。

基于以上结论，本章提出以下政策建议：

首先，升级转变用能方式，将移动污染源转化为非移动污染源。由于以机动车为代表的移动污染源和工业生产是造成城市空气污染的重要驱动力，如果可以升级此类缺乏污染降解能力的污染源，例如大规模发展新能源汽车，逐步有序退出小型火电厂，采用更加集中的供能方式，自然就可以解决污染集中处理问题。

其次，做好城市中的工业布局、合理地优化工业布局是提高用能效率的重要方式。需要根据城市的地理条件、气象条件等特点来对城市当中的各种污染源进行综合分析，尤其要分析城市中工业污染源的产生情况、排放规律等。而且，还需要分析城市空气中颗粒物的来源渠道，充分利用人工智能、物联网、区块链及大数据分析等技术，提升科技治污、精准治污能力。合理地划分城市空气环境的功能区，制订科学、合理的城市空气环境保护发展规划，从而有效降低城市空气污染。

最后，环保执法等相关部门必须加大对空气污染的监督力度。针对某些超标排放、不合理排放的企业，需要根据相关规定进行处罚，以示警诫，从而尽最大的努力从源头减少或者是控制污染物的排放。另外，环保执法等相关部门也需要加强对城市空气的监测力度，规范监控网络，为城市空气污染提供详细的数据资料，并以此来采取相关的治理对策。此外，环保执法部门也应该充分地进行环保宣传，提高人们的环保意识，使人们能够养成良好的环保习惯，做到思想自觉、行动自觉，从而在日常生活、工作中都注重约束自己的行为，注重保护环境。

第 5 章　城市可持续发展与环境承载力研究

城市作为人类活动的集散中心，是人流、物流、信息流的重要载体，对经济社会发展具有重要作用。随着科技的日新月异、人口流动的快速进行、城镇化脚步的不断迈进，城市负担愈加严重，环境污染问题越发严重。党的第十九届中央委员会第五次全体会议中明确提出，"十四五"期间生态文明建设要取得新进步，国家治理能力要显著提高，这些都与城市的环境承载力息息相关。在此基础上，如何较为准确地分析城市的环境承载能力，并对其进行科学的评价，已成为一个具有理论意义和现实意义的重要研究课题。所以，城市可持续发展和城市环境承载力之间有着怎样隐秘而密切的关系？怎样界定城市环境承载力的相关概念？有哪些例子告诉了我们城市环境承载力的重要性？应该选取哪些指标作为构建城市环境承载力的指标体系？因此，本章将围绕上述问题，从以下几个方面讨论：

(1) 研究城市环境承载力的迫切性和重要性。
(2) 城市环境承载力的相关概念界定。
(3) 城市环境承载力的研究综述。
(4) 涉及城市环境承载力的相关案例。
(5) 15 个副省级城市环境承载力的指标评价。

5.1　城市可持续发展与城市环境承载力

5.1.1　城市可持续发展

可持续发展思想是人类社会发展的产物，体现了人类对于经济发展与资源环境状况的反思与总结，彰显了人类的进步与文明。1980 年的《世界自然资源保护大纲》中最早提到可持续发展（Sharifi，2021）。该纲要阐明了"必须研究自然的、社会的、生态的、经济的以及利用自然资源过程中的基本关系，以确保全球的可持续发展"的基本论点。1987 年,世界环境与发展委员会发表的《我们共同的未来》首次正式提出了可持续发展概念:"既能满足当代人的需要,又不对后代人满足其需要的能力构成危害的发展。"可持续发展是科学发展观的基本要求,也是中国国家发展的重大战略之一。"十四五"规划和 2035 年远景目标纲要都强调要"坚持尊重自然、顺应自然、保护自然,坚持节约优先、保护优先、自然恢复为主,实施可持续发展战略"。可持续发展的核心是实现经济发展、资源节约和环境保护三者的协调统一。可持续发展是在支持生态系统的整体性和满足人类需求的情形下,在达到生态环境可持续的要求下,所能实现的最优状态。从可持续发展的角度出发,有学者采用定量的方法,从不同视角出发,如从技术进步、社会开放程度等,对广州自改革开放以来的可持续发展能力进行了综合评估[1],发现广州市可持续发展阶段正向高级化演进,城市环境、经济和社会发展变化存在着明显的不同步性,并呈弱可持续发展状态,但城市总体可持续发展逐步得到增强。也有学者采用定性定量相结合的分析方法研究了广东省各地级市的可持续发展能力,认为城市可持续发展既是城市居民需求和城市资源环境系统服务能力的循环发展,又是城市经济、社会以及生态环境的循环发展[2]。

5.1.2 城市可持续发展与城市环境承载力

环境承载力是指在一定的区域范围内,在维持地区环境质量不发生质的改变的条件下,地区环境系统所能承受的人类各种社会经济活动的能力,它可看作地区环境系统结构与地区社会经济活动适宜程度的一种表示。可持续发展是指在不危害后代人和其他区域满足其需要能力的前提下,以满足当代人的福利需求为目标,通过实践引导特定社会—经济—环境复合系统向更加均衡、和谐和互补状态发展的定向动态过程。它除了强调在时间序列上的可持续性外,还考虑到了区域之间的协调发展,因为区域间的发展是相互影响的,只有区域间协调发展才有实现区域可持续发展的可能。环境承载力和可持续发展都体现了人类活动与环境之间的冲突与矛盾。可持续发展理论从全新视角解读了环境承载力,并不仅仅要求承载力只是单纯的最大容量,而是需要体现可持续发展的公平性、持续性和共同

---

[1] Cui, X., Li, S., Wang, X., & Xue, X. (2019). Driving factors of urban land growth in Guangzhou and its implications for sustainable development. Frontiers of Earth Science, 13, 464–477.

[2] Wu, M., Wu, J., & Zang, C. (2021). A Comprehensive evaluation of the eco-carrying capacity and green economy in the Guangdong-Hong Kong-Macao Greater Bay Area, China. Journal of cleaner production, 281, 124945.

性原则，要在满足载体可持续发展的前提下，使环境系统能够正向演进、协调发展。环境承载力被用来衡量地区环境能够承受的经济建设和人类活动的强度，是实现可持续发展战略的基础。

越来越多的人口涌向城市，使得城市在经济发展的同时，面临粗放型资源开发导致的资源浪费问题和严重环境污染的恶果。城市生态的脆弱性日趋严重，生态环境的服务功能急剧下降（Cheng et al.，2019）。城市是实施可持续发展战略的主要阵地。联合国环境规划署强调要保障城市资源的可持续供应，只有实现经济、社会以及环境的可持续发展才能带来城市整体的可持续发展。Calthorpe（1991）指出在社会、经济和生态环境中寻找一种动态平衡，并长久保持这种平衡，就是可持续性。城市可持续发展是城市在一定时空范围内，通过经济增长与结构调整，达到高度的城市化和现代化，使城市发展既能适应当代现实需要，又能满足未来发展需求。城市环境承载力是实现城市可持续发展的关键，可持续发展可看成是对环境承载力的可持续利用，即人类的活动不能降低城市的环境承载力。城市内人们的生产和生活均排放大量的"三废"物质，而城市环境的承受能力是有限的。只有提高城市的环境承载力，才能保证城市可持续发展。因此根据城市环境承载力的变化趋势，可以作为城市可持续发展的基本判据。城市环境承载力的研究，不仅分析了城市环境要素受污染的状况，而且通过一定的数量指标把城市可承受的人类社会经济活动的方向和强度表征出来，通过对不同的发展方案进行城市环境承载力的变化趋势分析，可以获得适于某一区域具体情况的可持续发展方式。城市环境承载力的提升是实现可持续发展的必要条件，是城市可持续发展不可或缺的组成部分。

5.1.3 城市环境承载力研究的紧迫性

城市是一个地区的经济、政治和文化中心，是社会生产力达到一定程度，劳动的分工不断加深，生产关系发生变化的必然产物。在特征上，它存在开放性、依赖性、脆弱性、复合性等复杂的特点（吴大放 等，2020）。它具有不可磨灭的人工痕迹，是人为活动最强烈、人为环境占主导的生存空间。城市——一个实体，其生产、服务与消费商品需要投入相应的要素。但是，只有少数的输入物质能够参与到生态系统的循环中，其他的则会停留在环境中，造成污染。初期，城市发展对城市环境的破坏和影响仍处于可控范围之内。但是，一旦城市规模越来越大，城市环境无法负荷人类活动，就会产生一系列纷繁复杂的环境问题。城市人口的数量激增已经为未来不容乐观的环境问题埋下了伏笔。预计2000—2050年，全球城市人口比例将逐步提升至65%，相较于1800年城市人口占世界总人口的10%，1900年的15%和2000年的43%，有了巨大的飞跃。大型、特大型城市的数目也在增加。另外，城市环境、经济、社会问题在不同历史时期的交互和叠加，使生态系统各个因素间的内在的有机联系受到干扰和削弱，某些城市的环境质量急剧恶化，人口的增加常常超过城市的基础建设力所能及的范围内，城市环境被城镇化的消极效应影响，环境污染对城市健康稳定发展产生强效制约。

从国家统计局2019年发布的《城镇化水平不断提升 城市发展阔步前进——新中国成立70周年经济社会发展成就系列报告之十七》中可以了解到，至2019年，中国历经了有史以来最大、最快速的城镇化进程。2021年中国城镇化率已经提高至64.72%[①]。但是，大规模的城市化进程势必带来一些错综复杂的环境问题，主要表现在土壤侵蚀、土地荒漠化程度加剧、草地的退化、森林资源的减少、生物种类的减少、地下水位的下降、湖泊面积的缩小、水污染程度的增加、空气的污染、垃圾的掩埋和处理问题、城市垃圾的包围，等等（余春祥，2004）。经济与财产损失也会由生态环境破坏导致，环境破坏对经济形势的预估和判断也会造成影响，对未来环境的悲观认识在一定程度上会抑制经济发展趋势。

当前，中国政府越发关注生态环境问题。解决生态环境问题是长计远虑，是国之大计。中国的生态环境质量在2020年继续保持稳定和改善[②]。主要污染物的排放量明显降低，环境风险得到了有效的控制，生物多样性的退化趋势得到了初步的遏制，生态格局总体上趋于稳定。中国337个地级及以上城市的平均优良天数比率为87.0%，较上年增加5.0个百分点；PM_{10}年平均浓度为56微克/立方米，较上年同期减少11.1%。中国荒漠化土地面积为261.16万平方千米，沙化土地面积为172.12万平方千米，中国岩溶地区现有石漠化土地面积10.07万平方千米。但是2020年，中国国土面积中，仅有46.6%的生态质量达到优和良的水平。所以，尽管当前看来中国的生态环境仍处于相对稳定的情况，但是在城市化过程中所产生的环境问题仍不容忽视。

土地的转换、自然资源的消耗和排放等人类活动会影响城市生态系统的功能和结构。事实上，城市生态问题与物质或能量流的代谢紊乱有着密切的联系。生态学学者将城市描述为一个异养生态系统，高度依赖于大量的能源和材料投入，

---

① 数据来源：《2021中国国民经济统计公报》。
② 数据来源：《2020中国生态环境状况公报》。

并具有巨大的吸收和排放废物的能力。这一趋势导致了巨大的环境变化和非线性的、意想不到的严重反应，而生态系统对这种跨越生态阈值或环境极限的环境变化的严重反应，需要定期监测人类活动对城市生态系统的影响，以使人类活动引起的压力不超过其环境承载能力。城市环境承载力指的是一个地区可以维持的人口或发展水平，而不会对该地区环境产生超过可接受水平的不利影响。这一概念可以以两种方式应用于人类社会：第一，确定超出它们的变化是不可接受的阈值；第二，定义达到这些阈值的人口或活动（所谓的发展）。Arcury 等人（1986）认为，将人类承载能力定义为环境能够安全承受的最大负荷是更为明智的，这种负荷是人口规模、人均消费和废物生产的函数。Kozlowski（1990）认为存在某些环境阈值，一旦超过这些阈值，就会对自然环境造成严重和不可逆转的破坏。

城市环境问题本质上是时间和空间上的物质代谢滞留与枯竭，结构与功能关系断裂，经济与生态关系中的社会行为缺陷和调节机制的缺失。如何突破传统守旧的城市化模式，将人口、经济、资源、环境这四者实现协调可持续发展，逐渐被大多数人所关注与重视。越来越多的政府和学者开始投身于实现城市可持续发展的理论研究之中。大多数学者已经对此有了一个共同的认知，即城市人类活动强度必须小于城市环境承载力。当城市的环境容量发生变化，将导致城市生态系统的结构与功能发生变化，使其处于正向演替或反向演替状态。只有在人类活动的强度低于城市环境承载力的情况下，城市的生态系统才会朝着复杂的结构、最优化的能源利用、最大的生产力和最完善的功能方向演进，从而实现城市的可持续发展。

5.2 国内外文献回顾

5.2.1 城市环境承载力的相关内涵

承载力最早是存在于工程力学上的一种概念，是指在不受伤害的条件下，物体的"最大载荷"。承载力是根据"载体"或支撑物体与"承载物体"之间的关系确定的。承载力被定义为载体支撑"承载物体"的能力。Malthus（1798）首次揭示了环境因素会对人类物质增长产生重要影响，提出了"人口过剩理论"和"两个级数理论"，并将承载力概念与人口统计学联系起来。1921 年，该概念被延伸至生态学研究中,即在特定情况下,特定个体可以承受的最大数目。也有学者引进"牧场管理"的术语进行定义,认为它是"草原在没有任何损害的情况下所能支持的最大牲畜数量"(Hawden et al.,1922)。齐文虎(1987)认为它是在一定时期内,在满足社会和文化标准的前提下,某个区域的自然资源、社会资源、科技实力等足够维持多少人的生存。从20世纪中期开始,人口膨胀、资源短缺、环境污染、生态恶化一系列问题复杂交织,在此情形下,承载力的概念被广泛应用于人口、土地资源、森林资源、水资源、能源、环境、畜牧业、作物种植、旅游、文化、生态和城市规划等领域。承载力的研究方向也更加多元广阔,从单一研究生物种群的增长规律拓展至需要考量自然资源禀赋和发展需求的综合承载力研究。承载力的发展也越来越重视人类活动因素对承载力的影响(Wu et al.,2018)。承载力的评估有利于促进生态环境与人类活动协调发展。它不仅可以计算出最优的要素数量,还可以促进资源消耗的公平性和可持续性,以满足环境阈值。承载力是用来更为具体精确地分析和描述人类经济活动与自然环境发展的一种概念,它也是衡量和管理人类可持续发展的一个重要手段。

环境承载力是衡量区域可持续性的重要指标,它提供了一种将环境系统与人类活动联系起来的方法。伴随着全球科技的日新月异和经济的飞速发展,资源短缺与环境污染问题也越发严重。由于组成要素的复杂性和影响因素的多样性,目前国内外对于环境承载力的定义还没有一个准确的结论。环境容量作为该概念的理论雏形,最早由一名日本学者于1968年提出。在那之后,有学者赞同它是指可以长期承受人类活动的强度,需要以保持可接受的生活水准为基础。Liu等(2011)认为环境承载力可以理解为"环境能够在没有不可逆转的变化和严重退化的情况下平衡和承受人类居住地可持续发展压力的阈值水平"。《环境科学大辞典》于1991年将环境承载力界定为:一种环境状况和结构在规模、强度和速度等方面的极限,而不会对人类的生存发展造成不利影响。中国学者曾维华等(1991)将其界定为特定时期、状态或状况下的环境可承受的人类活动阈值。也有学者理解为广义上环境承载力表示的是某个区域的环境所能承受的经济发展及人口增长压力的最大程度,狭义环境承载力体现为环境容量。有学者认为环境承载力可以反映环境系统与社会经济活动间的适宜协调程度。在特定的时间和范围中,它反映了一个地区环境体系在保持结构不发生质变、不使地区环境功能恶化的情况下所能承担的人类经济活动的能力。封志明等(2018)表示,在一定时期、状态或条件下,环境系统在生态系统的正常运作下所能承受的最大支撑阈值即是环境承载力。

5.2.2 城市环境承载力的研究方法

1. 指数评价法

在涉及城市环境承载力的诸多研究方法之中,最简单、最常用的即是指数评价法。顾名思义,该法通过选取相应的指标,建立评价体系,确定每项指标的现状值和标准值(或阈值),然后应用统计学方法计算出指标综合指数,结合指标的现状值和标准值(或阈值)对环境承载力进行评价。模糊评价法、矢量模法、主成分分析法等都是普遍意义上常用于计算指数的方法。Zhang 等(2018b)用 5 个因子分别代表不同地区的污染物承载能力和资源供给能力,然后通过综合 5 个因素的指数来揭示每个地区的总体表现,并对不同地区进行比较。Tong 等(2018b)选取土地资源、水资源、交通资源和环境要素组成指标体系,运用层次分析法确定各指标的权重。在此过程中,对 5 个城市群的综合承载能力进行了评估。Liu(2012)通过分别计算资源供给能力、环境吸收能力、生态系统服务能力和社会支持能力 4 个组成部分,使用了一种更新的矢量幅度方法来生成综合配额,对某一区域的环境承载力进行了具体而全面的衡量。

2. 承载率法

承载率法的使用频率也比较高,是当前应用较为广泛的方法之一。承载率(也称为"承载力饱和度")是指某一地区的环境承载量(指标体系中的各种指标的现值)与某一地区的环境承载量(理论上的最佳值、目标值或标准值)之比。通过分析比较承载率与 1 之间的差距,判断资源或环境是否超出承载范围[①]。

3. 生态足迹法

生态足迹(生态占用),是通过对生产性土地供给需求与消耗需求之间的差异来判定该地区的发展是否在生态承载力的安全范围内。生态足迹模式(Wang et al.,2018b)将各地区的生态资源需求与生态资源供给的供求关系进行了对

---

① ZHU M, SHEN L, TAM V W, et al. (2020). A load-carrier perspective examination on the change of ecological environment carrying capacity during urbanization process in China [J]. Science of the total environment, 714, 136843. ZHANG M, LIU Y, WU J, et al. (2018). Index system of urban resource and environment carrying capacity based on ecological civilization [J]. Environmental impact assessment review, 68, 90 – 97. LUO W, SHEN L, ZHANG L, et al. (2022). A load-carrier perspective method for evaluating land resources carrying capacity [J]. Internation journal of environmental research and public health, 19 (9), 5503.

比，并对人为因素的作用进行了评估，从而为合理、有效地分配资源提供了依据。生态足迹代表维持人类对与资源开发/消费、排放废物和污染物以及占用空间相关的环境需求所需的生物生产领域。生态足迹法可以用来表征承载力与各种因素之间的定量关系，但这种方法的评估结果由于因素的变动性往往偏离实际情况（Shi et al., 2019）。实际上，随着时间的变化、科技的进步和人们生活水平的提高，土地利用、资源管理以及人类对自然的需求等因素也随之变化。因此，生态足迹本身应该是动态的。黄林楠等（2008）对生态足迹进行改进，用时间序列趋势方程建立动态趋势模型解决生态足迹问题。

4. 系统动力学法

系统动力学是基于反馈控制理论，以系统论、信息论、控制论的理论和方法为线索，借助计算机仿真技术作为辅助手段，从而探索复杂的社会经济系统的一种定量分析方法。这门科学理论和方法是采用信息系统问题来进行研究、分析和设计的。Wu 等（2018）对系统动力学模型的认知停留在此模型能够定量地研究各种复杂体系的结构与功能的内在联系上，能够对其各种特性进行定量研究，从而能够客观、长期地研究动态趋势。系统动力学模型其实是一阶微分方程组，由于该模型具有时滞等特点，能描述复杂的非线性问题，再加上在控制理论中引入了反馈环的概念，能有效地解决经济过程中的反馈效应问题。在此基础上，它是一种更适合参考时空动态特征的中长期发展策略。在系统内环境承载力受许多因素的制约。就城市而言，其主要的影响是自然资源（例如水资源、洁净空气资源等）、市政基础设施、产业结构、人口政策、环境投资等多种多样的内容。它们彼此约束，互相影响。因此，它对环境承载力的影响并非单纯、直接，而是以一种复合的、交互的方式来实现。通过对复杂系统的分析，可以利用系统动力学模型（SD）这一通用的方法来分析城市的环境承载力。陈南祥和王延辉（2010）将反馈回路原理应用到系统动力学中解决了具有多重反馈、复杂多变的实际问题。但由于参变量不易掌握，使其只能应用于中短期发展阶段。Davies 等（2011）基于对水资源与社会经济和环境变化之间关系的性质和结构的深入理解，使用基于系统动力学的综合评估模型，验证了废水处理和再利用的价值。在求解非线性问题时，系统动力学有其优越性，但是它的优化性能却相对较差。

5. 状态空间法

状态空间法的基本思想是：以状态空间的原点与系统状态点组成矢量模的形式，并以此为基础，分别描述在当前发展与可持续发展两种状态下的区域承载能力的状态矢量，并以此来分析该地区是否存在超载现象。状态空间法类似于承载率方法，但承载率法应用的是两个不同状态的指标比值，而此法则应用了两种不同状态下指标的范围。例如有学者将指标划分为压力类和承压类指标，通过引入熵值法保证权重的客观性，很大程度上减轻了主观误差的影响，但状态空间法在确定理想承载力值时存在一定的局限性（Shi et al.，2019）。

6. 多目标模型最优化法

多目标模型最优化法是利用大系统的分解和协同的思想，把系统分成几个子系统，每个子系统可以独立工作，也可以协同工作。总控模型为多目标核心模型，会提炼出各子系统模型中的主要关系。它将依据各变量内部的相互关系，对各子系统进行细致的分析与协调，再对各子系统所涉及的对象或资源进行约束，并对其进行优化配置与协同调度，以达到期望的效果。多目标模型最优化法的难点是模型的求解，该方法是一种定量研究环境承载力的新途径，但是需要大量的数据。同时，模型的求解也有一些困难之处，需要深入的研究。但是这种方法也相对灵活，计算结果更符合实际情况。

5.2.3　城市环境承载力的研究现状

Arrow 等（1996）对经济、承载力以及环境三者之间的联系及制约关系进行了分析，引起了深远的影响。从那时起，人们对环境承载力更加重视，对其进行了越发深入的探究，许多国家都在运用环境承载力理论来指导自己国家的社会和经济活动。Li 等（2021a）认为在急速扩张的城市化进程中，城市人口将在 2050 年达到世界总人口的 70% 以上。然而，农村居民向城市地区的快速流入不可避免地给目的地城市带来许多挑战。许多城市对承载能力的要求快速增长，这是城市化带来的重大负担。城市发展中的过度承载能力被视为超出其固有限制的大规模过度集中发展，并导致各种城市问题。

美国环保局于 2002 年对 4 个湖区进行了环境承载力的调查分析，并就如何保护和提高其水质提出了建议。研究报告指出，环境承载能力是对湖泊在不降低水质的情况下适应污染的能力的一种评估。在这份报告中，对每一个研究湖泊的潜在污染负荷进行了评估，并评估了湖泊对这一负荷的反应，以评估湖泊对未来发展压力的敏感性。Tehrani 等（2013）认为城市承载能力指的是一系列与环境负荷相关指标的"可接受"值，这些指标来自城市生态系统的不同结构和功能组成部分，如自然状态、人口、资源消耗、废物/排放生产和城市设施。该模型通过应用30个空间指标,持续监测城市生态系统的环境负荷以确保它们不会超过可接受的环境限制。Han等(2018)认为环境承载能力的本质是供给与需求的比较。供应通常是有限的,而需求是无限的。影响需求和供给的诸多因素使环境承载能力的计算变得困难,因此,环境承载能力通常是由一个封闭的系统决定的,而不考虑区域之间的相互作用。事实上,许多关于环境承载能力和可用概念的研究还没有明确地考虑物理土地和水资源承载能力的因素。因此,他们通过对现有条件评估、未来状况预测和强化策略的分析,对城市可持续发展的环境承载能力进行分析。

压力-状态-响应(PSR)模型是一种以因果关系为基础的概念模型,它由经合组织与联合国环境规划署共同提出。它的基本思想是人的活动对自然环境造成了一定的压力,使其在一定程度上改变了自然资源的数量和生态环境质量,并对其进行了相应的调节,包含各种政策和管理措施,从而使其得以保持环境的可持续性。PSR模型能够很好地借由分析原因、效应和响应来反映人与环境的互动关系,因此在环境质量评估中得到了广泛的应用。环境学者建议采用PSR框架来制定可持续性指标(Zhang et al.,2019a)。Jia等(2018)认为承载力与可持续发展之间存在着紧要联系,因此可以将其延伸至承载力领域的研究。从1996年开始,欧洲联盟委员会通过对主要城市的环境调查,收集了意大利22个主要城市有关的数据,通过PSR模型进行分析,考虑到可用性和可比性标准,主要指标包括人口密度、拥有土地、绿地和交通面积、进入绿地的机会、CO_2、PM_{10}等的排放量、人均用水量、污水化学需氧量/生化需氧量、土壤污染物、人均城市垃圾和能源消耗(Chapman et al.,2018)。

环境作为一个稳定的生态系统,通过与外界进行能量、信息以及物质的交换来保持整个环境结构与功能的稳定,在一定程度上,环境系统会在不发生质的变化的前提下促进经济的发展。环境承载力囊括了多个子系统,涵盖了土地资源承载力、大气环境承载力、水环境承载力、矿产资源承载力等多方面研究。中科院从生产条件、土地生产力、人类生活水平、人口承载能力等4个方面来界定土地资源人口承载能力。为了对大气环境承载力进行预警,Su等(2020)在建立大气环境承载力预警模型方面做了大量工作,取得了较好的效果。此外,严格来说,环境的承载力除受人类活动的影响以外,还受到其他因素的影响,也就是说环境承载力的变化会因时间地点的不同而不同。不同地域的承载力是不同的,同一地域在不同时间的环境承载力也是不同的。因此,环境承载力本身的不确定性很高。

5.3 城市环境承载力案例分析

城市环境承载力研究对城市可持续发展至关重要。一旦城市环境承载力无法负荷人类的经济社会活动，就会造成严重后果。下文以印度尼西亚迁都案例来说明城市环境承载力过载不仅会带来严重的经济财产损失，也会极大地提高环境风险，由环境恶化引致的居民死亡率也会上升。同时本节对中国15个副省级城市的环境承载力进行了研究，以便更好地理解中国发展较好的城市的环境状况，为下文提出建议奠定基础。

5.3.1 印度尼西亚迁都

2022年1月18日，印度尼西亚国会通过法案，将首都从雅加达迁至东加里曼丹省，并且将之命名为"Nusantara"，有"群岛"之意。印度尼西亚国家发展规划部部长（PPN）苏哈索·莫诺阿尔法表示将首都迁至东加里曼丹是政府实现印度尼西亚2045年愿景的战略之一。印度尼西亚总统佐科·维多多于2019年4月首次提出要将印度尼西亚首都从雅加达迁往别处。佐科说，雅加达作为国家政治、商业、金融、贸易与服务中心以及印度尼西亚最大空港与海港，负担过于沉重，"不能再增加爪哇岛的负担了"。新首都将促进国家平等发展，减轻雅加达负担。

1. 雅加达的基本情况

印度尼西亚的首都雅加达（Jakarta），占地约740平方千米，地处爪哇岛西北海岸，不仅是印度尼西亚最大的城市，也是东南亚地区的第一大城市。其人口为1 056万人，而包围周边城镇的大雅加达地区，居住超3 000万人，是世界第二大都市圈，雅加达是印度尼西亚的经济中心，聚集了全国大部分财富和精英，雅加达享有省级地位，居民主要为爪哇人、巴达维亚人和巽他人，少数为华人，官方语言是印度尼西亚语。雅加达作为印度尼西亚的经济中心，主要以金融业为主，占该国生产总值28.7%，并拥有国内最大的金融机构和主要工商业机构，雅加达早于15世纪已是重要商港，殖民时代曾是荷属东印度公司总部所在，贸易遍及亚、欧、非三大陆。

雅加达的城市雏形出现在15—16世纪。1527年，万丹王国的国王成为爪哇岛的主人，将这座城市重新命名为雅加达，意为胜利之城。相较于赤道附近炎热潮湿的加里曼丹和苏门答腊岛，更靠近南方的爪哇岛不仅气候宜人，而且地势平坦，还处于往来香料群岛的必经之路上，殖民者因此看中了这里。葡萄牙的殖民者率先来到了爪哇，他们在芝利翁河口建立了一座名为巽他格拉巴的城堡（这个地名至今还保留在雅加达城中），为往来香料群岛的船只提供落脚点。往来的贸易使得雅加达这座城市繁荣发展起来。芝利翁河穿城而过，炎热多雨的气候使这里河网密布，再加上人工河渠的开凿，乘水上交通工具往来于城中显得十分便捷。1619 年，荷兰人的东印度公司征服了这里，将这座城市重新改名为"巴达维亚"，成为荷属东印度的首府。殖民者在这里留下了浓重的痕迹，人工河渠的开凿甚至改变了城市的交通格局，一度为雅加达赢得了"东方威尼斯"的美称。一座东南亚贸易的枢纽城市在爪哇岛之上拔地而起。

太平洋战争爆发后，日军占领了爪哇岛，雅加达的名字一度被重新恢复。在日军宣布投降后的两天，1945 年 8 月 17 日，印度尼西亚共和国便诞生了。然而，很快荷兰人又卷土重来。经历了 4 年的浴血奋战，印度尼西亚人最终赢得了国家独立。在印度尼西亚独立之时，雅加达已经成为拥有数百万人口和数千平方千米城区面积的巨型城市，是当时东南亚最为国际化的大都市。但印度尼西亚国父苏加诺认为，这座城市带有的殖民时代的气息太过强烈，不利于印度尼西亚独立之后民族意识的建立。在新都的计划无法实现的情况下，苏加诺对雅加达进行了大规模的改造。国会大厦、国家纪念塔和各种基础设施在城市中拔地而起，雅加达的成长之路由此开始。

2. 迁都的原因分析

印度尼西亚位于赤道地区，四面环海，是全球最大的群岛国家，国家由星罗棋布的岛屿构成，亚洲和大洋洲都有其岛屿的分布。它也是世界上火山喷发、地震最频繁的地区之一，这里每年发生大大小小的地震上千次。首都雅加达则坐落于印度尼西亚的第五大岛——爪哇岛上。该岛面临着火山喷发、地震以及海啸等多种自然灾害的威胁。该岛上遍布大小火山近百座，其中活火山多达 45 座。2018 年 12 月，距雅加达仅百余千米的喀拉喀托火山突然喷发，导致千余人伤亡。

除了自然灾害频发，地面沉降是雅加达更为关键的现实问题。大量地下水的不合理开采和雅加达自身松软的地质条件，使得地面沉降问题越发剧烈。现在，雅加达城市的海拔最低处就已达海平面下 2 米，只能靠沿海的堤坝来抵御海水倒灌。研究发现，雅加达正以平均每年 1～15 厘米的速度在下沉，现在几乎有一半的区域位于海平面以下，这样的下沉速度是其他全球沿海特大城市平均水平的 2

倍多。这使得雅加达成为世界上地面沉降速度最快的城市之一。加之，雅加达多雨气候，每年泛滥的洪水，让很多地方地基下沉的一楼根本无法使用。另外，由于全球暖化而造成的海平面升高，与雅加达的地面沉降产生的影响效应相结合，形势就更加严峻。世界银行的一份研究报告指出，如果印度尼西亚不采取预防措施，到 2025 年海水将向内陆挺进 5 公里，印度尼西亚总统府门前将是一片汪洋，甚至有可能完全淹没雅加达北部的老城区。有专家甚至预测，到 2050 年，这座城市约 95% 的地区可能会被海水淹没。

爪哇岛的面积在印度尼西亚 1 万多个岛屿中排名第五，却聚集了全国大多数的大城市，包括泗水、万隆和雅加达等。因此，爪哇岛的重要程度极高，它拥有了全国超过 70% 的铁路里程，贡献了超过 60% 的 GDP。雅加达作为爪哇岛上的核心，全国大部分财富、人才和政治精英都云集于此。1970 年，雅加达的人口还只有 450 万。而到 2018 年，雅加达及其周围的卫星城市群已有超过 3 000 万的居民汇聚于此。如今的人口密度高达每平方公里 15 342 人。英国市场研究机构欧睿国际发布的一份调查报告称，通过其对印度尼西亚人口发展趋势的研究预测，2017—2030 年，雅加达的人口将增长 410 万人，达到 3 560 万人，超越日本东京，成为世界人口最多的城市。不断涌入的人口，给雅加达带来了难以承受的城市压力，也让这个大都市变得无比撕裂。

随着城市人口的不断增加，雅加达脆弱的城市基础设施越发不堪重负，交通拥堵成了不堪忍受之痛。雅加达市内只有 2019 年刚刚通车的一条轻轨线路，拥挤的轨道交通让印度尼西亚人苦不堪言。印度尼西亚交通部门的统计数据显示，雅加达每天上下班高峰期的车辆行驶速度只有不到 10 公里/小时。在最拥堵路段，行驶 5 公里需要 2 个多小时甚至更长时间。这种情况正在持续恶化之中，2018 年与 2016 年同期相比，每个居民每年要额外在路上多堵 184 个小时。印度尼西亚规划部部长表示，雅加达的交通堵塞令该国经济每年损失达 68 亿美元。

密集的人口也为这座城市带来了严重的卫生隐患。汽车和工业生产排放所产生的废气造成了严重的雾霾，而芝利翁河等河流也因不加管控的污水排放沦为臭水沟。在世界最脏的河流榜单上，芝利翁河赫然在列。然而，最为严重的还是雅加达的自然环境。芝利翁河冲刷堆积出了大片低洼的平原，形成了一个河网密布的三角洲，共有 13 条河流在雅加达入海。在雨水丰沛的雨季，水灾成为雅加达的常客。

除了以上的自然环境等现实因素以外，迁都在一定程度上也是考虑了印度尼西亚的经济社会发展需求。印度尼西亚中央统计局 2019 年 2 月发布的经济增长报告显示，爪哇岛 2018 年 GDP 占全国总量的 58.48%，新都所在的加里曼丹岛占 8.2%，而位于最东部的马鲁古岛和巴布亚岛 GDP 合计仅达 2.47%。岛屿之间悬殊的经济发展水平，一直是困扰印度尼西亚政府的棘手难题。将首都迁出爪哇地区，将会释放一个强有力的政治目标——促进各地区经济均衡发展。印度尼西亚国家发展计划部部长班邦·布罗佐内戈罗就曾公开表示，迁都也是佐科政府旨在消除爪哇岛与其他地区发展不平衡的重要战略的一部分，可以使国家经济发展更加均衡与公平。离开人口过于稠密的爪哇岛，将首都迁移到尚有巨大开发潜力的加里曼丹岛，以平衡印度尼西亚全国、各个岛屿之间经济的发展，开发爪哇岛以外地区丰富的资源，也不失为引导印度尼西亚经济向上发展的有力推动因素。

3. 新都愿景

新首都计划占地约 18 万公顷，是雅加达当前面积的 3 倍。在地质方面，新首都相对于雅加达遭遇地质灾害的风险要小得多。根据资料显示，这里是印度尼西亚发生自然灾害风险最低的区域之一，几乎没有地震、火山、海啸和洪水等灾难，自然也就避免了地震毁灭首都的风险。在前期建设上，东加里曼丹省已有的城市配套设施为新首都的建设提供了便利，省去了政府部分资金投入。例如，周围的巴厘巴板和三马林达的两个机场目前就能正常起降。而新首都的用水也可以从东加里曼丹省已有的水库中引流。另外，东加里曼丹省是印度尼西亚著名的木材生产中心，且自然资源丰富，主要包括森林、黄金、煤炭、石油、天然气等。这些尚未完全利用的潜在资源若得到大力开发，也可为未来首都建设提供必要的资金。

除了上述原因之外，新首都的另一个重要愿景就是推动全印度尼西亚区域间经济的均衡发展，理论上可能有助于减少地区间不平等现状。目前雅加达地区及爪哇岛的经济增长要远高于印度尼西亚其他地区，这显然并不符合国家区域协调发展的愿景。迁都确实是为印度尼西亚打造一个增长空间的办法。印度尼西亚政府认为，迁都计划将提供舒适、公平和干净卫生的首都环境。位于东加里曼丹省的新首都将建设在森林地带，利用可再生能源和清洁能源来进行合理开发，使新首都成为绿色、智能、可持续的新型现代化大都市。

4. 小结

巨大的人口压力、落后的城市基础设施建设和城市规划，使得印度尼西亚首都雅加达的环境状况日益恶劣。日益加重的各项负担导致雅加达的环境承载能力下降，地面沉降和海平面上升，河流水质受到严重污染，且易发生洪水。目前雅加达大约有50%的地区，洪水安全水平低于10年前。环境的恶化让国家经济损失严重。印度尼西亚总统佐科曾表示，未来的环境、水资源和交通状况，都无法支撑雅加达庞大的人口规模，这使他下定决心迁都。随着国家首都的搬迁，雅加达的环境竞争力和人口负担可以减轻，随之交通拥堵、水资源匮乏、废物排放等问题将会减少，空气质量将得到改善。所以迁都对于雅加达来说是一种"减负"，更有利于雅加达的城市建设，帮助其实现健康的发展，提高雅加达的竞争力。新都所在的东加里曼丹省位于加里曼丹岛，该岛大部分地区经济贫困，许多森林地带尚未开发。经济开发限于河流下游及海滨地带，主要城镇多在河口内侧。地下矿藏有石油、天然气、煤、金刚石、铜、金等，胡椒产量居世界首位。有相关人士表示迁都新地有助于当地改善经济状况，摆脱贫困，提升竞争力。但是也有相关人士担心其迁都所在地区为雨林地带，为迁都计划所进行的基础设施建设不可避免地造成了植被森林的破坏，影响当地土著居民的日常生活，且新都所在地区本就存在因大量开采矿藏而导致的环境污染问题。此外，迁都耗费巨大，不少人士并不看好未来发展。

5.3.2　城市环境承载力评价——以15个副省级城市为例

1. 指标确定

在一定时期的某个区域内，城市环境系统在维持基本生态循环的情况下，以区域可持续发展为导向，所能负荷的人类经济与社会活动等的总和，一般被称为城市环境承载力。它通常是一个既复杂又复合多元的系统，需要囊括的不仅有自然资源这种先天存在的禀赋差异，更需要涵盖社会环境等由人类活动引起的存在人工干预的情况。它绝不是由单一指标就能充分体现的城市客观属性，它存在多面性，也是相对运动的。当参与建立城市环境承载力评价指标体系时，既要总揽全局，也要着眼于细节。它不仅要体现城市发展的整体特点和现实情况，还要体现出城市发展的可比性、动态性、可操作性和科学性。以此为原则，进行相应指标的构建。从社会和环境的协调和相互促进的观点出发，根据一定的环境标准、要求和方法，以可持续发展为基石，选择具有代表性的、能够综合反映城市环境承载力的各方面特点的指标。本书根据已有的研究成果，并根据指数评价法的构造原理，建立了一套综合评价指标体系。城市的环境承载力涵盖了社会和自然两个层次。在此之中，城市基础设施、卫生建设、文化建设等方面存在人工介入的内容一般处于社会环境承载力的范围之内，而自然环境承载力则通常用来描述城市环境、废物处理等方面的内容。基于以上相关分析，本文参考了曹飞和郑庆玲（2016）、孟菲等（2019）等学者的研究成果，选取了13个指标对中国15个副省级城市的环境承载力进行了全面的评价。城市环境承载力指标评价体系指标构成如表5-1所示。

表5-1 城市环境承载力指标评价体系指标构成

目标	层次	指标及单位	变量	效应
环境承载力	社会环境承载力	城市登记失业率/%	X1	负向
		每百人拥有公共图书馆藏书/册	X2	正向
		每百万人拥有公共交通车辆运营数/辆	X3	正向
		每万人拥有卫生机构床位数/张	X4	正向
		每百万人拥有高等学校数/所	X5	正向
		教育经费占财政支出比重/%	X6	正向
		科技支出占财政支出比重/%	X7	正向
	自然环境承载力	一般工业固体废物综合利用率/%	X8	正向
		生活垃圾无害化处理率/%	X9	正向
		人均工业废水排放总量/吨	X10	负向
		人均二氧化硫排放量/吨	X11	负向
		人均工业烟（粉）尘排放量/吨	X12	负向
		一般工业固体废物综合利用率/%	X13	正向

2. 数据来源

本节的研究对象为15个副省级城市（杭州、宁波、厦门、广州、深圳、南京、济南、青岛、大连、武汉、西安、哈尔滨、沈阳、长春、成都），数据来源于《中国城市统计年鉴》和各城市《国民经济和社会发展统计公报》，以各城市2004—2019年数据为基础，人均数据由总量数据除以年末总人口得到，数据的描述性统计如表5-2所示。

表5-2 描述性统计

变量	样本数	均值	标准误	最小值	最大值
X1	240	0.608	0.387	0.082 5	2.174
X2	240	192.0	195.1	12.52	1 439
X3	240	14.20	3.400	6.820	25.07

续表

变量	样本数	均值	标准误	最小值	最大值
X4	240	60.26	17.81	29.66	100.6
X5	240	5.819	2.428	2.156	11.87
X6	240	2.851	2.182	0.155	12.96
X7	240	14.72	3.275	8.111	49.43
X8	240	91.06	8.346	40.85	100
X9	240	93.69	9.674	40	100
X10	240	28.63	29.16	2.469	169.6
X11	240	0.010 7	0.008 41	0.000 202	0.043 5
X12	240	0.004 5	0.003 45	0.000 101	0.019 2
X13	240	81.69	15.68	19	99.09

3. 研究方法

目前，城市环境承载力的研究方法多种多样，种类繁多，使用频次较高的包括熵值法、因子分析法、状态空间法、主成分分析法，等等。在这些常用的方法中，熵值法能够有效避免人为的主观因素所带来的偏差，并且能够消除多变量之间的重叠因素，具有客观、全面的优点。因此，本文采用熵值法对城市环境承载力进行测度。

熵值法的主要计算步骤有以下几个：

第一，选取指标，设有 s 年，n 个城市，m 个指标，X_{tij} 表示第 t 年城市 i 的第 j 个指标值。

第二，进行数据的标准化处理。因为各项指标之间的量纲具有明显差异，所以需要进行原始数据的无量纲处理，以便进行比较和分析。处理后，这些属性各异的基础指标才存在一致性和可比性，指标范围在 [0, 1] 内。数据的无量纲处理方法五花八门，需要仔细甄别。本文采取最大最小标准化是因为指标对资源环境系统的作用效果有差异，具有方向性。负向指标越小越有利于系统的发展。负向指标的无量纲处理如公式（1）所示：

$$Y_{tij} = (\max j\{X_{tij}\} - X_{tij})/(\max j\{X_{tij}\} - \min j\{X_{tij}\}) \tag{1}$$

正向指标越大越有利于系统的发展。它的处理如公式（2）所示：

$$Y_{tij} = (X_{tij} - \min j\{X_{tij}\})/(\max j\{X_{tij}\} - \min j\{X_{tij}\}) \tag{2}$$

第三，为保证求权重过程中取对数有意义，需要先对数据进行非负化处理，处理基本形式如公式（3）所示：

$$Y * t_{ij} = Y_{tij} + 1 \tag{3}$$

第四，求比重矩阵，如公式（4）所示：

$$P_{tij} = Y * t_{ij} / \sum_{t=1}^{s} \sum_{i=1}^{n} Y * t_{ij} \tag{4}$$

第五，计算各指标熵值，如公式（5）所示：

$$H_j = -(1/\ln sn) \sum_{t=1}^{s} \sum_{i=1}^{n} P_{tij} \ln(P_{tij}) \tag{5}$$

第六，计算各指标差异系数，具体如下：

$$F_j = 1 - H_j \tag{6}$$

第七，计算各指标权重：

$$W_j = F_j / \sum_{j=1}^{m} F_j \tag{7}$$

最后，计算综合得分：

$$U_{ti} = \sum_{j=1}^{m} W_j X_{tij} \tag{8}$$

4. 实证结果

通过熵值法计算了15个副省级城市2004—2019年的城市环境承载力水平，表5-3分别显示了2004年、2007年、2010年、2013年、2016年和2019年的城市环境承载力总体评价结果。从表5-3中可以发现15个副省级城市的环境承载力水平在近几年总体呈增长态势，说明大部分的副省级城市都越来越重视环境承载力的发展。在这些城市之中，广州市和深圳市总体得分相较于其他城市而言遥遥领先，深圳市大多时候都排在了第一名的位置。在这些城市中可以明显发现广州市、深圳市属于第一梯队，杭州市紧随其后，东部沿海地区较东部内陆城市在环境承载力得分方面也具有明显优势。南京市和济南市相对于厦门市的情况较差。中部地区的武汉市和西安市作为省会城市总体上也呈现增长态势，但东北三省的城市环境承载力情况有待提高，整体状况不好。得分高的城市一般经济发展的态势也比较良好，经济繁荣，华灯璀璨，车水马龙。经济发达的同时也有基础和实力支撑科技的进步、产业结构的优化调整等。财政收入方面比较充裕，有足够的精力投入科教文化卫生事业，从而在各个方面都实现了领先。产业优化调整，第三产业比重上升，相较于其他产业，第三产业在环境污染方面效果远优于其他产业。综合实力使得这些城市不仅社会环境承载力得分高，也有余力进行环境污染的治理投资，使其自然环境承载力的情况也较优，整体上提升了环境承载力水平。中西部地区的城市环境承载力近几年有所提升,例如武汉市、成都市等,城市环境承载力水平逐渐提高。东北地区的哈尔滨市、长春市、沈阳市等环境承载力较低,可能与这几个城市以重工业为主的产业结构有关,又伴随着东北地区整体的经济衰落,使得地方政府对于科、教、文、卫等多方面内容无暇他顾,没有足够的经济实力。

表 5 – 3　2004—2019 年 15 个副省级城市环境承载力总体评价结果

城市	2004 年	2007 年	2010 年	2013 年	2016 年	2019 年
广州市	0.605 1	0.502 0	0.507 0	0.667 3	0.642 7	0.756 3
武汉市	0.413 3	0.391 4	0.448 2	0.518 7	0.597 2	0.472 1
哈尔滨市	0.377 2	0.243 0	0.232 3	0.337 9	0.345 9	0.377 8
沈阳市	0.530 2	0.383 2	0.411 7	0.390 5	0.412 6	0.322 3
成都市	0.358 2	0.349 4	0.429 7	0.545 5	0.477 0	0.578 8
南京市	0.499 1	0.353 1	0.258 2	0.397 2	0.409 2	0.455 0
西安市	0.390 6	0.285 0	0.345 0	0.459 6	0.439 5	0.507 7
长春市	0.380 3	0.247 2	0.336 1	0.289 2	0.271 0	0.262 2
济南市	0.584 0	0.385 5	0.445 2	0.495 7	0.445 2	0.363 0
杭州市	0.521 7	0.518 8	0.490 7	0.583 0	0.555 9	0.639 9
大连市	0.365 4	0.436 8	0.434 5	0.408 7	0.352 8	0.327 6
青岛市	0.457 1	0.487 6	0.400 0	0.437 5	0.451 7	0.512 5
深圳市	0.657 1	0.703 3	0.782 6	0.829 4	0.776 5	0.766 7
厦门市	0.441 7	0.543 0	0.448 6	0.542 2	0.493 8	0.527 0
宁波市	0.260 7	0.350 1	0.315 7	0.408 1	0.387 1	0.363 4
均值	0.456 1	0.411 9	0.419 0	0.487 4	0.470 5	0.482 2

图 5 – 1 采用折线图形式展示 2004—2019 年 15 个副省级城市的城市环境承载力的变化情况。从图 5 – 1 可以看出,近年来深圳市的环境承载力水平变化不大,偶有波动,但总体呈上升趋势,得分一直较高。广州市的环境承载力近几年存在一个明显的先下降后上升的情况,在 2012 年形成了转折点。杭州市的环境承载力变化起伏不大,基本在 0.49～0.64 的区间内。成都市虽然在 2004 年的初始环境承载力得分并不高,但是在 2007 年后,其环境承载力得分有了明显提高。长春市的环境承载力水平总体上呈下降趋势,沈阳市的环境承载力情况变化也基本上处于下降状态。哈尔滨市的环境承载力得分一直比较落后,总体上来看变化

幅度也不是很大。大连市的环境承载力水平变化情况是先上升后下降，在2009年以后得分明显降低。其他市的环境承载力总体上呈上升态势但增加幅度不是特别突出。总之，大多数城市的环境承载力水平向良好态势发展，但是东北地区的环境承载力变化令人担忧。

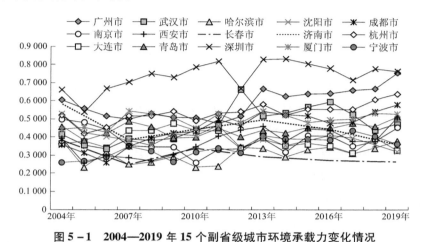

图 5-1　2004—2019 年 15 个副省级城市环境承载力变化情况

5.4　本章小结

本章首先阐述了城市可持续发展与城市环境承载力之间的联系，在一定程度上说明了研究城市环境承载力的迫切性；其次明确了与城市环境承载力的有关内涵；再次通过梳理城市环境承载力的相关文献，说明了城市环境承载力的国内外研究进展、相关特点；最后，通过印度尼西亚决定迁都的事件分析说明了环境承载力对一个城市的重要意义，以及通过熵值法计算得到的 2004—2019 年 15 个副省级城市的城市环境承载力水平。研究发现，东部沿海城市的环境承载力水平相较于其他地区较高，其中深圳市的环境承载力得分基本上都位居首位，杭州市、广州市、厦门市等城市的得分值也较高，中西部地区的城市环境承载力近几年有所提升，东北地区城市环境资源承载力较低，其中哈尔滨市、长春市、沈阳市等地区的环境承载力较低。基于此，本章提出了以下政策建议：

1. 不断优化产业结构

产业结构是经济发展、社会发展的重要支柱，其发展水平必须与经济发展速度协调适应。因此，必须进行产业结构的调整和产业布局的优化，使其与经济增长协调发展。对于东北和西部地区而言,应努力降低制造业、采掘业、建筑业等高排放、高污染产业的比重,逐步发展电子信息、原子能工业、航空航天、精密机床等技术密集型产业,逐步发展科学研究,对交通运输、教育文化、物流仓储等产业发展进行重点支持;对于沿海和中部比较发达的城市而言,应在原有基础上进一步引进先进技术,谋篇布局,培育和壮大新兴产业。

2. 加大环境保护力度

环境会直接影响人类的发展和城市的建设。人类发展与环境发展是相互依存、相互促进的,环境指标是影响城市环境承载力的因素。为了改善城市的环境承载力,各地要加强环保工作,特别是在环境污染治理方面投入更多精力,将资金、技术等需要的资源汇聚在此。要落实环保与环境污染总量控制责任制,强化重点地区、行业的控制与监测;更进一步深化工业固体废物综合利用、工业废水处理及生活废物处理的能力,温室气体排放进一步控制;改善环境质量,提升市民环保意识,进而实现经济增长与低碳发展的双赢。

3. 不断推动生态城市建设,建立城市循环经济体系

打破传统的"资源—产品—消费—污染排放"的经济发展方式是实现城市可持续发展的重中之重,也是万丈高楼平地起的第一步。不能仅仅注重发展城市的经济,却对城市的生态环境造成不可弥补的破坏。需要建立"资源—产品—废物—再生资源—再生产品"的循环生产模式。这样才能从根本上解决资源的浪费问题,实现整个经济体系和生产、消费过程资源的低投入、高利用,这是真正的治本之策。要尽一切可能最大限度减少环境污染物的排放,将其消除于生产过程中,达到废弃物资源化、减量化、无害化的目的。将循环经济理念融入中国的城市化发展战略与政策之中,构建循环经济系统,推行循环经济,是中国城市可持续发展的必然选择。

第 6 章 低碳城市建设的典型案例分析

人类的生产生活会带来气温的剧烈变化,导致人类赖以生存的资源与环境遭受破坏,资源约束问题日益突出,生态环境问题日益显著。当前,各国均力求在应对全球气候变化以及高质量经济发展之间找到平衡点。例如,化石能源的燃烧使用会产生较多的热量以及污染物,会加剧温室效应,威胁人类生存环境。为了谋求更长远的发展之道,各个国家都在通过探索提高化石能源利用效率、控制碳排放的措施以谋求更长远的发展。

这些措施的核心就是要实现"低碳"。所谓低碳,其实就是在生产生活、技术创造、经济发展等方面追求以较低的温室气体排放量来实现生态环境的和谐。城市是进行低碳转型的重要空间单元,是开展碳减排的主要阵地,也是精准高效管理碳排放的主要抓手。因此,从城市入手,调整产业布局,优化能源结构,促进生态改善,打造绿色低碳样板,具有重要意义。

"低碳城市"的概念最早于 2007 年提出,是以温室气体排放的最小化来实现产出和经济效益的最大化。低碳城市的建设是从经济和环境协调的角度出发进行的一项低碳经济发展举措。世界上许多国家都在积极打造自己的低碳名片,树立低碳城市典范,如德国的汉堡、日本的东京、丹麦的哥本哈根等。那么,这些城市在具体发展的过程中是如何探索低碳城市发展的,对于中国又有哪些借鉴意义呢?本章围绕上述问题,从以下几个方面展开讨论:

(1)德国汉堡——欧洲绿色首都的低碳发展路径。
(2)日本东京——岛国特色的低碳模式。
(3)丹麦哥本哈根——绿色能源领先者的低碳发展路径。
(4)中国的低碳政策、低碳试点以及低碳路径。
(5)国外低碳发展路径对中国的启示。

6.1 德国汉堡——欧洲绿色首都

德国作为工业大国,其新能源的研发、环保以及节能技术的发展与应用得到全世界的充分认可。汉堡作为德国海港大城，不仅是德国最大的港口，也是该国最大的工业区。虽然聚集着处于世界领先地位的钢厂、铝冶炼厂以及综合铜业集团，但汉堡具备完整的绿色网络，绿化效果显著，这与该地居民超前的环保意识是分不开的。汉堡在2000年时就已经通过了《可再生能源法》，通过补贴扶持以及市场竞价体系解决产能过剩问题的方式，为可再生能源的发展保驾护航，促进工业的生态化转型。作为低碳城市的发展样板，汉堡经验为全球可持续城市规划指引了方向，激发了各国打造低碳城市的决心与信心。

2010年上海世博展览会的"汉堡之家"让我们感受到了汉堡港口城"被动房"的美妙和谐。这座以极低能耗标准为特征的"被动房"，充分利用地热能、太阳能等可再生能源，让室内在没有空调和暖气的情况下也可以实现25℃左右的恒温，这不仅使取暖消耗的能源大大低于日常房屋所需的能源，而且建筑所消耗的外部能源也只占普通房屋的10%。"汉堡之家"的原型就是德国港口城市汉堡，其港口新城在规划之初就致力于打造一个"让生活和工作更美好"的符合老城区品质标准的样板世界。在发展低碳城市的过程中，该城市主要做了以下工作：

一是推进氢能项目的发展。以汉堡为中心的北德地区推出涵盖氢能生产、运输、应用等流程的多行业、多企业、多部门联动的区域氢能项目，构建"汉堡氢能网络"。一方面，汉堡港务局推动"氢港"应用项目的发展，为汉堡港交通路线的低碳转变制订了详细计划，不仅铺设加氢站以方便火车、船舶等交通工具的能源需要，而且积极建造使用氢能的动力设备。另一方面，能源回收中心（ZRE）的建立，使汉堡通过废物制氢项目（Waste to Hydrogen for Hamburg）来实现非物质残留物热回收发电的模式。同时对传统燃煤电厂关停实行招标式渐进方式，同时加以资金扶持。这一系列的举措彰显了政府、企业等多方共推氢能发展的决心与加速建设低碳城市的信心。

二是实践低碳型多式联运模式。在汉堡，为了缩短集散运输距离，在较长距离的主线运输时，一般会采取先水运、铁路运输，后在末段距离采取公路运输的方式进行。同时，所有的码头都配有铁路支线，正是因为铁路支线的便利性，汉堡港口铁路的集疏运量已占据总吞吐量的近1/3。为了巩固多式联运基础网络，使各项运输方式的衔接更加顺畅高效，汉堡也在积极主导规划建设货运中心。不仅如此，为了保障多式联运的运输效率，汉堡港口的物流区、作业区与生活区是相互独立的。

三是提高公众参与积极性。在降低碳排放的过程中，民众和企业的参与度对实现低碳成效具有关键作用，因此，在《汉堡气候保护条例》中便对汉堡居民在安装光伏系统以及使用可再生能源方面规定了两项义务。在屋顶上安装光伏系统是汉堡居民的义务，在供热过程中使用可再生能源也是其义务。而在公众的出行方面，大众交通工具的扩展成为重点，汉堡居民居家 300 米内一定会有大众交通工具的存在。

四是政府的重视与支持。汉堡政府在顶层设计以及具体实践中都体现出对低碳发展的关注。政策方面，汉堡市为了保障气候政策的有效落实，单独出台了《汉堡气候计划》，确定了私人家庭、交通、贸易服务以及工业这 4 个领域的减排计划。不仅如此，《北德能源转型 4.0 计划》的出台使得汉堡能够更好地平衡发电量与用电量。实践方面，德国每年都会投入固定资金用于环保，发起了国际绿色信贷，为环保节能的项目提供贴息贷款，在这个过程中制定贴息等办法规范绿色信贷，且以公平公正公开的形式招标。

五是鼓励企业进行环保投入。政府不仅鼓励企业对环保达标改造进行投入，而且鼓励私人的环保投资，以这种方式募集公众与私人基金来补充国家层面的资金投入。另外，政府机关调整采购政策，对能源利用效率高的绿色产品进行采购，以身作则带动绿色产业的发展。

通过一系列的低碳举措，汉堡市这个商船来往穿梭的港口城市已经实现了二氧化碳排放量的大幅度降低。在 1990 年时，汉堡的碳排放量为 2 070 万吨，一直到 2003 年，总量基本平稳，但从 2003 年开始，汉堡的碳排放量加速降低，在 2018 年时已减排 21.18%，且人均碳排放量已经从 1990 年的 12.5 吨下降到 2018 年的 8.9 吨。减排的成功离不开电力、建筑以及工业部门的贡献。电力部门的脱碳、降电耗、扩大可再生能源开发，建筑行业的新型建筑材料、天然气供暖比例的提高，工业部门的节能举措，都对汉堡实现低碳发展具有关键性作用。在未来的城市发展中，汉堡也设立了 2050 年的碳中和目标，并在供暖、气候、交通、建筑以及经济 5 个方面提出了推动低碳城市发展的具体举措。

6.2 日本东京——岛国低碳模式

日本受其地理位置的限制，致使全球变暖对日本的农业、渔业影响更大。在资源匮乏的背景下，日本约 95% 的能源需要依赖进口以保证供应。20 世纪 70 年代的大范围疾病源头就是因为排烟和排水带来的严重污染。20 世纪 90 年代，东京重工业快速发展，城市化进程出现高度集中化，产生了各种经济社会问题，这也促使日本开始实践循环经济政策，以更好地节约资源，保护环境，减少污染。

在这种背景下，日本对于能源的使用效率高度重视，对减碳工作也十分关注，积极推动减碳工作的进展，倡导低碳生活，主导建设低碳社会。东京作为日本首都，不仅在经济发展上具有重大影响力，在探索可持续发展的路径中也是独树一帜，是较早做出低碳城市探索的地方，在打造低碳城市的过程中，东京主要做了以下工作：

一是形成法律、政策、规划等层面的支持。1979 年，日本就已经实施《节约能源法》；2000 年，颁布了《建立循环型社会基本法》，这说明日本已经成为循环经济法制化的先进国家。2003 年日本着手制定了促进创建循环型社会的基本计划；4 年以后，"低碳社会"的建设目标在《21 世纪环境立国战略》中提出。2007 年，《东京气候变化战略：低碳东京 10 年计划的基本政策》的发布对东京应对降低碳排放以及气候变化的规划进行了详细阐述。东京致力于打造低碳城市，将自己树立为日本全面减排方面的模范。2010 年 8 月的《低碳城市建设指导手册》，以及 2012 年 8 月的《城市低碳化促进法》都从国家层面为东京的低碳城市建设指明了方向、目标以及方法。

二是倡导低碳交通。东京交通的首选方式是以轨道交通为主，地面公交为辅。这种交通结构能够保证速度、准时、承载量、低碳、安全等要求，符合资源节约型交通。不仅交通结构完善，相应的配套措施也足够便捷高效。与此同时，东京也在以优惠政策的方式来大力推广新能源汽车以及小排量汽车的使用。另外，智能低碳交通也在降低交通运输的能耗以及减碳方面做出了重要贡献，VICS、ETC 和 VMS 等智能交通技术的应用能够通过路况屏以及可变信息板显示的旅行时间和路段长度来提高车辆的驾驶速度，且能够保障汽车及时避开拥堵路线，减少能源消耗。

三是提高民众的参与度。日本东京将低碳的理念贯穿于各个领域当中，倡导低碳生活，将减排任务分解至家庭中。2006 年东京通过能效标签制度，将家电的节能效果进行等级划分，并鼓励消费者购买环保产品，尤其是推行节能灯的使用。2009 年，东京创新性地通过"能源诊断员制度"来培养熟知节能减排政策与措施的专业人士，为家庭设立具体减排目标以及详细实行方案。另外，东京鼓励以与家装公司合作的方式提高民众对低碳城市建设的参与度。

四是清洁能源的使用。对于自然资源极度匮乏的日本东京而言，实现经济低碳发展的重中之重就是能源清洁化。东京自身的资源禀赋限制了其发展进程，因此东京把注意力转移到大力开发清洁能源。在探索日本低碳典范城市的过程中，日本积极研发风能、水能、生物能以及太阳能等，推动沿海风力发电，探索潮汐发电、发热，在2014年时实现可再生能源发电比例达到了11%。与此同时，日本通过对绿色能源的研发，利用低碳信息化开拓低碳新领域，对现有建筑进行节能翻新，且推广"零耗能住宅"。这些举措为低碳东京提供了重要基础与动力。

五是提高工商业机构节能水平。2006年的《东京减排计划》中提出，商业机构提出的减排计划需要由政府进行评价和定级，定制化地推动商业机构的减排行动。在企业生产方面，政府帮助企业搭建技术基金平台进行结构升级，推广节能技术。在机制创新方面，东京从政策层面强制性规定减排目标，从市场方面建立碳总量排放体系，并有针对性地涵盖到对排放需求比较大的工商业机构。在绿色技术创新方面，东京发展绿色商业，大量资金投资于绿色建筑以及可再生能源项目。

日本东京将低碳的理念贯穿于各个领域当中，倡导低碳商业、交通以及生活，政府起引导作用，市场发挥资源配置功能，将减碳的任务分解至家庭、城市建筑、企业、交通等主体，构建出涵盖多方主体的综合性低碳社会体系，定制化地评价工商业的减排目标，积极推进公共交通体系建设，提高可持续能源的使用占比，提高民众、企业、行业的低碳意识。日本已经发展成为世界上发展节能、开发新能源最先进的国家，垃圾发电、地热、风能、太阳能等均处于世界顶尖水平。东京不仅在政府层面出台管理规定以促进低碳城市建设，更是将"低碳"的概念深植群众心中，提高国民对能源开发、能源利用、节能政策、环保产业的重视，从自身做起，加入低碳转型的工作中。东京已经有80%的人员乘坐轨道交通出行，这也体现出民众在东京低碳建设中的重要作用。

6.3 丹麦哥本哈根——绿色能源的领先者

2008年，作为低碳发展典范的丹麦首都哥本哈根已经凭借自身高质量的生活方式以及环保举措入选世界20个最佳城市，是世界上首个宣布碳中和目标的城市，且作为世界闻名的"自行车之城"，哥本哈根通过铺设总长375公里的专用自行车道、开设自行车渡轮、规划公共交通优先模式等措施实现碳减排。在这种模式下，哥本哈根主要做了以下工作：

一是政府政策支持。哥本哈根在碳排放上取得的成就有目共睹，这与其在目标规划设定上有重要关系。在2009年的《哥本哈根2025年气候规划》中，哥本哈根市就已经提出碳中和城市的建设，并且具体提出分两步来建成碳中和城市。与此同时，政府推出"灯塔计划"，不仅在交通、能源等领域推出特别举措以应对哥本哈根气候变化，而且通过碳核算以及中期评估等方式跟进。

二是发展绿色交通。丹麦哥本哈根在《哥本哈根气候计划》中提出要重点发展绿色交通。1995年，政府设立"城市自行车系统"，改进城市街道环境，提高空间利用率；修建自行车"超级高速公路"，将自行车与步行交通整合为以轨道交通为骨干的公交体系；在中心城区对小汽车交通进行控制，新型城际线公交车5C将全面使用以沼气为燃料的新型碳中和公交车，有利于减少噪声污染以及空气污染。与此同时，海上交通的绿色化发展也在持续，推出改良版的以电力为驱动的新型公交船。这些举措大大助推了哥本哈根市民选择绿色出行。

三是公众低碳意识的提高。在提高公众低碳意识方面，哥本哈根政府也是下足了功夫。不仅通过宣传、培训等方式提高民众的低碳概念与实践能力，而且以"灯塔计划"为契机，培养新一代的"气候公民"。家庭中的主要能源消耗者就是儿童和青年，且他们影响着家庭成员的生活习惯以及对气候变化的感知。对哥本哈根而言，培养"气候公民"这一举措成为气候政策中关键性的环节。与此同时，哥本哈根鼓励家庭使用节能灯；鼓励把电子钟更换成发条闹钟；鼓励户外锻炼，少使用跑步机；鼓励衣服自然晾干；电费推行阶梯收费。

四是热电联产技术的应用。丹麦是区域供热比例最高的国家，哥本哈根依照自身的集成系统优势——区域能源智能耦合，广泛推广了热电联产（CHP）技术，目标是希望将所有的燃煤电厂转化为生物质能燃料电厂，长期目标是实现以地热能源进行区域供暖。区域内部集中的制冷与供热系统，以及电联产技术的应用，提高了哥本哈根市的能源综合利用效率。热能的产生主要是通过网络式的水管连接城市住宅，利用先进的垃圾焚烧站、工业余热等供热。CopenHill垃圾焚烧厂地标建筑就是"废物能源转换站"的代表。城市降温方面主要是通过海水循环至家庭以及工厂的方式给城市降温。

五是节能建筑的发展。为了推动哥本哈根的低碳建设，该地区大力推广节能环保型建筑。通过噪声控制、温度控制、通风以及照明这4个维度对建筑进行节能管理。哥本哈根规定城市内所有的建筑都必须是符合节能标准的，政府也会设立专门的资金对现有建筑进行节能改造。哥本哈根对门窗的封闭程度以及房屋的保温层都有严格的要求，墙壁的中间层是特殊的保温材料，以达到夏隔热、冬防寒的效果。

作为世界上最适合居住的城市，哥本哈根实现了"黑色能源"向"绿色能源"的转变，用了约25年的时间，将可再生能源的产能占比从5%提高到70%，成为当之无愧的欧洲绿色之都，也是绿色经济的典范。哥本哈根在可持续发展上的正确规划以及"以人为本"的理念，对这座"理想之城"的构建起着重要的开端作用。在哥本哈根周边，随处可见风力漩涡轮、太阳能面板、自行车等。与此同时，节能建筑的发展、新能源的开发以及垃圾回收率的提升也都是哥本哈根重要的节能减排措施。将绿色环保政策付诸实际，创造低碳和谐的生活环境，是哥本哈根多次入选"最宜居城市"，被授予"全球最绿色环保城市"的重要原因。

6.4 低碳城市建设的中国实践

中国经济的快速发展伴随着巨大的能源消耗，中国的碳排放量已经位居全球首位，与此同时，中国也面临着能源短缺的问题。而中国正处于城镇化发展的关键时期，这就意味着更大的资源消耗。在这种背景下，已经是碳排放大国的中国，将来仍然会不断增加碳排放量，这进一步加剧了中国在减排过程中面临的压力。中国已经明确提出了"碳达峰"以及"碳中和"的双碳目标，这也表明经济转型中的中国面临着经济与碳排放之间的协调，节能减排已经成为中国新时期经济可持续发展的战略需要。

节能减排措施的施行表明中国正在积极推进生态文明建设。这种经济发展要求由之前的高速度向高质量转变，这不仅体现在生产和消费领域的环保措施，也体现在社会文化领域的可持续性规范，以及经济社会发展过程中的动力机制。而低碳城市作为重要的空间单元，其试点工作的开展，是我国应对气候变化，实现双碳目标，推进生态文明建设的重要抓手。

低碳城市在高质量发展的目标导向下，为我国城镇化发展过程中由"速"向"质"的转变提供了低碳路径，体现着我国社会主义现代化进程的核心要义，探索不同类型城市之间的低碳转型之路，有利于促进人的全面进步与社会的和谐发展。

6.4.1 低碳城市建设的相关政策

中国低碳城市建设相关政策如表 6-1 所示。

表 6-1 中国低碳城市建设相关政策

年份	文件	内容
2011 年	《"十二五"控制温室气体排放工作方案》	大力开展降低能耗的工作，政府、企业以及群众多方参与其中，形成多方合力，共促温室气体减排工作的局面
2013 年	《低碳产品认证管理暂行办法》	提高全民应对气候变化的意识，规范低碳产品的认证，引导绿色低碳生产与消费，为低碳产品的市场发展保驾护航
	《大气污染防治行动计划》	为全国防治大气污染工作指明了方向
2014 年	《2014—2015 年节能减排低碳发展行动方案》	提出加快建设节能减排降碳工程，狠抓重点领域节能降碳，积极推行市场化节能减排机制，加强监测预警和监督检查以及落实目标责任等具体措施
	《国家重点推广的低碳技术目录》（2014）	从技术层面建立了低碳产品标准、标识和认证制度
	《碳排放权交易管理暂行办法》	为建立全国碳排放权交易市场提供了规范依据
2015 年	《大气污染防治法》	对公民的低碳环保生活方式做出了规定
	《工业企业温室气体排放核算和报告通则》	对工业的碳排放进行管理，规定了钢铁、民航、水泥等 10 个重点行业有关于温室气体排放的 11 项国家标准
	《大气污染防治法》（2015 年修订版本）	首次提出大气污染物以及温室气体协同控制的原则性条款，也是首次在大气污染防治立法中涉及温室气体
2016 年	《"十三五"控制温室气体排放工作方案》	提出低碳引领能源革命、打造低碳产业体系、推动城镇化、区域低碳发展以及建设和运行全国碳排放权交易市场等举措
2019 年	《碳排放权交易管理暂行条例（征求意见稿）》	利用市场机制控制温室气体排放，推动低碳建设发展，促进经济社会可持续发展
2021 年	《关于加快建立健全绿色低碳循环发展经济体系的指导意见》	发布以调整产业、能源及交通结构，提高绿化以及清洁生产水平，减少污染物与碳排放，完善法律法规政策体系

不仅如此，我国的《循环经济促进法》以及《清洁生产促进法》，都为绿色低碳建设奠定了法律基础，尤其是具有经济法、环境法以及行政法属性的《循环经济促进法》更是对多领域多部门的低碳发展立法具有重要启示意义。不仅在低碳生产的立法制度上有推进，《政府采购法》的出台，也从政府角度以身作则，引领低碳消费。

中国从法律层面推出的各项措施，完善了中国在建设低碳城市过程中的顶层设计，从国家层面提高对"低碳"的重视，明确在低碳社会建设过程中的"可为"与"不可为"，让各级政府在制定具体措施的时候有参考依据，也激发了群众响应低碳建设的热情。这些政策、法律、法规为我国探索低碳典范建设提供了有力保障。

6.4.2 低碳城市试点

随着工业化进程引发的巨大能耗，城市在低碳发展过程中成为日益重要的行动单元和责任主体。低碳城市成为我国城市转型的重要抓手，低碳城市试点正是国家发展改革委为了探索中国特色低碳城市发展而设立的"试验田"，走在我国低碳社会发展的前列，是我国为了应对气候变化而进行的新城市规划的尝试。这些低碳试点城市身兼重任，对于我国由点到线，由线到面，大范围宽领域地发展低碳城市具有不可替代的作用。

自从低碳城市的概念出现以后，国家为了控制温室气体的排放量，对部分城市开展低碳试点工作，主要选取的是发达城市。因为发达城市有足够的空间进行绿色低碳的发展探索，并在全国分批次进行低碳城市试点的建设工作。在具体的建设过程中，政府是低碳试点城市规划与建设的主体，由政府从宏观层面进行方向指引，并在中观层面进行推广，在微观层面进行技术与资金的支持。中国低碳试点城市如表 6-2 所示。

表 6-2 中国低碳试点城市

时间	批次	具体省市	意义
2010年7月	一	广东、辽宁、湖北、陕西、云南五省和天津、重庆、深圳、厦门、杭州、南昌、贵阳、保定8市	这些低碳试点城市因地制宜地制定其低碳政策，编制低碳规划，建立低碳行业体系，倡导低碳生活方式。此时，中国特色低碳发展道路被列入"十二五"规划，成为我国政府的重大战略

续表

时间	批次	具体省市	意义
2012年11月	二	包括北京、上海、海南和石家庄等29个城市和省区	提出具体的碳排放路线图以及碳排放峰值，推动产业结构、资源结构转型与技术创新的进步
2017年1月	三	内蒙古自治区乌海市等45个城市（区、县）	建立了温室气体排放控制的考核制度，并对考核责任主体的减排任务进行跟踪评估，同时推行了相应的产业、税务、技术政策

6.4.3 低碳城市建设路径

中国作为人口大国，自然需要更多的能耗来支持正常的生产运行，如何在社会发展与能源消耗的天平之间找到平衡点任务艰巨。我国在促进低碳城镇化的进程中，不仅仅需要在生产方面提高效率，以最小化的能源消耗来达到最大化的城市建设；更需要改变消费者的需求方式以及生活方式，形成"人人知晓低碳，人人践行低碳"的社会氛围。这就需要宽领域、多层次地进行低碳转型，不仅仅涉及产业，更关系到人民的衣食住行。低碳试点城市作为践行中国低碳化的先行者，其低碳路线图各有千秋，但殊途同归，中国的低碳试点发展路径主要包括低碳产业、低碳交通、低碳生活以及低碳建筑等方面。

1. 低碳产业

低碳减排的主要途径就是进行产业结构的调整。对于传统产业而言，由于其产业结构固化，实现低碳发展的转型路径，更重要的是需要借助技术的手段来提高煤电厂捕捉、储存碳的能力；其他产业可以通过产业结构的调整优化，积极发展低碳产业，推进绿色经济进程。如天津在进行低碳建设后，开始着重关注产业布局的优化，已经以环保节能类的技术转化产业以及绿色建筑和现代服务业为主，以更优质的产业结构倒逼城市的绿色建设。而就我国首个低碳国际合作示范区——深圳而言，其产业结构中的服务业以及制造业均是以低碳化为主，不仅如此，深圳也十分重视对于低碳新设备、材料以及技术的布局，通过产业升级减少碳排放，发展低碳经济。这也证实了城市在发展低碳的过程中，要通过促进产业结构调整带动能源结构调整，减少一次能源使用，提高清洁能源占比，如"中国太阳谷"德州，就是注重清洁能源的开发来推动低碳产业的发展。

2. 低碳交通

低碳交通的概念在丹麦哥本哈根的会议中首次被提出，提倡的是更加舒适、安全、高效的交通出行方式，追求的是经济社会发展与交通低碳化的平衡与协调。交通作为国民经济发展过程中的先导性产业，也是温室气体排放的重要领域，其减排任务是十分艰巨的，低碳化发展是十分必要的。中国发展低碳交通的思路是由近及远。短期内主要是发展公共交通，减少私家车使用，采用低碳燃料且性能优良的车辆，就像我国的电动燃油双模汽车以及纯电动汽车。从长期来看，主要是发展使用氢能、电能等新能源交通，从交通动力源上减少二氧化碳排放。不仅如此，对于居民的出行方式，也采取积极的方式主动引导居民环保出行，尽量步行、乘坐公共交通。如上海使用的清洁能源公交，天津的绿色交通，以及杭州的公共自行车项目等。

3. 低碳生活

政府在低碳建设中起到主导作用，公众却是低碳建设中的实践主体，提高公众的环保意识，以及碳排放行动的紧迫感，对于发展低碳经济而言是势在必行的。公众意识到自身在低碳社会建设中的重要作用，才能实现低碳理念的普及以及低碳政策的落实。我国低碳发展水平领先的上海，在2013年的时候就出台了《上海市2013年市民低碳行动方案》，将家庭、学校、企业等多方主体连接成低碳网络，提出具体的低碳行动指南。不仅如此，上海已经在各单位推行低碳社区、实践区的申报工作。深圳作为最早开展城市GEP（生态系统生产总值）核算的城市，在2021年发布《深圳碳普惠体系建设工作方案》，构建全面参与运营的碳普惠体系，让居民能够在日常生活中，通过自身实践行动助力低碳城市建设。《广州市生态文明建设"十四五"规划》中也倡导居民保持绿色健康的生活方式，并对居民低碳出行建立激励机制。

4. 低碳建筑

发展绿色建筑是在保证居民住房质量的前提下进行低碳化的重要举措，对于全方位迈进低碳社会具有重要意义。对于绿色建筑而言，最可行的路径就是在建筑过程中推广新能源的使用，降低大型公共建筑的能耗，推行节能住宅，从建材的选取，到建筑的设计与构造，整个环节中都坚持低碳标准，提高可再生能源的占比。深圳市的绿色项目在全国范围内处于领先水平，已经成为绿色建筑领域的先锋城市。中建科工大厦采用20多项绿色建筑技术，是深圳市首座全钢结构绿色建筑，围护结构热工性能良好，玻璃太阳得热系数相较于国家建筑节能设计标准而言提高了 10%。与此同时，该项目采用太阳能光伏发电系统，应用建筑信息模型（BIM）技术，不仅节约水、煤，还减少了二氧化碳排放。

6.5　国外低碳建设对中国的启示

当前我国在推进城市低碳化的进程中，全面开展二氧化碳的减排工作，不仅优化产业与能源结构，而且提高能源资源的使用效率，倡导绿色生产与消费模式，在探索城市低碳化发展的道路上已经取得了一定的效果。但是我们也应该看到，在中国城市低碳式推进的过程中，相关的政策仍有待完善，政策的颁布与落地之间存在差距；低碳化建设的考量体系有待细化，不仅应该包括 GDP、城市化率等指标，也应该将绿色与环保的相关指标纳入体系中，如绿化面积、公共交通乘坐率、绿色项目占比等；另外，碳交易市场与机制有待健全，碳交易市场作为实现"双碳目标"的核心政策工具，合理的政策设计有利于对经济主体进行疏导，利用市场机制实现碳排放的商品化，以达到控制二氧化碳排放，推动经济绿色转型的目的。

正所谓，他山之石，可以攻玉。对于还处在低碳城市建设探索期的我国而言，积极学习国外的经验是十分必要的。在国外经验的基础上结合我国实际情况进行优化改进，是加快我国实现双碳目标的有效途径。无论是德国汉堡、日本东京还是丹麦的哥本哈根，在低碳建设过程中都有共同之处，如政府的支持、民众的参与度、清洁能源的利用等。但这三座城市的地理位置、资源禀赋、发展水平等存在差异性，其措施都有着自身的特性，如汉堡的低碳多式联运、东京的提高工商业机构节能水平以及哥本哈根的热电联产技术的应用。因此，中国需要合理借鉴国外的低碳发展路径，特性与共性共存，分区域、分步骤、分时期渐进式地推动低碳化的进程。总体而言，主要有以下几个方面：

1. 在立法层面鼓励低碳行为

中国虽然针对低碳建设也有相应的政策出台，但是政策文件的数量以及质量仍有待优化。而通过分析汉堡、东京以及哥本哈根的低碳建设，我们发现，三者的成功之处均离不开政府的支持。他们的经验也表明，绿色发展有法律以及执法体系做有力保障，能够从国家层面宏观调控与指引低碳建设。完善绿色低碳相关的法律法规，不仅可以对企业以及民众的行为进行约束，而且可以以政府的力量推动发展清洁能源计划，大力开发低碳技术。我国在制定相关的城市低碳发展规定时，应该依据各个城市的资源条件以及地理位置等因素制定合理政策，奖惩分明，为低碳生产和消费提供激励政策，对污染环境、浪费资源的企业给予重罚并征收费用。

2. 以绿色发展的政策工具进行激励

目前，我国的绿色经济发展政策工具主要是排污税交易、政府采购、绿色信贷、环境税以及补贴等。参照国际成功案例，我国可以采取财政治理的方式设立"碳预算"来进行碳治理，这是奥斯陆市首创的方式，将碳排放视为财政，贯穿于"碳预算"的规划、设置以及中间的落实和后期的监督环节，有效控制并拆解"碳预算"目标。另外，哥本哈根"灯塔计划"中通过"碳核算"跟进各领域的碳排放进程的方式也值得借鉴。中国可以在各省市区制订年度财政计划时也制订"碳排放计划"，用以指导全年的碳排放水平，在年初就对二氧化碳的排放量进行预期估计与约束，以更好地推进减排工作的开展。

3. 多式联运的交通网络低碳化发展

低碳城市的建设应该抓住交通运输业的"牛鼻子"，不仅要体现在发展公共交通上，也应该学习德国汉堡的低碳多式联运方式，针对不同的距离，设置不同的交通工具组合方案，依照不同的路况以及路程动态地调整最优的交通工具。与此同时，也应该在选择交通工具的时候，落实新能源公交大巴、私家车的推广。丹麦哥本哈根的"城市自行车系统"也启示中国应该考虑全面建设自行车以及步行轨迹的交通系统，鼓励民众通过这种方式绿色出行，同时锻炼身体。总之，对于交通的低碳式发展，应该灵活地选择并组合交通工具，还应该提高新能源燃料工具的使用，规模化地推动可再生能源发展。

4. 回收废物能源与完善循环数据库

一方面，丹麦哥本哈根具有区域能源智能耦合的集成系统优势，这也促进了热电联产技术成为该城市发展低碳的创新之举，这保证了能源的高效使用。但是区域供热对地理位置有要求，在国内可以调研适合集中区域供热的地方应用类似技术与方法。另一方面，哥本哈根利用垃圾焚烧站以及工业余热进行供暖的方式也是值得借鉴学习的，这充分利用了废物能源，节约又环保。对于企业内部，要想实现物料的循环交易，需要像开普敦一样建立一个跨行业的循环经济数据库，充分汇总废料的供给以及循环材料的需求，这有利于资源利用效率的提高。

5. 提高新能源研发投入与使用占比

能源在影响城市碳排放中有着举足轻重的作用，积极优化能源结构对于推动低碳建设是十分必要的。一方面可以限定传统能源的使用额度，通过技术提高煤炭的利用效率；另一方面可以开发水能、风能、太阳能等清洁能源。德国汉堡在低碳建设的过程中就非常重视氢能的使用，中国也可以通过发展氢能项目，制造氢能动力设备，或以废物制氢能等方式提高氢能在能源结构中的占比。还可以借鉴丹麦哥本哈根的方式制造风力涡轮、太阳能面板等清洁能源设备。新能源的探索是低碳化建设中至关重要的环节，也是经济社会高质量发展所必需的。

6.6 本章小结

本章对一些低碳城市建设的典型案例进行了分析，依次以德国汉堡建设欧洲绿色首都的低碳发展路径、日本东京独具岛国特色的低碳模式和丹麦哥本哈根的绿色能源领先者的低碳发展路径为蓝本，围绕如何建设低碳城市进行了讨论。国外低碳城市建设在立法层面鼓励低碳行为，以绿色发展的政策工具进行激励，采取多式联运的交通网络、回收废物能源与完善循环数据库、提高新能源研发投入与使用占比等措施实现低碳化发展。这些经验可为中国城市选择低碳发展路径带来启示。在结合了中国城市低碳发展建设的有益实践基础上，本章从低碳城市建设的相关政策、低碳城市试点、低碳产业、低碳交通、低碳生活以及低碳建筑等多个维度，探讨分析了中国未来低碳城市建设路径，并提出了政策建议。

第7章　中国城市化进程与节能减排的实证研究

可持续发展作为中国发展的战略目标，要求中国在发展过程中要同时注重经济规模和环境保护，而中国经济规模的重要体现之一便是城市化发展水平。因此，加速城市化发展与推动节能减排是中国未来一段时间发展的两项重要任务，也是实现经济转型调整的必经之路。随着中国近年来经济水平的提高，越来越多的人口为了追求高水平工资和更加完善的基础设施涌入城市。对当今时代备受关注的节能减排问题而言，城市化水平的提高究竟是重大利好，还是沉重负担，是一个非常值得探讨的现实问题。

节能减排对我国发展发挥着至关重要的作用，可以改善人民生活环境，提高人民福利，促进人民身体健康；同时，还可以为国家实现长久可持续发展奠定基础，展现出负责任的大国应有的责任和担当，为全人类的幸福做出贡献。由我国城市化水平的发展状态和城市群的发展战略来看，未来一段时期中国将重视利用这些城市群（如长三角、珠三角、京津冀）来带动其他地区甚至全国的发展，工业化、城市化的发展将为节能减排带来较大压力。因此，我们希望实现追求城市化带来正效应的同时，还能实现能源消耗与污染排放的最小化，达到城市化发展与节能减排的"双赢"状态。

从我国的现实情况来看，城市化进程的推进已经成为我国经济发展过程中的必经之路。但在城市化快速发展的同时，能源消耗与环境污染都成为东、中、西部三大地区发展中出现的严重问题。这也使本章提出如下疑问：城市化发展过程中对节能减排究竟具有怎样的效应，带来的影响究竟是正向还是反面的？这需要通过严谨规范的分析和稳健的实证检验才能够得出结论。因此，厘清城市化对能源效率的影响机制，验证城市化对节能减排效率的作用机制，对中国实现高质量的城市化发展具有至关重要的意义。本章围绕上述问题，从以下几个方面展开讨论：

(1) 中国城市化如何影响节能减排？
(2) 中国城市层面的节能减排效率呈现怎样的变化趋势？
(3) 中国城市化影响节能减排的机制是什么？

7.1 城市化与节能减排相关研究

2021年，国家统计局发布了《中华人民共和国2020年国民经济和社会发展统计公报》，公报显示截至2020年年末中国常住人口城镇化率超过60%，城市化已处于中等水平。城市化水平提高在带动经济发展的同时，也带来了资源环境方面的问题。作为世界能源消费大国，中国节能减排压力不容忽视，需要在城市化发展和节能减排之间协调出一条共赢的道路。从图7－1可以发现，自2000年以来，中国在城市化水平上升的同时，能源消费总量不断上升，三废的排放也呈现上升趋势，可见处理好城市化的发展与节能减排之间的关系有一定的必要性。

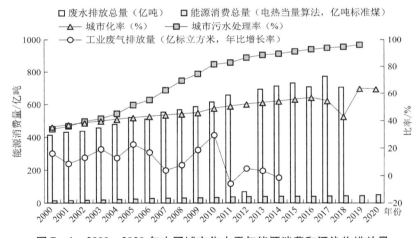

图7－1　2000—2020年中国城市化水平与能源消费和污染物排放量

在城市化发展的背景下，2005年全世界仅运输部门就消耗了全球一半以上的石油，占全球能源相关排放量的1/4左右，而到2030年世界交通能源的使用和排放预计将增加50%以上，这对节能减排以促进可持续发展提出了巨大挑战。由此可见，节能减排的目标不仅是中国必需，更是全球努力的方向，中国城市化快速发展的过程中，节能减排的压力不可忽视。

7.1.1 城市化的发展进程

经济发展往往伴随工业化和城市化的进程,自英国工业革命以来,越来越多的人口从农村向城市迁移,全世界也出现了越来越多的城市,同时也涌现出大量学者对城市化进行研究。目前已有的对城市化的研究文献大致可归纳为城市化的原因及定义、城市化发展的经验模式。为全面综述相关文献,下面也将从这两部分展开。

马克思和恩格斯被认为是最早使用并明确"城市化"一词的学者,随后大量学者对此展开研究。Zhang(2011)指出城市化除了空间上的转变,还包括人口的生活方式和生活环境的转变。可见城市化由多种原因引起,同时"城市化"一词除了指人口从乡村往城市迁移外,还涵盖了人口生活方式的转变过程。

城市化的进程,不仅要适应当地的经济发展水平,更要符合一个国家的经济发展现状,此外还会受到一个国家的政策条件、时代背景等因素影响。城市化的进程要符合当地的经济发展水平。Ma(2012)指出,中国改革开放以来经济快速发展,经济快速增长与城市化同步。如今中国经济发展已经步入新常态,城市化已步入中等水平,因此当前城市化发展的经验模式也要考虑到国家发展现状。Li 等(2020b)指出,快速发展的城市化带来了出现较多留守儿童的问题。可见,城市化的不同路径,要结合时代发展的背景和中国经济发展现状,同时还要结合城市化过程中出现的问题来总结经验,在提高城市化水平的同时要减少相关问题的出现。

7.1.2 城市化进程中的节能减排

伴随着我国经济政策的发展,自 2007 年以来与节能减排相关的文献研究数量明显增加,大量学者从理论研究和实证分析等多个角度分析论证我国推行节能减排的必要性和可行性。Guo 等(2017)认为,在改革开放的背景下中国经济实现了快速的增长,但与此同时也带来了巨大的能源消耗和污染排放,他们通过实证研究得出结论,我国各地区的节能减排还普遍处于较低的水平,推动落实环境保护、减少污染排放已然成为我国高质量发展中亟待解决的重要问题。Domazlicky 等(2004)则在其相关研究中利用定向距离函数对环境保护与工业生产率之间的关系进行了实证分析,研究表明并无确凿证据可以证实环境保护的措施会降低生产力的增长,这一结论对纠正节能减排误区、促进地区发展、落实环境保护有重要意义。Li 等(2019)将修正的基于 Epsilou 的测度 DEA(Data Envelopment Analysis,数据包络分析法)和不良输出相结合,提出修正的不良(EBM)DEA 模型来分析中国新能源和传统能源的效率,发现 2013—2016 年我国大部分省市新能源投资快速增长,此研究结论证实了我国节能减排政策的落实具有一定成效,表明相关方面的发展有较高的可行性。

基于上述研究,不少学者通过构建模型进行实证分析,探究实现节能减排的多种方式,主要立足于技术进步、工业发展、经济转型等领域。Wang 等(2019b)提出为顺应节能减排降低污染的发展政策,电动汽车与传统汽车保有量之间要符合一定的比例,同时清洁能源发电量也要相应提高以匹配减碳的目标,其研究从新能源技术发展的角度出发探索了节能减排发展路径。Xu 等(2015)利用非参数加性回归模型和省级面板数据检验中国工业化与城市化发展对二氧化碳排放的影响,其研究结果表明工业化发展与二氧化碳排放之间存在着"倒 U 型"非线性的关系,为从工业发展角度出发落实节能减排提供了重要的理论依据。此外,较多学者从经济发展的角度出发,认为三大产业的发展结构与碳排放的强度之间存在较为密切的联系,引导国家在发展过程中注重经济的转型升级从而推动节能减排有效落实(Wang et al.,2018),在产业结构优化升级的同时注重发挥城市化的产业效应带动提升成熟城市群的碳排放效率,有助于促进节能减排,落实环境保护(Liu et al.,2018)。

7.1.3 城市化与节能减排

不少学者认为城市化的发展与能源的消费强度之间存在着密切的关联,Sadorsky(2013)通过实证分析得出结论认为收入每增加 1%,能源强度就会降低 0.35%~0.45%,且城市化的发展对地区能源强度的影响是混合的,不同阶段的城市化水平对能源消费的影响不尽相同。Poumanyvong 等(2010)通过构建人口、富裕和技术回归的随机影响(STIRPAT)模型,利用 99 个国家 30 年的平衡面板数据进行了实证分析,其研究结果证明城市化对能源使用与污染排放的影响因其发展阶段而异,且城市化的发展减少了低收入群体的能源使用,却增加了中高收入群体的能源使用。由此可见,城市化的发展对节能减排的影响机制较为复杂,两者之间存在较为密切的关联。

在此基础上,对城市化与节能减排相关领域的研究也逐渐增多,大量学者从伴随城市化发展而产生的诸多相关因素出发，探究技术发展、经济集聚、产业结构升级与能源消费和节能减排之间的关系。Lv 等（2020）利用 1997—2016 年中国 30 个省份的面板数据进行实证分析，研究得出节能技术的应用、产业结构的升级对于节能减排有明显的促进作用。Yao 等（2021）将城市化划分为多个维度，提出包括人口城市化、土地城市化、经济城市化在内的多维度城市化对 CO_2 排放的不同影响，其研究表明大中小城市的经济城市化对节能减排有明显促进作用，而特大城市则相反；人口城市化促进了小城市与特大城市污染排放量的增加；土地城市化对小城市与大城市节能减排有负面影响，却促进了大中城市的环保发展。由此可见，经济发展的结构和规模会影响节能减排的发展进程。此外，不少学者认为城市结构对当地空气污染的程度有着重要的影响，城市发展过度碎片化不利于经济主体集中处理废弃物，这一类城市发展过程中 NO_2 与 PM_{10} 的排放浓度较高。Otsuka 等（2014）基于日本能源消耗的县级面板数据进行实证分析，研究结果表明当地生产力的增长提高了能源使用效率，而集聚经济则是生产力增长的重要动力，综上表明经济的集聚化发展可以促进地区能源使用效率的提高。Lin 等（2021）在机理分析的基础上提出经济集聚效应、产业结构效应和技术进步效应会作用于新型城镇化发展，对城市节能减排有着重要的影响和作用。Wen 等（2021）通过实证分析得出结论认为金融结构的优化升级对节能减排有重要的影响，以市场为基础的金融结构可以降低能源强度与碳排放强度，且这一影响效果在我国中西部地区格外显著。

从经济学视域来看，作为中国经济转型发展过程中的重要推力与目标方向，城市化与节能减排之间也存在着不可忽视的内在联系。城市化发展具有双重效应。一方面，城市化快速发展，吸引地区人才集聚和投资流入，推动当地科技进步，能源使用效率提高，带动资源循环使用，同时促进产业结构调整，有助于促进节能减排的效率提高，同时物质生活的丰富也会使人们更加重视生态，助推经济发展的同时注意资源环境的利用，表现出对节能减排的积极作用，城镇化可以促进资本等生产要素集中，增强经济集聚效应（Chen et al.，2018），节约生产成本，促进要素合理配置，有利于减少能源消耗（Sadorsky，2013）；另一方面，人们利用自然资源生产所需的产品，将增加家庭能源消耗，并在这个过程中排放大量的污染物（Bai et al.，2018），从而对节能减排产生不利影响。

7.2 中国城市节能减排效率测算与分析

7.2.1 中国城市节能减排效率测算方法

现有文献对绿色全要素生产效率的估计主要有指数法、索洛残差法和前沿分析法，其中前沿分析法包括 SFA（随机前沿分析）方法和 DEA（数据包络分析）方法。DEA 相较于其他估计方法同时具备 3 个主要的相对优势：①非参数化估计避免了函数形式等误设带来的主观偏差；②对投入、产出要素的价格信息不做要求，将没有价格信息的非期望产出（如污染等）考虑在内；③可处理多投入、多产出的情况。

Super SBM-DEA 模型由 Tone（2003）提出，该模型处理了单个决策单元（DMU）即各个地级市中出现的投入盈余和产出短缺（投入与产出松弛）与结果无法评价排序的问题，同时它对每个 DMU 的测量不被整体数据集所影响。该模型通过线性规划来估算 DMUs 的效率值，公式如下：

$$\rho^* = \min\rho = \min \frac{1 - \frac{1}{m}\sum_{i=1}^{m} s_i^- / x_{io}}{1 + \frac{1}{s_1 + s_2}\left(\sum_{\alpha=1}^{s_1} s_\alpha^g / y_{\alpha o}^g + \sum_{\alpha=1}^{s_2} s_\alpha^b / y_{\alpha o}^b\right)}$$

$$s.t.\ x_o - X\omega - s^- = 0, y_o^g - Y^g\omega + s^g = 0, y_o^b - Y^b\omega + s^b = 0$$

$$\omega \geq 0, s^- \geq 0, s^g \geq 0, s^b \geq 0 \tag{1}$$

式中，投入要素、期望产出、非期望产出的个数分别表示为 m、s_1、s_2，它们的变量指标分别为 $X \in R^{m*n}$，$Y^g \in R^{s_1*n}$，$Y^b \in R^{s_2*n}$，s^-、y^g、y^b 分别表示其松弛变量，ω 为权重向量，n 表示决策单元（DMU）数量，本指 n 个地级市。当 $\rho^* = 1$ 即 s^-、y^g、y^b 均为 0 时，该决策单元是有效的（SBM-Efficient），此时，无投入与产出松弛问题。当决策单元无效（SBM-Inefficient）时，可以通过削减投入与提高产出来使其有效。公式（1）在评价时，通常会出现多个决策单元效率值均为 1 的情况，无法进一步对有效决策单元的效率高低进行区分。此时可使用超效率 SBM 模型进行分析，便于对决策单元 DMU 进行效率值对比排序等，见公式（2）：

$$P\backslash(x_0, y_0^g, y_0^b) = \{\bar{x}, \bar{y}_0^g, \bar{y}_0^b \mid \bar{x} \geq X\lambda, \bar{y}_0^g \leq Y^g\lambda, \bar{y}_0^b \geq Y^g\lambda, \bar{y} \geq 0, \lambda \geq 0\}$$

$$\bar{P}\backslash(x_0, y_0^g, y_0^b) \subseteq P\backslash(x_0, y_0^g, y_0^b)$$

$$\bar{P}\backslash(x_0, y_0^g, y_0^b) = P\backslash(x_0, y_0) = \cap \{\bar{x} \geq x_0 and\ \bar{y} \leq y_0\} \tag{2}$$

最后，建立超效率 SBM-Undesirable 模型，见公式（3）：

$$\alpha^* = \frac{\frac{1}{m}\sum_{i=1}^{m}\frac{\bar{x}}{x_{i0}}}{1 + \frac{1}{S_1 + S_2}\left(\sum_{r=1}^{s_1}\frac{s_r^g}{y_{r0}^g} + \sum_{r=1}^{s_2}\frac{s_r^b}{y_{r0}^g}\right)}$$

$$s.t. \begin{cases} \bar{x} \geq X\lambda \\ \bar{y}^g \leq Y^g\lambda \\ \bar{y}^b \geq Y^b\lambda \\ \bar{x} \geq x_0, \bar{y}^g \leq y_0, \bar{y}^b \geq y_0^b, \lambda > 0 \end{cases} \quad (3)$$

改进后的超效率 SBM-Undesirable 模型不仅可以将非期望产出纳入效率考察范围，还可以比较有效地评价单元之间的效率，使得 DMU 的效率值更加准确和科学。因此，本章运用超效率 SBM-Undesirable 模型测算环境约束下中国各城市节能减排效率。本章利用 MAXDEA7.0 测算了 2011—2018 年我国 196 个地级市的节能减排效率。中国城市节能减排效率投入与产出指标如表 7-1 所示。

表 7-1 中国城市节能减排效率投入与产出指标

指标性质	指标	名称	指标解释	单位
投入	劳动力投入	L	各地级市年末就业人数	万人
	资本投入	K	采用张军等（2004）提出的永续盘存法计算，令资本折旧率 $\delta = 10.96\%$	亿元
	能源投入	E	全社会用电量	万千瓦时
期望产出	地区生产总值	GDP	以 2011 年为基期的实际 GDP	亿元
非期望产出	工业废水排放量	W	—	万吨
	工业 SO_2 排放量	SO_2	—	万吨
	工业烟尘排放量	S	—	万吨

注：基础数据来源于历年《中国城市统计年鉴》、Wind 数据库。

7.2.2 中国城市节能减排效率结果分析

由于采用的城市数据样本量较大，为了更好地展示中国城市节能减排效果，根据城市所属省份计算出每个省份的节能减排效率均值。由于经济发展和地理上的因素，本章将 30 个省份分为东部、中部、东北和西部 4 大区域，这 4

个区域的节能减排效率值如表7-2所示。由表7-2的结果可以看出：2011—2018年中国的节能减排效率水平的均值为0.580。总体来看，中国从东部到东北、中部和西部地区的节能减排效率水平呈阶梯下降特征。除东部和东北地区高于全国平均水平外，其他地区的节能减排效率水平均低于全国水平，由此判断东部和东北地区经济发展与环境绩效之间保持着较高的协调性。此外，东部地区位于经济发展水平较高的沿海地区，随着能源技术不断进步，能源粗放使用大量减少，因此节能减排效率提升幅度最大；中部区域节能减排效率值呈"U型"趋势，由2011年的0.541逐年下降至2013年的0.538，之后又逐年上升至2018年的0.573。近年来，中部地区在我国"中部崛起"政策支持下，经济发展十分迅速，能源产业结构得以调整和优化，因此节能减排效率出现小幅上升，也间接证明国家对中部区域实施的能源政策是有效的。西部区域节能减排效率值比较平稳，为0.460~0.470，而西部地区尽管随着"西部大开发"政策实施，经济发展水平得到一定提升，但与中部和东部相比仍相对落后，原因在于西部地区科技创新能力略显不足，能源技术提升相对缓慢，能源密集型产业相对集中，能源配置难以在短时间内得到改善，因此节能减排效率提升并不明显。此外，西部地区内部各区域差异很明显，在制定政策时要对这一现状加以考虑。

表7-2 2011—2018年中国的节能减排效率

省区	2011年	2012年	2013年	2014年	2015年	2016年	2017年	2018年	排名
北京	0.910	1.004	1.005	0.976	0.986	0.986	1.006	1.001	2
天津	0.696	0.696	0.710	0.721	0.758	0.773	0.817	1.019	4
河北	0.529	0.530	0.526	0.524	0.528	0.531	0.538	0.546	18
陕西	0.822	0.849	0.893	0.936	0.933	1.003	1.005	1.078	3
江苏	0.696	0.701	0.712	0.726	0.752	0.777	0.806	0.830	6
浙江	0.722	0.734	0.728	0.734	0.744	0.763	0.779	0.793	5
福建	0.668	0.676	0.673	0.683	0.709	0.710	0.726	0.745	7
山东	0.575	0.580	0.585	0.592	0.624	0.637	0.648	0.665	11
广东	1.006	1.004	1.009	0.966	1.006	0.904	1.003	0.872	1
海南	0.606	0.620	0.603	0.588	0.587	0.577	0.578	0.591	12
陕西	0.443	0.440	0.436	0.433	0.430	0.424	0.419	0.420	26

续表

省区	2011 年	2012 年	2013 年	2014 年	2015 年	2016 年	2017 年	2018 年	排名
安徽	0.581	0.586	0.588	0.590	0.594	0.599	0.606	0.615	13
江西	0.566	0.575	0.581	0.592	0.602	0.614	0.624	0.634	14
河南	0.500	0.489	0.484	0.484	0.500	0.501	0.510	0.523	21
湖北	0.532	0.538	0.539	0.540	0.565	0.571	0.584	0.593	17
湖南	0.622	0.612	0.596	0.593	0.617	0.622	0.638	0.652	10
内蒙古	0.490	0.490	0.490	0.489	0.492	0.493	0.508	0.526	22
广西	0.514	0.488	0.472	0.471	0.488	0.494	0.503	0.510	20
重庆	0.541	0.558	0.571	0.587	0.633	0.645	0.666	0.696	15
四川	0.544	0.553	0.562	0.572	0.593	0.599	0.611	0.626	16
贵州	0.402	0.404	0.408	0.404	0.407	0.402	0.400	0.400	28
云南	0.501	0.480	0.466	0.457	0.464	0.454	0.459	0.460	24
山西	0.485	0.482	0.484	0.487	0.501	0.505	0.511	0.520	23
甘肃	0.477	0.474	0.473	0.476	0.475	0.471	0.471	0.476	25
青海	0.373	0.375	0.367	0.359	0.350	0.342	0.338	0.340	29
宁夏	0.320	0.319	0.316	0.318	0.318	0.312	0.305	0.305	30
新疆	0.455	0.454	0.449	0.437	0.420	0.410	0.403	0.406	27
辽宁	0.610	0.617	0.622	0.623	0.641	0.642	0.662	0.661	9
吉林	0.500	0.501	0.511	0.526	0.549	0.559	0.578	0.603	19
黑龙江	0.691	0.679	0.664	0.643	0.652	0.652	0.651	0.662	8
东部地区	0.723	0.739	0.744	0.744	0.763	0.766	0.791	0.814	1
中部地区	0.541	0.540	0.537	0.539	0.551	0.555	0.563	0.573	3
西部地区	0.464	0.461	0.460	0.460	0.468	0.466	0.470	0.479	4
东北地区	0.600	0.599	0.599	0.598	0.613	0.618	0.630	0.642	2
全国	0.580	0.583	0.584	0.584	0.597	0.599	0.612	0.626	—

7.3 城市化与节能减排的研究方法与数据

7.3.1 模型设定

本章在研究碳排放与经济活动的关系中借鉴 Grossman、Krueger 的研究方法，从规模、技术与结构三方面综合考虑经济活动对节能减排效率的影响，其基本模型如下：

$$E = Y \cdot T \cdot S \tag{4}$$

模型（4）中，E 表示节能减排效率。Y、T、S 分别表示规模效应、技术效应和结构效应。

规模效应：城市化与经济的发展一方面要增加资源的使用，其规模越大资源使用量则越多；另一方面更多的产出会带来污染排放量的增加。因此，本章采用经济增长以及城市化来表示规模效应。由以上分析：

$$Y = f(\text{Urban}, \text{GDP}) \tag{5}$$

技术效应：在经济增长过程中，技术进步会对环境产生两方面的影响：①技术进步会促进生产率的提高，降低单位产出资源使用量，弱化经济活动对环境的影响。②环保技术的开发与应用促进了资源的循环使用，降低单位产出的污染物排放。模型（6）变量 T 中包含了技术进步的主要因素。由此可以得出：

$$T = f(\text{Research}) \tag{6}$$

结构效应：现代经济增长中的高增长率总是与结构高变动相伴随，随着经济发展水平、城市化水平的提高，就业结构发生变化。早期以农业为主的经济结构在向工业经济社会转型中过多地依赖于资源与能源的使用，污染排放增加，环境质量下降。随着经济结构向知识、技术密集型产业转移，投入结构发生变化，就业结构逐渐向二、三产业转移，单位产出的碳排放水平下降，环境质量得到改善。由此可得到：

$$S = f(\text{STR}) \tag{7}$$

根据微观经济学理论，规模较大型企业所拥有的规模经济能够促使其增加研发投入与技术引进，推动产业结构的优化调整与升级，进而推动碳排放量的下降。综合上述分析，将函数（5）、（6）、（7）代入模型（4）可以得到如下公式：

$$E = Y(\text{GDP}) \cdot T(\text{Research}) \cdot S(\text{STR}) \tag{8}$$

根据以上分析，同时考虑到节能减排效率亦会受到其他因素的影响，则可得到本章的基本计量模型：

$$eser_{it} = \beta_0 + \beta_1 urban_{it} + \sum_{k=1}^{6} \gamma_k X_{it} + \mu_i + \theta_t + \varepsilon_{it} \tag{9}$$

其中，i 表示省份（$i=1，2，3，\cdots$，省份的代号以此类推，直至 $i=30$），t 表示时间，$eser_{it}$ 表示节能减排效率，X 表示一系列控制变量，包括经济增长、技术进步、就业结构、资源配置效率以及互联网发展。μ_i 表示地区固定效应，θ_t 表示时间固定效应，ε_{it} 表示随机扰动项，β_0 和 β_1，β_2，$\cdots$，β_6 分别表示常数项和待估参数。

7.3.2 非线性关系检验

本章最终模型的设定以汉森（Hansen，1999）面板门槛回归模型为基础，其基本的门槛模型为：

$$y_{it} = \beta_0 + \beta_1 x_{it} I(q_{it} \leq \gamma) + \beta_2 x_{it} I(q_{it} > \gamma) + \varepsilon_{it} \tag{10}$$

模型（10）中，i 与 t 分别表示地区与年份，q_{it} 表示门槛变量，γ 为具体的门槛值，ε_{it} 为随机误差项，且服从独立同分布（Independent Identically Distribution），$I(q_{it} \leq \gamma)$ 和 $I(q_{it} > \gamma)$ 表示分段函数，其中模型（10）亦等价于：

$$y_{it} = \begin{cases} \beta_0 + \beta_1' x_{it} + \varepsilon_{it}, q_{it} \leq \gamma \\ \beta_0 + \beta_2' x_{it} + \varepsilon_{it}, q_{it} > \gamma \end{cases} \tag{11}$$

模型（11）实际上是一个分段函数，当 $q_{it} \leq \gamma$ 时，x_{it} 的系数是 β_1'，当 $q_{it} > \gamma$ 时，x_{it} 的系数是 β_2'，由此，将模型（10）进一步改造为模型（12），即为本章最终计量模型：

$$eser_{it} = \beta_0 + \beta_1 urban_{it} \cdot I(q_{it} \leq \gamma) + \beta_2 urban_{it} \cdot I(q_{it} > \gamma) + \beta_c X_{it} + \lambda_i + \varepsilon_{it} \tag{12}$$

7.3.3 数据来源

节能减排效率：遵循以往研究，本章采用 SBM 方法计算节能减排效率（吴康 等，2021）。对于投入指标，本研究选择劳动力、资本和能源作为投入变量。劳动力投入是用雇员人数来衡量的；资本投入是使用永续盘存法计算的。资本折旧率为 10.96%。能源投入用电量表示。对于期望产出指标，每个城市的实际国内生产总值作为期望产出指标。以 2011 年为基准年，作为价格水平的平减指数。至于非期望产出指标，本书选择了工业废水排放、工业 SO_2 排放和工业烟尘排放。对于节能减排效率我们采用 DEA 来计算，同时在实证检验中我们采用超效率 SBM-Undesirable（DEA 的一种），来计算节能减排效率。

城市化：用各地区的城镇人口与总人口的比值来代表。由于城市层面该指标缺失严重，选用城市规模来表示各地级及以上城市的城镇化水平。

其他变量：①经济增长（Pgdp），用各地区人均实际 GDP 来表示。经济发展是税基稳定增长的重要保障，地区经济产出规模的增加会带动该地区税基的扩大。②产业结构（Stru），采用各地区第三产业增加值占 GDP 的比重来表示。地区第三产业占比越高，即产业结构越优化，越会促进该地区税收收入的增加。③技术创新水平（Inno），用科学技术支出占地方一般预算财政支出的比重来代表。④资源配置效率（Resource）。参考 Hao 等（2020）的研究，采用资源错配的倒数来表示。⑤互联网发展（Net），采用每个城市国际互联网用户数量来表示。

工具变量：本章采用城市植被覆盖率来作为工具变量，数据分别为：NASA 官网（https://www.usgs.gov/core-science-systems/nli/landsat）与国家地理空间数据云官网（http://www.gscloud.cn/sources/index?pid=263&ptitle=LANDSAT）的 Landsat 系列窗口。

城市层面的数据来源于 2011—2018 年的 196 个城市，主要来源于《城市统计年鉴》和中国工业和信息化部网站。为消除价格波动的影响，价格相关数据转换为 2011 年不变价格。总之，本书中涉及的变量的描述性统计数据如表 7-3 所示。

表 7-3 样本统计性描述

变量	变量名称	观测值	算术平均数	标准偏差	最小值	最大值
Score1	节能减排效率	1 568	0.465	0.241	0.082	1.000
Score2	节能减排效率	1 568	0.471	0.256	0.082	1.296
Urban	城市化	1 568	1.609	1.884	0.065	14.691
PgdP	经济增长	1 568	1.436	0.816	0.291	6.465
Resource	资源配置效率	1 566	0.635	0.455	-0.358	2.957
Net	互联网发展	1 568	82 900.220	370 813.900	1.000	5 697 283.000
Stru	产业结构	1 567	0.502	0.124	0.154	0.901
Research	科技进步	1 567	0.512	0.483	0.021	5.211
Ndvi	植被覆盖率	1 568	0.748	0.104	0.217	0.888

7.4 中国城市化对节能减排的实证分析

7.4.1 基准回归分析

为了保证回归结果的稳健性，我们在表 7-4 模型（1）中采用了逐个添加控制变量的方法进行回归分析。由表 7-4 可以看出，模型（1）中，城市化变量的估计系数为 0.051 且显著，表明规模、技术和结构三方面的改善总体上显著有利于提高中国的节能减排效率，验证了假说 1 的假定。但从规模效应来看，也就是模型（2）中，城市化变量的估计系数为 0.041 且显著，人均收入变量的估计系数为 0.045 且显著，表明城市化水平与经济发展水平都对节能减排有正向影响。模型（3）中，在考虑到资源因素的影响时，资源因素的估计系数为 0.150 且显著，可见资源合理利用有助于推动环保，提高资源的利用率，进一步推进节能减排。在模型（4）中，增加了互联网因素，但对于节能减排效率的提升没有影响。在模型（5）中，增加了就业结构的因素，就业结构变量的估计系数为 0.256 且显著，可见就业结构的改善可以较大幅度地改善经济发展对于资源的利用现状，产业结构调整，就业向知识、技术密集型产业转移，单位产出的碳排放水平下降，节能减排效率也大大提高。模型（6）中，考虑到技术效应，技术研究的估计系数为 0.044 且显著，可见随着科技水平的提高，资源利用的科技手段会更加先进，排放废物也会更少，节能减排效率也会提高。

在模型（1）~（6）中，无论增加多少控制变量，城市化水平的估计系数均保持显著正相关，说明城市化水平对于节能减排效率有正向影响，城市化水平虽然对节能减排效率的影响有双重影响，但是从整体上来看，随着城市化水平的提高、经济水平的进步、经济结构的改善，节能减排的效率会得到一定程度的改善，这也预示着合理提高城市化水平，减少以污染环境为代价的经济开发，将会给节能减排带来更多的红利。

通过分析得出，合理提高城市化水平可以提高节能减排的效率。那么，为什么城市化会促进节能减排的效率呢？本章认为主要原因可能在于：①城市化水平提高，经济发展的规模扩大，产业聚集，城市通过整合中央和地方财政资金，大力推进节能减排工程建设，城市化水平提高后（Lin et al., 2019），城市利用这些资金和工程为邻近产业提供共用的能源资源，减少不必要的浪费，有效节约能源使用；②能源消费与产业结构密切相关，城市化水平提高，城市将不再依靠重工业作为支柱产业，产业结构调整，转向知识密集型和资本密集型产业，对生态破坏减少，对于现有能源资源的利用会更加高效，减少浪费，对减少能耗有正向作用；③城市化水平提高，地区经济发展水平提高，使人与企业能够比较、竞争和协作，从而建立一个自我强化的良性循环，激发创造力，吸引流动资本和人才，城镇居民的知识水平提高，对于遇到的经济开发过程中的生态环境等问题，自发探索节能减排的途径，开发出更多的节能减排的技术，运用于生产生活，大大提高节能减排效率，减少能耗。

表 7-4 基准回归结果

变量	(1)	(2)	(3)	(4)	(5)	(6)
Urban	0.051***	0.041***	0.021***	0.018***	0.012***	0.014***
	(17.259)	(11.650)	(5.083)	(4.388)	(2.709)	(3.318)
PgdP		0.045***	0.045***	0.045***	0.065***	0.069***
		(5.580)	(5.747)	(5.761)	(7.530)	(8.038)
Resource			0.150***	0.151***	0.159***	0.152***
			(9.200)	(9.318)	(9.861)	(9.423)
Net				0.000***	0.000***	0.000***
				(3.228)	(3.297)	(3.313)
Stru					0.256***	0.237***
					(5.321)	(4.932)
Research						0.044***
						(3.791)
_Cons	0.382***	0.333***	0.299***	0.262***	0.112***	0.090**
	(23.526)	(18.147)	(16.365)	(12.236)	(3.154)	(2.517)
Control Variable	No	Yes	Yes	Yes	Yes	Yes
Fixed Effect	Yes	Yes	Yes	Yes	Yes	Yes
R^2	0.1618	0.1777	0.2205	0.2252	0.2386	0.2451
N	1 568	1 568	1 566	1 566	1 566	1 566

注：( ) 内为 t 统计量，*$p<0.1$，**$p<0.05$，***$p<0.01$。

7.4.2 非线性关系分析

本章运用 Stata15.0 门槛回归自抽样法（Bootstrap）在单一门槛、双重门槛的假设条件下进行以城市化为核心解释变量，以经济增长、资源配置、互联网发展和就业结构为门槛变量的门槛效应显著性检验，结果表明（见表 7-5），以城市化为核心解释变量，以经济增长、资源配置、互联网发展和产业结构为门槛变量都通过了双门槛效应的显著性检验，因此本章采用了双重门槛模型。表 7-5 报告了其门槛估计值与其置信区间。

表 7-5 门槛效果自抽样检验

核心解释变量	门槛变量	模型	F 值	P 值	BS 次数	1%	5%	10%
城市化	经济增长	单一门槛	16.457***	0.000	300	6.854	3.546	2.614
		双重门槛	34.396***	0.000	300	-9.864	-18.780	-23.053
	资源配置	单一门槛	14.585***	0.007	300	13.770	10.606	6.828
		双重门槛	15.014***	0.000	300	5.292	1.444	-0.088
	互联网发展	单一门槛	23.715***	0.000	300	12.877	8.004	5.452
		双重门槛	20.597***	0.000	300	-3.182	-8.471	-11.264
	产业结构	单一门槛	14.749***	0.010	300	14.426	8.244	5.110
		双重门槛	43.583***	0.000	300	1.177	-3.601	-6.250

注：***、** 和 * 分别表示在 1%、5% 以及 10% 的水平上显著（下同）；P 值以及临界值是采用门槛自抽样法（Bootstrap）反复抽样 300 次得到。

检验的结果表明，经济增长、互联网发展和产业结构的单门槛效果检验在 1% 水平上是显著的，但是资源配置的单门槛没有通过 1% 水平的显著性检验；双重门槛检验的结果显示经济增长、资源配置、互联网发展和产业结构都通过了 1% 水平上的显著性检验，双重门槛检验的显著性水平相比于单门槛较高，符合科学研究的严谨性要求，且能够更加简洁清楚地分析变量之间的影响与关系，所以本章采用双门槛进行分析。门槛回归图如图 7-2 所示。

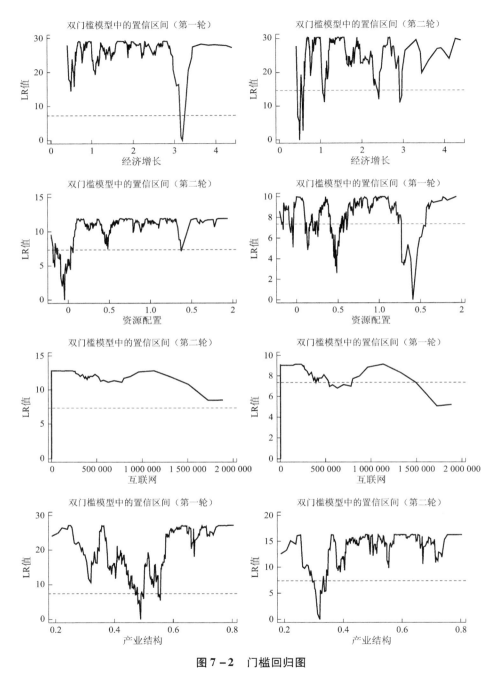

图7-2 门槛回归图

具体的门槛估计值与其置信区间如表7-6所示。

表 7-6 具体的门槛估计值与其置信区间

核心解释变量	门槛变量	模型	门槛估计值	95%置信区间
城市化	经济增长	双重门槛模型	3.194	[3.161, 3.219]
			0.494	[0.447, 2.963]
	资源配置	双重门槛模型	1.407	[-0.178, 1.562]
			-0.041	[-0.178, 1.375]
	互联网发展	双重门槛模型	67.000	[27.000, 1.9e+06]
			32.000	[10.000, 52.000]
	产业结构	双重门槛模型	0.489	[0.471, 0.556]
			0.320	[0.296, 0.342]

从表 7-7 可以看出，在经济增长和就业结构两种门槛值的不同区间内，城市化发展水平的系数存在正负的差距，而对于资源配置效率和互联网发展水平而言，在其门槛值的任意区间内，城市化发展水平的系数均为正。具体来看，当经济增长低于第一门槛值 0.494 时，相应的弹性系数为 -0.183，当经济增长越过这一门槛值且未跨越第二门槛值时，弹性系数提升至 0.017 7；而当经济增长跨越第二门槛值 3.194 时，弹性系数进一步增加到 0.052 1，这一过程表现为随着经济的不断发展，节能减排的弹性逐渐增加，效果日益显著，呈现出边际效益递增的非线性模式。当资源配置效率处于第一门槛值 -0.041 以下时，节能减排的城市化弹性系数为 0.123，随后当资源配置跨越第一门槛值，弹性系数也相应提高，而当其跨越了第二门槛值时，弹性系数降低至 0.011 0，低于最初的系数，可见资源配置对于节能减排弹性经历了先升高后降低的过程。互联网发展对节能减排的弹性也呈现出先增后减的情况，在互联网发展低于第一门槛值时弹性系数为 0.010 5，随着互联网发展突破第一门槛值处于第二门槛值以下，相应的弹性系数也提高至 0.071 0，当其跨越第二门槛值后，弹性系数呈现较大幅度的下降，达到 0.025 2。和前述变量类似，产业结构对节能减排的影响也表现为双重门槛效应，当产业结构低于第一门槛值 0.320 时弹性系数为负，随着产业结构提高跨越第一门槛，其对节能减排影响的弹性系数提高到 0.042 3，但当其跨越第二门槛时，弹性系数降低到 0.020 2，由此可见随着产业结构的优化调整，节能减排弹性经历了先升高后降低的非线性发展过程。

表 7-7 门槛回归结果

解释变量	模型（1）	模型（2）	模型（3）	模型（4）
PgdP	0.0108	0.106***	0.0853***	0.0568***
	(1.10)	(11.21)	(10.03)	(6.39)
Resource	0.0774***	0.0479***	0.0320**	0.0210
	(4.98)	(3.02)	(2.08)	(1.44)
Net	0.0000***	0.0000***	0.0000***	0.0000***
	(3.86)	(3.73)	(3.64)	(2.71)
Str	0.0108	0.241***	0.349***	0.149**
	(0.19)	(4.32)	(6.44)	(2.53)
Research	0.0753***	0.0918***	0.0859***	0.0775***
	(6.68)	(7.32)	(6.90)	(6.60)
urban·$I(\text{Regime} \leq C_1)$	-0.183***	0.123***	0.0105	-0.0041
	(-3.41)	(3.61)	(0.61)	(-0.32)
urban·$I(C_1 < \text{Regime} \leq C_2)$	0.0177***	0.0110**	0.0710***	0.0423***
	(3.73)	(2.10)	(6.19)	(7.77)
urban·$I(C_2 < \text{Regime})$	0.0521***	0.0248***	0.0252***	0.0202***
	(8.08)	(4.10)	(5.61)	(4.65)
_Cons	0.320***	0.0865**	0.0484	0.208***
	(9.30)	(2.48)	(1.46)	(5.90)
R^2	0.142	0.203	0.179	0.148
N	1566	1566	1566	1566

注：（）内为 t 值。

作为城市化发展的结果，地区的经济增长水平逐渐提高，在这一过程中城市人口节能减排的意识逐渐提升，加之相关技术发展日益完善、新能源不断推广使用，对环境保护的边际贡献也越发突出，节能减排的整体效果逐渐增强。与此同时，在城市化的发展过程中，资源的配置效率日益提升、互联网得到飞速发展、产业结构也优化升级，这些方面的改善为构建绿色发展城市做出了卓越的贡献，带动节能减排取得较大成效。但随着城市化的继续推进，资源配置、网络发展与产业结构的变化导致城市发展增加了对能源的需求与排放，节能减排效果有所降低。

7.5 城市化与节能减排的结论与政策建议

7.5.1 城市化与节能减排的结论

面对世界百年未有之大变局，百年奋斗目标处于新阶段，我国确立了"十四五"规划，推进我国现代化国家建设，其中提升城镇化质量将作为"十四五"时期的核心政策目标，同时要推动建立绿色智慧的新型城市，可见城市化与节能减排将作为我国未来一段时期内的重要奋斗方向，而如何协调好城市化水平和节能减排目标已经成为当前和未来中国经济转型发展所面临的重大理论和现实问题。在这一背景下，本章从经济增长、资源配置、互联网发展、产业结构等多方面综合考虑经济活动对节能减排效率的影响，同时考虑到节能减排效率亦会受到时间、地区等因素的影响，将其纳入讨论，得到基本计量模型，对城市化带来的节能减排效应进行理论阐述，并采用 2011—2018 年 196 个城市的数据样本，基于 Super SBM-DEA 模型、汉森面板门槛回归模型等计量分析技术，对提出的理论假说进行了系统而稳健的实证检验，得到了以下主要结论：①城市化发展在整体上对节能减排有积极的正向影响。②城市化发展对节能减排的影响机制存在直接影响和间接影响两种途径。城市化发展可以直接作用于节能减排，还可以通过促进经济增长、优化资源配置、带动互联网发展、调整就业结构等渠道间接影响地区发展，进而作用于节能减排。③城市化对节能减排的影响具有明显的非线性特征，受到中介效应的影响，伴随城市化水平的提高，节能减排效率也不断发生变化。

7.5.2 城市化与节能减排的政策建议

上述研究结论对促进中国城市化与节能减排协调发展具有重要政策含义。

首先，中国应当继续扩大发展城市群经济，促进区域经济发展的一体化，带动区域经济贸易交流的高效可持续进行。从我国当前城市化发展的实际情况来看，我国正处于推进新型城镇化发展的重要时期，推动城市群建设、落实高质量的区域经济合作是当前我国国内经济增长形成内循环的关键影响机制。同时，落实节能减排政策也成为我国推动可持续发展、构建美丽中国必不可少的发展途径。本章的研究显示，随着城市化的推进发展，其在整体上对节能减排具有积极的正向促进作用。因此，在当前的经济形势下，我国落实节能减排政策并顺应城市化发展的规律趋势，有助于带动区域经济水平向着符合绿色生态的高质量方向提升。可以预期的是，随着我国区域经济发展一体化的稳步推进，其内在的节能减排效应可以在更大的范围内得以实现。基于这样的判断，我国应当进一步落实城市群经济建设，贯彻"两带一路"等区域开发措施，推动区域经济发展的一体化，在带动区域经济贸易交流的同时释放城市化发展对节能减排的动能，从而加速推进国家城市化发挥显著节能减排的作用。

其次，我国应在稳定经济发展的基础上，同时落实节能政策和减排政策，实现美丽中国和现代化强国的同步推进。本章研究表明，城市化发展对于节能减排具有直接和间接的双重影响机制，城市化会作用于经济、资源、技术、结构等多方面因素进而影响节能减排，这一中介效应表明，要想有效落实节能减排，需从多渠道入手结合实际情况调整政策内容。研究发现，经济增长对节能减排具有持续性递增的边际效应，这表明我国应持续释放经济增长动能，在坚持绿色发展、同步落实节能和减排政策的前提下，促进实现经济发展和节能减排的"双赢"。

最后，我国在推进城市化发展的过程中应当着重处理好有关经济增长、资源配置、互联网技术、产业结构等多方面的问题。研究表明资源的优化配置、互联网技术的发展、产业结构的调整完善在经济发展的一定区间内会对于节能减排产生边际效应递增的正向促进作用。当城市化水平超过一定阶段后，相关因素推动节能减排的作用会相对减弱，但总体上仍然呈现正向促进关系。由此，政府在保持经济发展的同时要利用政策手段处理协调资源配置、技术发展和产业结构完善的多方面问题，在以发展为第一要务的前提下，在满足能源利用和排放需求的同时，稳步调整完善政策法规，从而实现经济发展和节能减排的"双丰收"。

7.6 本章小结

近年来，中国的经济发展实现了飞速提升，城市化水平逐年增长，伴随而来的环境污染问题也日渐突出。因而，在注重经济发展规模和速度的同时兼顾发展质量和环境保护已然成为当前我国经济战略的重要目标。本章采用2011—2018年196个城市样本，通过对中国城市化进程与节能减排开展实证研究，以解释城市化发展对环境改善的影响及未来的发展路径。本章从规模效应、技术效应和结构效应三方面着手，综合其他影响因素得出节能减排效率的基本计量模型，进而利用面板数据样本进行回归分析，并就城市化过程中的经济增长、资源配置、互联网发展与就业结构四个方面,对节能减排效率的影响机制、效应和差异进行了稳健性检验和非线性关系分析。结果发现,城市化的发展可以直接促进节能减排,同时也可以通过促进经济增长、资源优化配置、带动互联网发展、调整产业结构等渠道间接作用于节能减排,整个作用效果受到中介效应的影响,伴随城市化水平的提高而不断发生变化,具有明显的非线性特征。

第 8 章 城市可持续发展与能源消费转型

作为人类社会不断发展的物质基础和前进动力，能源需求在工业革命后迎来了急速增长。根据美国能源信息署（EIA）公开的《2019年国际能源展望》（简称 IEO 2019），到 21 世纪中叶，全球能源消费量将达到 2018 年的 150%。能源可持续利用受到各个国家的重视。

EIA 的 IEO 2019 评估了 16 个地区的长期能源市场，并按照是否为经合组织成员国的标准对国家进行划分。结果显示：近四成的交通能源消耗增长由非经合组织国家推动。2018—2050 年，这些国家的交通能源消耗增长了近 80%，尤其是在个人旅行和货运方面，这些国家的能耗增长速度远超其他国家。此外，建筑行业的能源消耗也将在 2050 年增长至 2018 年的 165%。工业部门将在预测期内消耗全部终端用途能源的一半以上，且随着消费水平的提高，全球工业部门的能源使用将增加三成以上。

城市的能源消费情况更是备受关注。根据联合国的估计数据，城市地区承载了全球六成以上的人口，且这一占比仍在持续提高。随着承载人口的增多，未来城市也将面临更大的能源需求。破解城市发展瓶颈，推进能源消费转型已成为势不可挡的发展潮流。如法国和巴西以核能和甘蔗乙醇代替石油、天然气能源，美国的混合能源体系，韩国、日本的 U-Korea、U-Japan 战略，新加坡的"智慧国"计划等，各国都在发挥自己的智慧，以新兴的技术助推城市能源转型。以德国为代表的欧洲国家作为能源转型方面的先驱，更是为世界其他国家应对气候变化奠定了研究和实践的基础。

中国在过去 40 多年不仅取得了举世瞩目的发展成就，城市化水平也得到了相应提升——超过 6.5 亿农村居民搬迁到城市居住，常住人口城镇化率超过六成。城市规模的扩大促进了生产要素的流动，但同时也引起了区域性和结构性能源短缺的问题。

本章首先从中国能源消费现状出发，结合国际背景说明中国能源消费转型的必要性，接着分交通、建筑以及工业三个关键部门梳理国际与国内城市能源消费转型的先进案例，最后通过案例间的对比为我国城市能源消费转型总结经验与启示，以回答下面几个问题：

（1）当前中国城市的能源消费现状如何？

(2) 世界上其他地区是如何推动城市能源消费现状转型的?
(3) 我国当前有哪些城市能源消费现状转型的尝试?
(4) 未来我国城市能源消费现状转型应如何做?

8.1 中国城市能源消费转型的必要性

受制于日益耗竭的资源条件,能源转型已成为改善生活生产与生态质量的必然选择,且必须更加迅速地进行能源转型。然而,全球对于如何加速能源转型仍欠缺充分认知。在 2015 年提出的全球增温控制在 2℃以下的目标的鞭策下,许多国家通过制定和提交《国家自定贡献预案》(INDCs),做出了推广可再生能源、提高能效、进行化石燃料补贴改革的承诺。中国也不例外。

近年来,随着中国经济增速的放慢,能源消费增长也进入放缓的"新常态",但是我国仍然是世界第一大能源消费国。21 世纪 10 年代我国的能源消费总量和增速如图 8-1 所示。需要指出的是,自 2012 年起,我国天然能源消耗超过北美地区,2013 年起超过整个欧洲地区,2015 年我国天然能源消费达到 30.14 亿 toe(吨油当量),接近日本的 6.7 倍(Dudley,2019)。2004 年,我国天然能源消费增速达到 14.5%,之后增速逐渐放缓,相比 2014 而言,2015 年天然能源消耗仅增长 1.45%。

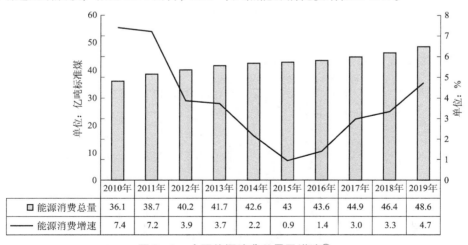

图 8-1 中国能源消费总量及增速①

为了更加直观地展示经济增长与能源消费增长的趋势,我们还绘制了图 8-2。

---

① 数据来源:国家统计局。

可以看到，能源消费增速在前5年间从7.4%下降到0.9%，之后转为上升，2019年达到4.7%。这种增速与2010年和2011年的增速相比，只能算作低速增长状态，但却支撑了经济的快速发展（经济增速均在6%以上）。考虑到世界上完成工业化的国家能源消费总量已经呈现出缓慢下降趋势，图8－1、图8－2所示的能源增速还反映出我国的工业化和城市化发展水平相对较低，导致能源消费总量还处于增长阶段，尚未到达拐点。

图8－2 中国GDP增速和能源消费增速①

在能源消费结构方面，2010—2018年我国能源消费结构如图8－3所示。可以看到，煤炭消费始终占绝大部分；化石能源中的清洁能源天然气消费仅占一次能源消费的8%，甚至达不到全球平均水平（24%以上）的1/3。考虑到我国2030年碳达峰目标的紧迫性，优化我国能源结构刻不容缓，并且面临着发达国家未曾经历的挑战。

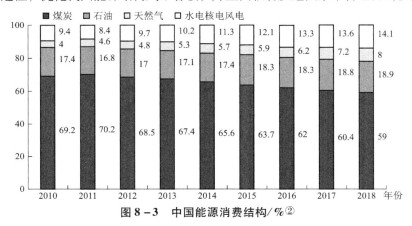

图8－3 中国能源消费结构/%②

---

① 数据来源：国家统计局。
② 数据来源：国家统计局。

城市能源需求的增长与城市能源资源有限之间供需矛盾在拉大城市能源缺口的同时,还为城市生态恶化与资源枯竭的问题埋下了隐患。加之我国产能区与用能区分布不均,导致能源供需无法及时有效对接,可持续发展面临重重阻碍。尽管随着工业化进程的完成,我国的工业用能情况可能有所好转,但居民生活及交通能源需求仍将不可遏制地随着人们对高品质生活需求的增长而上升。因此,完善能源基础设施建设,转变城市能源使用习惯,实现城市能源结构优化,推进城市能源转型势不可挡。

8.2 城市能源消费转型的国际案例

城市建设中的交通、建筑以及工业部门都是能源消耗的重要领域,且能够通过影响居民的生活及消费方式在能源消费转型领域发挥巨大作用。在国际上,许多国家已经从这三个重点部门着手,构思并实施了一系列有助于能源消费转型的重要举措,并取得了显著的成效。本节将对部分具有鲜明特色和借鉴意义的案例展开介绍。

8.2.1 交通部门的能源转型国际案例

交通运输是国民经济发展的基础产业,同时也是化石能源使用密集的行业,其对能源消费的需求一直居高不下(Adams et al.,2020)。国际能源署(IEA,2017)发布的数据显示,交通运输部门在所有能源消费部门中增长速度排名第一,在总量上占到全球终端能源消费的近三成,且在能源构成中有接近96%为石油,占到了全球石油消费总量的65.2%。交通运输部门能耗的激增及其严重的石油依赖已成为社会可持续发展的重要限制,在实践中如何实现交通运输部门的能源转型也一直是世界各国关注的重点。

1. 案例一:印度——以公共交通为发展带动周边发展

印度2006年推出的国家城市交通政策对公共交通大为提倡,该政策鼓励借公交引导发展(TOD)来发挥公交投资的杠杆作用。随后,印度成立交通基础设施规划和工程联合中心(UTTIPEC)来为整个地区的交通发展做规划。UTTIPEC于2008年确定了以公交为导向的开发需求,并开始撰写TOD草案指南。以印度首都德里为例,其TOD政策以地铁(MRTS)走廊的影响区为载体。2017最新修订的2021年德里总体规划将该走廊界定为公交引导发展区(TOD Zone),并将

"影响区"规定为地铁沿线 500 米范围内的区域,鼓励私人土地所有者整合并开发有高 TOD 开发潜力的土地。

通过鼓励使用公共交通的出行方式,印度政府希望能够确保所有道路的使用安全,为行人提供舒适和便利的道路,同时确保道路对所有使用者无障碍。

2. 案例二:瑞典斯德哥尔摩——建设智慧交通系统

斯德哥尔摩曾获得国际评选的"全球智慧城市"奖项,其智慧城市建设最吸引人目光的地方就体现在交通系统上。

作为瑞典最繁华的城市之一,斯德哥尔摩城市中央的商务区每天都有大量车流经过,导致当地居民常常苦于交通拥堵问题。为解决这一问题,当地政府决定,通过准确动态地测量并且跟踪道路使用情况,征收"道路堵塞税",以解决交通拥堵问题。具体的做法是,瑞典公路管理局采用了一套由 IBM 设计的智能收费系统,通过设立路边控制站、使用射频以及激光等先进技术,智能化且数字化地对进入市中心的车辆进行记录、收取税款。同时,借助流式计算、实时计算等技术分析记录到的车辆位置信息,进而为市中心内同时段行驶的车辆定制减免拥堵的路线,从而减轻市中心的交通量和排放量。

3. 案例三:德国柏林——完善配套设施保证慢行交通发展

首先,柏林慢行交通系统的发展离不开其丰富而广袤的绿地资源,这为其发展慢行交通提供了良好基础。为使居民更加贴近自然,柏林的道路大多较窄,并且为了方便行人设置了可以用手触发的红绿灯。在道路中还会有单独划分出的、连续不断的骑行道,很多道路不仅会为了增加骑行道而减少汽车道,甚至会为了让两侧都有骑行道而只保留唯一的汽车单行道。在这种慢行交通为导向的背景下,汽车礼让自行车和行人成了人们下意识就会恪守的规则。

其次,柏林的地铁也为当地居民提供了很大便利,其在地下、地面、城际铁路以及公交线路方面完善的建设与规划,让柏林人对于拥有汽车的渴望大大降低。实际上,柏林的人均汽车量在全德国排名末位。

最后,柏林城区的停车问题也大大降低了柏林居民对于汽车的使用频率。在柏林,停车场大多设立在地下或者购物中心的顶楼,以不侵占绿地和公共活动的空间。停车方式也随着道路资源的变化而不同,这大大提高了居民对停车规则的学习成本。此外,柏林一些核心的区域为了保证路旁停车资源不被浪费与霸占,还实施了固定价格和居民的停车证制度,加强了外来车辆停车的阻碍,一些城区还只允许绿标环保汽车行驶,导致这些城区的停车不仅不方便而且收费高昂。行车的不便与慢行交通的便利形成了鲜明对比,进一步促使民众参与到慢行交通系统当中。

8.2.2 建筑部门的能源转型国际案例

IEO 的预测表明,世界住宅能源使用将以每年 1.1% 的速度增长,从 2008 年的 540 亿吉焦（GJ）增加到 2035 年的 720 亿吉焦。当前,世界各国在建筑节能上采取了多种多样的措施,但几乎均围绕对现有建筑的节能改造、被动式建筑建设以及建筑节能标准提高几个方向开展。

1. 案例一：德国——为建筑物节能提供政策支持

由于德国所在的纬度较高,城市的气温往往较为寒冷,供暖消耗的能源占到了总量的将近四成,因此德国政府非常重视建筑物自身的保温能力。

做出改变的第一步就是建立较为完善的制度和标准体系。为推动建筑节能,引导和鼓励公众节能,德国早在 20 世纪 70 年代就颁布了《建筑节能法》,并在之后的一年接力颁布了《建筑保温条例》,是第一部以节能和建筑物保温为主要目的的法规。21 世纪初,又颁布了《建筑节能条例》,并在之后进行了多次修订。这些法律法规条文清晰、内容具体,形成了一系列较为完整的制度和标准体系。在法律制定过程中,德国不断细化和充实各项节能标准和指标要求,使各项规定都具有较强的针对性和可操作性。例如《建筑节能条例》经过两次修订,将采暖能耗限额调整为每平方米 70 千瓦时；1984 年修订的《建筑保温条例》规定了窗户的传热系数、外墙的热阻,并对外墙、屋顶和地下室顶板的厚度都做出了规定。这样详细的标准方便了房屋所有者和建筑商进行前期的规划和现场的实施,可以更好地将各项标准要求体现和落实到新建筑的建设和旧建筑的改造中,同时也有利于后期的能耗管理。

此外,德国还积极构建建筑物能耗证书制度,要求面积较大的改造建筑需要具备建筑物能耗证书。此外,考虑到社会的总体利益,强制性要求某些建筑进行节能改造,例如要求所有外露的暖气管道和热水管道必须进行外保温改造；无人居住的阁楼应做绝缘处理等,以减少各个环节中的热量损失。

最后,德国政府还为建筑物节能改造提供优惠贷款和财政补贴。德国实施了多个以提高建筑领域能源效率为目的的融资优惠政策,如德国复兴信贷银行和地方银行为建筑的节能改造提供低息贷款或贷款资助。德国复兴信贷银行还推出住宅节能改造优惠贷款,通过贷款利率贴息或直接赠款的方式为居民安装高效节能设备提供融资支持。该项目分为六个档次,按照节能改造后能耗程度的不同给予不同力度的贷款补贴,力度最大的优惠是给予改造费用30%、不超过3万欧元的补贴。所有住宅节能改造项目都可以申请不超过10万欧元的贷款,在改造完成后,最高不超过2.75万欧元的奖金将会返还到个人账户中。德国联邦政府每年约有20亿欧元的财政拨款用于补助复兴信贷银行的住宅节能改造优惠贷款业务(陈沐阳,2017)。2016年德国开始实施能源效率奖励项目,包括"二氧化碳建筑翻新计划"和"市场激励计划",在原有建筑节能补贴政策的基础上,为特别有效的供暖和制冷综合解决方案、节能泵的安装、供暖系统的配置升级、使用可再生能源的供热和制冷装置的安装等提供资金支持。

2. 案例二:英国伦敦——建设贝丁顿零碳社区

英国伦敦的贝丁顿社区借助建材的循环利用为环保建筑的建造打开了新思路。该社区内的建筑许多都是由建材废料回收改造而成,从而大大降低了新的能源消耗。建筑的种种细节闪耀着节能理念的光环。例如,各建筑物之间通过较小的间距来减少散热面积,以超厚的墙体储存房间内的热量,借助废气热量为空气加热的通风管道,采用可以储存热能为房间提供热量的建设材料,等等。屋顶上以大量植物覆盖,也能在一定程度上保持室内的恒温状态,起到了"天然空调"的作用。

此外,社区内的建筑还格外注意水资源的节约和循环利用,不仅采用了大量的节水装置,还设计了生活废水、雨水、污水等的净化处理系统,使这些水资源能够得到充分利用。

8.2.3 工业部门的能源转型国际案例

作为SO_2、NO_x和粉尘等空气污染物的最大来源,工业部门在控制大气污染方面面临巨大压力。为应对全球能源需求增长、油价波动和日益严峻的气候环境问题,许多国家的"碳"索之路已从理论走向应用,从试点走向规模化。

1. 案例一:德国——推动制造业向智能化转型

为了在数字时代抢占先机,德国很早便提出了"工业4.0"战略,即以智能化技术推动第四次工业革命,加快制造业向智能化转型。在这一战略中,各种要素、设备、软件和硬件都被信息化、数字化的平台以及智能工厂连接起来,形成信息交流、结构优化、流程自动的生产价值链网络,改善了信息传递的速度和产品的生命周期管理,极大地实现了生产过程和生产效率的提升,从而达到节约能源的效果。德国工业 4.0 框架如图 8-4 所示。

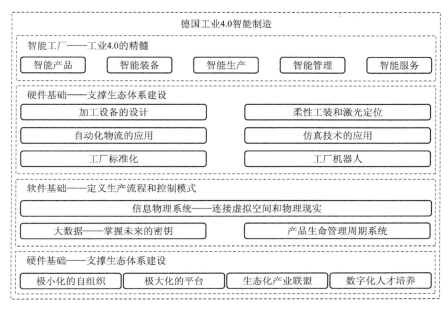

图 8-4　德国工业 4.0 框架

2. 案例二：欧盟——推进低碳能源技术商业化发展

2020 年年底，欧盟委员会发布《海上可再生能源战略》，提出了欧盟海上可再生能源的中、长期发展目标。为助力欧盟实现 2050 年碳中和目标，该战略提出到 2030 年海上风电装机容量从当前的 12 吉瓦提高至 60 吉瓦以上，到 2050 年进一步提高到 300 吉瓦，并部署 40 吉瓦的海洋能及其他新兴技术（如浮动式海上风电和太阳能）作为补充。欧盟将向海上风能投资近 8 000 亿欧元，约 2/3 用于电网基础设施建设，另 1/3 用于发电设施建设。2021 年 7 月，欧盟委员会在"创新基金"资助框架下投入 1.22 亿欧元，支持推进低碳能源技术商业化发展。其中 1.18 亿欧元用于资助 14 个成员国的 32 个低碳技术小型创新项目，支持能源密集型工业脱碳、氢能、储能、碳捕集和可再生能源等领域创新技术的迅速部署，涉及行业包括炼油、钢铁、造纸、玻璃、食品、电力、交通等。另外 440 万欧元将支持 10 个成员国的 15 个技术成熟度较低的低碳项目，包括可再生能源、绿氢生产、零碳交通、储能、碳捕集等，旨在推进其技术成熟以便在未来获得"创新基金"的进一步支持。此外，欧盟委员会根据欧盟国家援助规则批准了法国支持可再生电力生产的援助计划。该计划将在 2021—2026 年援助可再生能源装机容量共计 34 吉瓦，包括水电、陆上风电、地面太阳能、建筑屋顶太阳能、创新太阳能、发电自用太阳能和技术中性可再生能源在内的 7 类能源项目。该措施的总预算约为 305 亿欧元。

8.3 城市能源消费转型的中国实践

像中国这样一个高度依赖煤炭、石油等化石能源的超大经济体，要在承诺的 30 年时间内实现碳达峰碳中和目标，必然需要进行剧烈的能源消费转型。实际上，近年来，中国已经在各个重要行业的能源转型上迈出坚定步伐，在保障经济合理和稳定发展的基础上由高碳化石能源为主的能源消费模式转变为高效低碳的能源消费模式。本节将提供中国能源消费转型的一些先行案例。

8.3.1 中国交通部门的能源转型

当前，我国中等体量以上城市仍在不断扩张，交通耗能增长十分迅速，且大部分消耗的能源仍为传统能源，急需通过交通方式及交通能源供应的多样化破解当前的能源制约，实现城市交通能源系统的转型升级。

1. 案例一：香港——公共交通与地产行业发展相结合

香港地铁 TOD 发展模式是在特定的政治、经济、文化制度之下孕育而生，"轨道+物业"是其主要开发方式，其演变历程大致可分为 3 个阶段。

早期，以地产补贴基建，该模式主要是为了满足基建的资金需求。从 1950—1980 年的 30 年间，香港谋求产业转型，大力发展劳动密集型产业。相关统计数据显示，1950 年香港人口为 206 万，到 1980 年人口增至 515 万。经济腾飞和人口增长给城市交通运输系统带来巨大压力，每千米道路平均行车数从 20 世纪 50 年代末的 50 辆，增长到 20 世纪 80 年代的 263 辆。针对香港地形以山体和丘陵为主、可建设用地匮乏、人口密度高等城市环境特点，以及交通基础设施建设的巨大需求，1975 年香港地铁公司成立，作为建造及经营香港铁路系统的主体。初期荃湾线、观塘线、港岛线 3 条地铁线主要覆盖香港市区，在共约 260 亿港币的建设资金构成中，政府投资约占 20%，沿线的地产物业开发约占 15%，其余来自信贷资金。地铁港岛线兴建时，港铁公司得到太古站康怡花园住宅的开发权，作为对地铁建设的补贴。同一时期建设的观塘线蓝田站也是典型的地产补贴基建的案例。

中期，以地铁引导新市镇建设模式与同时期公屋政策共同支撑了香港新市镇的发展。20 世纪 70 年代，为缓解香港市区人口密度的过快增长，政府规划了 9 个新市镇疏解中心城区的人口。地铁和公屋成为引导人口向新市镇疏解的重要支撑，新市镇历经 30 年的发展，9 个新市镇的整体人口约为 327 万，约占香港 752 万总人口的 40%。地铁引导新市镇开发建设呈现以下特点：首先，对车站周边地块进行高强度开发，如将军澳车站上盖及周边物业容积率均在 5 以上；其次，区域内实现居住与就业的平衡；最后，通过精心规划的天桥与地下步道体系，减少步行距离感，创造良好的步行环境与公共空间，实现大部分上盖建筑到地铁站的距离在 500 米以内。

后期，实行更加精细化的土地经营，2000 年港铁公司上市后，逐步实践更加市场化的运营策略，在城市规划和土地开发中起到核心枢纽的作用。港铁公司作为地铁开发主体，积极推进土地开发与地铁建设的联动整合，随着轨道线网的逐步成型，沿线的客流量增大，土地市场逐渐成熟，港铁公司逐步对轨道沿线预留土地，进行分期开发，最大程度挖掘周边土地的商业价值。

从整体上来看，香港 TOD 发展以"轨道＋物业"模式为其最主要的开发方式。得益于这一模式，香港地铁成为世界上唯一实现盈利的地铁公司，在 2019 年的经营利润构成分析中，直接与物业的开发与租赁管理相关的部分合计比例达到 48.2%，如果考虑到香港车站商务中的绝大部分来自车站内部的零售物业，则与"物业"相关的利润超过六成。

2. 案例二：北京——推进轨道交通智慧化

作为中国创新要素最为密集的地区之一，北京的交通能源转型正在向智慧化讨要答案。正在建设的"智慧地铁"有望通过多种方式全面检测轨道运行的状态、位置及可能发生的故障，进而为各个智能平台、终端及应用程序传递实时数据，并搭建轨道交通数据平台，更加集成地汇总和分析轨道交通及与乘客相关的大数据，为城市交通规划、协调指挥、保障维修以及避免安全问题提供更为精准合理的辅助决策，构建智慧武装的城市交通大脑。

在乘客服务方面，该智慧系统通过打通交通领域各个环节之间的信息壁垒，为乘客提供多种协调的全出行链方案，再通过用户数据与系统监测数据的结合，对整个行业进行有效监管和评估，不断提升用户体验。

在设备运行方面，该智慧系统可以通过对客流量的实时检测，将客流数据接入交通调度中心，打破行车（供给）与客流（需求）信息之间的壁垒，并借助云计算预测未来客流量以形成定制化的交通方案，实现轨道交通灵活调整，提升运载能力与乘客流量的匹配程度。

在设备维修方面，北京通过与企业共建维护平台，对车辆的状态进行全时段诊断，在汇总运维信息的同时借助大数据分析对交通设施的维修需求进行预判，将设备故障维持在可控范围。同时对资产信息进行实时核对，保证交通资产不受侵犯。

在智慧建设方面，该智慧系统将建设工序进行了分解并格外注意各道工序的完成时效与质量，系统还对合同信息、项目进度、建设责任主体资质、建筑财产和施工安全信息进行数字化管理和检测，实现对建设工程的精确化记录。

在智慧制造方面，该系统建设以ICT（信息通信技术）为基础的车辆管控系统。在列车内，对车内音响、温度等实施智慧调节，保障乘坐的舒适性；在列车外，实现对周围障碍物的智能识别、预警和及时处置，提升列车稳定性和运行效率。

3. 案例三：重庆——构建全方位的绿色交通体系

为促进交通体系的能源转型，重庆市动员多种要素打造全方位绿色清洁低碳交通运输体系。

在低碳交通基础设施领域，重庆市实施完成普通国、省道沥青路面冷再生利用132千米、水泥破碎再生路面336千米，干线公路路面循环利用率达到80%；建成长江上最大豪华游轮靠港岸电设施。

在低碳交通运输装备领域，主城区清洁能源公共交通超过九点九成，清洁能源出租车实现全覆盖，CNG（压缩天然气）公交车、CNG出租车已全面覆盖38个区县；内河船型标准化率达到75%。

在交通运输组织优化领域，完成公路客运联网售票系统建设，在全国省域范围内率先实现所有区县和一二级客运站联网售票；完成305台模拟驾驶器的推广使用；长江水陆甩挂、陆路甩挂运输示范全面完成，鱼复工业园城北物流甩挂运输示范、载货汽车滚装船运输示范项目基本完成。

在智能交通工程领域，智能公交工程、内河航运船舶智能调度系统等8个项目已全面完成预期功能及规模，在公交、出租、物流等领域基本实现了智能化运营管理。

在交通运输碳排放管理体系领域，营运车辆能耗动态监测系统和4家内河航运企业能源管理体系建设2个项目已完成全部拟定内容，同时带动1家公交企业开展企业能源智慧化管理系统的搭建。

据统计，重庆市的试点项目年节能量可达 4.02 万吨标准煤，替代燃料量 7.54 万吨标准油，年减少二氧化碳排放 13.34 万吨。

8.3.2　中国建筑部门的能源转型

改革开放以来，我国城镇常住人口增长了超 7 亿人，人口的增加也带动了建筑领域的能源需求。面对日益提高的人居环境追求，城镇建筑不仅要保证质量和安全，还要尽可能做到节能减排。近年来，中国逐渐意识到了建筑领域节能的重要性，并努力使高能效建筑主动降低对外界供暖与制冷的需求，从而一改建筑以往能源消耗者的角色，使其成为能源的控制者和管理者。

1. 案例一：清华超低能耗示范楼——国内被动建筑的先行者

清华大学超低能耗示范楼作为北京奥运会的先期示范性建筑，在采纳高科技的同时还注重人性化与生态发展需求。作为高能效建筑产品的展示和实验平台，该示范楼还承担了一系列建筑技术的研究和商业化工作。

建筑楼本身在降低能耗方面也有许多设计上的小心思。例如其幕墙采取水平和竖直两种方式、双层皮及玻璃两种材质，不仅能够最大化地收集太阳热能，还能在酷暑时遮挡阳光。该栋建筑物还充分考虑到了当地的气候特点，设计了可以根据室内外温度进行自动调整的通风系统，在通风的同时实现室内与室外的热量交换。地板采用了相变蓄热地板的设计方案，能够有效地避免室内温度出现明显落差。温度适宜的季节能够利用自然通风吹散房间内的热量，保证室内温度的适宜程度，从而减少空调等高耗能电器的使用。在除湿方式上采用溶液除湿方式，避免了传统除湿之后给空气加热的步骤和结露现象，使居住者不必为高能耗和潮湿霉菌而烦扰。制冷的需求也被巧妙地借助地下水解决——在炎热天气，较低温度的地下水通过换热技术将土壤中储存的冷量与室内空气的热量交换，随后被回收利用。示范区内还建设了实时的检测系统，可以对反映房屋里外宜居情况的各个细分变量，如温度、光照、湿度等进行收集，不仅能够智能地调节房屋的各个设施防止室内环境的骤然波动，还能为相关的节能建筑研究提供数据支持。

2. 案例二：威卢克斯中国办公楼——国内主动式建筑先行者

作为主动式建筑理念的最早践行者，威卢克斯中国办公楼为了最大限度地节能减排采取了诸多手段。

在通风上，建筑采用双向对流通风和中庭通风方式，将自然通风的效果极大优化，从而大幅节省了调整室内温度与空气可能导致的电力能耗。建筑还设计了充足的窗户来保证室内光线的适宜,减少了人工照明可能导致的能源消耗。墙体的保温能力、地源热泵及太阳能热水技术的综合利用,使得房屋可以较少地依赖传统能源消耗来供暖制冷。办公楼还对各项节能指标(如二氧化碳、风、雨水等)进行实时监控和传输,使得数字化的系统能够按照预设程序调节窗户、窗帘、空调系统等,对相关设施进行精准优化。实际上,办公楼的一系列措施的确使其在节能方面表现突出,根据中国建筑科学研究院的测试数据,该办公楼每年的能耗仅为我国同类建筑平均能耗的20%左右。

8.3.3　中国工业部门的能源转型

中国的工业节能循环发展面临多重挑战。现今,中国工业增长依然过分依赖资源和能源投入,这导致中国已成为世界上最大的铁矿石、原油、铝土矿甚至煤炭等大宗产品进口国和消费国(BP,2020),这导致中国越来越依赖海外资源,经济安全风险不断上升。为解决这一问题的影响,近年来,中国工业部门推行低碳转型,提高能效,优化能源结构,增加可循环材料使用,并在保持大规模产品和附加值前提下应用 CCUS、氢能和其他新技术,为探索工业部门能源转型进行了许多积极探索。

1. 案例一：多种节能工业园助力能源转型

工业园区是工业企业集聚发展的核心单元,也是我国实施制造业强国战略、产业转型升级的主要空间载体。通过生产要素的聚集与整合,工业园区可以提高工业化的集约强度、规模优势并优化功能布局,以突出产业特色,提高市场竞争力。我国工业园区建设始于1979年改革开放,经过由沿海到内地的渐进式发展,到2019年年底,各类产业园区已达1.5万余个,对经济贡献达三成以上。与此同时,由于工业能源消费占全国能源消费总量六成以上(2019年数据),工业园区碳排放可达全国总排放量的约31%,成为碳中和目标下的减排关键所在。

实际上,我国规模以上工业单位增加值能耗近年来已呈连续下降趋势,2021年一季度能耗同比下降高达8.1%。这与我国多年来对工业园区低碳化转型的要求不无关联。从2010年开始,我国便提出将发展低碳经济作为生态工业示范园区的重点建设内容。2015年10月,"十三五"规划中又首次明确提出实施近零碳排放区示范工程:选择条件成熟的限制开发区域和禁止开发区域、生态功能区、工矿区、城镇等开展近零碳排放区示范工程建设。总体而言,我国工业园区低碳化转型历程可总结为四种类型：循环经济工业园区、生态工业园区、低碳工业园区、零碳工业园。我国工业园区的类型及概念如表 8-1 所示。

表 8-1 我国工业园区的类型及概念

工业园类型	概念
循环经济工业园区	引入和模仿自然环境系统中生产者、消费者、分解者的循环，并通过类似方式改造产业系统
生态工业园区	建立"产业链"的工业共生网络，通过物质、能量、信息等交流形成各成员相互受益的网络，以实现对物质和能量等资源的最优利用，最终实现经济、社会和环境的协调共进
低碳工业园区	以降低单位碳排放为目标，推广低碳技术，以实现产业低碳化和管理低碳化为发展路径，以增强园区碳管理能力为手段的一种可持续的园区发展模式
零碳工业园区	零碳工业园意味着在无碳汇抵补的前提下能源、建筑、工业、交通等方面绝对的无碳排

2. 案例二：武汉市工业能源转型

武汉在中华人民共和国成立后很长一段时间里，是一个以重工业为主的城市，在向低碳城市转型过程中，武汉从源头到末端展开了一系列的措施。与西南等一些可再生能源资源富集区相比，武汉在先天禀赋上不占优势，但是走出了一条以产业转型实现低碳发展的路径。

2010 年，国家发改委正式启动国家低碳试点省市工作，武汉是国家首批低碳试点省湖北的省会城市。2012 年武汉获批成为全国第二批低碳试点，成为绿色低碳转型的样本城市。2015 年，武汉将 2022 年左右实现碳达峰的目标写入其"十三五"规划。2018 年年初，武汉市在其五年行动计划中明确提出到 2022 年全市碳排放量控制的数额，这使得武汉成为全国首批将碳达峰目标落实为具体数值的城市。在碳达峰目标的紧迫压力下，武汉积极推进产业升级转型，推动高端制造业和新兴产业发展，仅用 5 年时间便动摇了当地传统工业的绝对优势地位并促使高新技术产业增加值达到地区生产总值的一半以上。

此外，武汉市还通过关停高耗能、高污染企业，严控新增大气污染物排放、淘汰落后产能和化解过剩产能、倒逼提升企业环保绩效评级等，推动造纸、钢铁、石油等传统工业低碳化改造和转型发展，发展壮大信息技术、生命健康、新能源环保等低碳型战略性新兴产业和现代服务业，进一步推动了工业能源的转型。

8.4 城市能源消费转型的经验启示

目前,全球正在推进建设城市能源转型项目,但其中不乏如韩国松岛"智能鬼城"、武汉 1.75 亿元智慧城市项目烂尾等不理性案例,因此,从现实案例中总结前人智慧、提炼经验启示具有重要意义。

8.4.1 交通部门能源转型建议

(1)坚持结构改善与技术提升并重。在能源结构方面,通过强制性与激励性的政策手段推广清洁能源车的使用,加快完善公共交通及慢行交通系统;在交通技术方面,积极研发智慧交通、数字交通管控平台、交通数据网络、交通信息检测系统等,以实时海量的道路、车流、车辆及人流信息为交通规划、车辆调度、出行方案制定提供科学依据,避免人力、物力、能源及财力的浪费。

(2)关注重点、难点领域,提高能源转型速度。考虑到我国碳达峰目标时间紧、任务重的特点,加快能源转型刻不容缓。在交通领域,加快能源转型的关键在于私人交通部门。该部门对于传统能源的需求大,车辆规模也大,因而导致调整难度大、时间长,需要有关部门给予更多的关注和精力来帮助其实现能源转型或通过替代性的出行方案(如便捷的轨道交通)减少私人交通工具的使用。此外,考虑到交通能源的替代清洁方案主要为电力,相关配套设施的建设和完善同样应该被提上日程。只有保障配套设施的便利性、可得性和安全性,电动力的交通工具才会为大众所广泛接受。因此,政府需要在设施布局、管理维护、收费制度等实际应用问题上逐步完善,让基础设施的"鞋"帮助电力交通工具这只"脚"走得更快更远。

(3)加大科技研发投入,攻克交通能源领域的技术难题。无论是数字化、智能化转型还是采用新能源替代方案,都离不开相关技术的支持。因此,政府应当加大对于交通领域能源技术研究的支持力度,积极动员高校、研究院所和相关企业共享人才及信息资源,加快能源技术的开发、应用和商业化进程,在城市交通体系建设、交通基础设施优化、交通模式转变、交通工具变革、交通能源清洁化方面挖掘更多可能性,突破车辆电池、道路监管、无人驾驶、交通信息处理等方面的技术瓶颈,以技术推动交通能源转型提速增效。

(4)以人为本,引导居民树立绿色出行观念。城市交通归根结底是为人而服务，人的行为将直接影响到整个城市交通系统的发展趋势，因此，如何将居民转化为节能高效交通方式的用户是实现能源转换的关键。政府可以通过讲座、社区宣传和嘉奖手段，使居民认识到公共交通及清洁能源交通的益处和便利，从而支持配合地区的交通能源转型工作，自觉做出非机动交通、购买节能汽车、低碳出行等选择。

8.4.2 建筑部门能源转型建议

（1）加快制定完善统一的建筑节能标准，强化政策约束。建筑节能的标准不应该是一刀切的，而是应该根据当地的气候条件和发展水平制定个性化标准，例如对炎热或极寒地区的建筑制定更高要求的墙体及门窗保温标准，以降低建筑供暖和制冷给能源消费带来的压力。再如鼓励京津冀、长三角、珠三角等经济和技术较为发达的地区制定高于其他地区的节能标准，为其他城市的建筑能源转型先行探路、做好表率。又如鼓励一部分掌握先进科技、肩负减排责任感的企业积极尝试超低能耗建筑、被动式建筑建设，在居民环保意识先进的园区或社区推动超低能耗建筑成片聚集建设，开展零能耗建筑建设试点等。同时，完善对于建筑组成部分及建设用品的评价标准体系，对建筑材料的环保与否进行科学评价与标识，促进绿色建材的广泛使用。

除了在标准设置上要进行优化外，还应该严格把控建筑节能标准执行的落实，借助多方力量对节能标准的执行程度进行监督，恪守验收标准与规范，加强事后监管，让建筑设计、施工、管理的各方负责人切实肩负起落实节能标准的责任，确保绿色建筑真正发挥出节能效果。

（2）合理确定节能建筑的试点范围、建设规划、建设顺序并进行动态调整。当前，我国节能建筑的发展仍需要制度和技术方面的完善，绝不是一朝一夕就可能完成的，但可以尝试从东部省份向西部省份、从公共建筑向私人建筑依序推进节能标准的落实。保障绿色建筑标准在以政府财政为支持的重要公共建筑上不留死角地严格落实，为其他建筑做好示范和发挥带头作用。在有条件的城市住宅区及功能园区实施生态建筑试点政策，为节能建筑的商业化应用打下基础。

（3）对既有建筑及公共建筑进行节能改造，实现水、电、热资源的充分利用。一方面，在具有极端高温或低温的地区，应着重缓解炎热及极寒天气下能源需求大幅增长的问题。探索老旧小区的能源转型之路，以使既有建筑更加舒适、节能且智能。完善改造投融资机制，吸引社会资本投入改造。另一方面，推进公共建筑能耗数据的记录与核实工作，提高此类建筑节能改造数据信息的准确性和可信度。同时，建立能耗信息公示平台，借助数据为节能标准制定以及能源供应管理等提供依据。鼓励政府和社会资本深入合作，开展绿色公园、绿色学校、绿色医院等公共建筑的节能改造工作。

（4）推广可再生能源建筑。首先，引导各地积极探索可再生资源条件及建筑利用条件调查，制定可再生能源建筑的规划方案。其次，促进新建建筑中可再生能源的应用，在城市中具有热水需求的场所或住宅推广太阳能集热系统的使用。并根据当地自然禀赋资源设置合适的可再生资源生产站。鼓励建筑物做好余热、废水及建筑垃圾的循环再利用工作，积极探索清洁环保能源在建筑领域的应用场景。最后，对可再生资源建筑项目实施细致监督与维护，确保项目无异常且有效率地运行。做好相关建筑的可复制经验总结及事后评价工作，对表现极其优秀的节能建筑的效果进行评估，整理归纳项目实施经验，并制作案例进行宣传，以供更多节能建筑学习和借鉴。借助特许经营等市场化手段控制和保障可再生能源建筑的关键设备和产品的质量。

8.4.3 工业部门能源转型建议

（1）发挥能效标准引领作用。经济社会发展依赖能源，但能源是有限的，这就需要引导高耗能企业改进技术，加强管理，提高能源利用效率。能效标准是否科学合理，直接关系到重点行业节能降碳成效好坏，因此需要不断优化、动态调整。一方面，要对标国内外生产企业先进能效水平，确定高耗能行业能效标杆水平；另一方面，要参考国家现行单位产品能耗限额标准确定的准入值和限定值，根据行业实际情况、发展预期、生产装置整体能效水平等，科学划定各行业能效基准水平。此外，实行能效约束还有一个基本前提，就是不能影响经济社会的平稳发展，也不能影响产业链供应链的稳定运行。

2021年发布的《关于严格能效约束推动重点领域节能降碳的若干意见》（以下简称《意见》）明确指出，到2025年，钢铁、水泥等重点行业及数据中心要达到标杆水平的产能比例将超过30%，行业整体能效水平明显提升，碳排放强度明显下降，可持续发展能力得到明显提升。到2030年，重点行业能效基准水平和标杆水平进一步提高，达到标杆水平企业比例大幅提升，行业整体能效水平和碳排放强度达到国际先进水平，为工业部门的节能发展规划了详细目标，但在具体实施进程中仍要根据实际形势进行动态调整。

（2）深挖节能降碳技术潜力。在钢铁、化工等工业生产过程中，伴生了大量余热资源。据相关机构测算，这些资源可换算成约 6 亿吨标准煤。以钢铁为例，全行业工业余热资源量约 1.8 亿吨标准煤，但当前余热回收率仅约 1/3。工业余热资源丰富、潜力巨大，其回收利用不仅可以节约能源，而且没有污染物排放，属于清洁能源。部分企业已经敏锐地捕捉到了其中蕴藏的减排潜力。上海宝钢节能环保技术有限公司自主研发的工业余热梯级综合利用技术和中国石化集团公司研发的绿色高效百万吨级乙烯成套技术等新技术的应用在提升工业企业节能降碳水平的同时，也有力带动了技术装备创新，推动了重点行业工艺流程、生产设备的升级换代，促进了行业向绿色低碳转型。为了鼓励类似的技术创新，政府应充分整合科研院所、协会和企业力量，发挥科研创新优势，开展技术装备攻关、加快成果转化，激发全产业链绿色技术需求，将绿色技术研发、绿色装备制造打造成为未来高新技术产业的"蓝海"，助力我国制造业向高端、高效转型。

（3）科学有序强化能效约束。高耗能行业重点领域节能减碳是一项极为复杂的系统性工程和系统性变革，涉及政府、行业、企业及公众等各方面的利益诉求。在当前发展阶段，单纯依靠政府的政策指令或市场的自发行为，都无法将节能减碳工作落实到位。在这个过程中，要科学处理发展和减排、整体和局部、短期和中长期的关系，在突出标准引领、深挖技术改造潜力的基础上，要强化系统观念，科学有序强化能效约束。例如，《意见》中便科学界定了重点领域，聚焦了一批能源消耗占比较高、改造条件相对成熟、示范带动作用明显的重点行业，引导企业开展节能降碳技术改造。《意见》选取的钢铁、电解铝、水泥、平板玻璃、炼油、乙烯、合成氨等，都是单位产品能耗强度高、行业能耗总量大的行业。不过，要切实推动重点领域节能降碳，还要在突出重点的基础上，有序推进、压茬推进，避免"眉毛胡子一把抓"。要整合现有政策工具包，修订完善配套政策，多部门、多领域形成合力，共同推动我国能源效率持续提高、碳排放量显著下降——一方面，要限期分批对重点行业节能减碳实施改造升级和淘汰，在规定时限内将能效改造升级到基准水平以上，力争达到能效标杆水平；淘汰不能按期改造完毕的项目，对于能效低于本行业基准水平且未能按期改造升级的项目应限制用能。另一方面，要确保政策稳妥有序实施，充分考虑经济平稳运行、社会民生稳定等因素，既要整体推进，又要一企一策。

8.5 本章小结

中国在过去40多年不仅取得了举世瞩目的发展成就，城市化水平也得到了相应提升，但城市规模的扩大在促进生产要素流动的同时也引起了区域性和结构性能源短缺的问题。

随着承载人口的增多，未来全球城市都将面临更大的能源需求。破解城市发展瓶颈，推进能源消费转型已成为势不可挡的发展潮流。如法国和巴西以核能和甘蔗乙醇代替石油、天然气能源，美国的混合能源体系，韩国、日本的U-Korea、U-Japan战略，新加坡的"智慧国"计划等，都在发挥自己的智慧，以新兴的技术助推城市能源转型。以德国为代表的欧洲国家作为能源转型方面的先驱，更是为世界其他国家应对气候变化奠定了研究和实践的基础。目前，全球正在推进建设城市能源转型项目，但其中不乏如韩国松岛"智能鬼城"、武汉1.75亿元智慧城市项目烂尾等不理性案例，因此，从现实案例中总结前人智慧，提炼经验启示具有重要意义。

本章首先从中国能源消费现状出发，结合国际背景说明中国能源消费转型的必要性，接着从交通、建筑以及工业三个关键部门梳理国际与国内城市能源消费转型的先进案例，最后通过案例间的对比为我国城市能源消费转型总结经验与启示。

针对交通领域，提出四条建议：①坚持结构改善与技术提升并重；②关注重点难点领域，提高能源转型速度；③加大科技研发投入，攻克交通能源领域的技术难题；④以人为本，引导居民树立绿色出行观念。

针对建筑领域，提出四条建议：①加快制定完善统一的建筑节能标准，强化政策约束；②合理确定节能建筑的试点范围、建设规划、建设顺序并进行动态调整；③对既有建筑及公共建筑进行节能改造，实现水、电、热资源的充分利用；④推广可再生能源建筑。

针对工业领域，提出三条建议：①发挥能效标准引领作用；②深挖节能降碳技术潜力；③科学有序强化能效约束。

整体而言，本章的内容将对完善能源基础设施建设，转变城市能源消费习惯，实现城市能源消费结构优化提供有益的洞察与见解。

第 9 章　城市可持续发展与能源供应转型

随着城市化进程的推进，要求区域承载的人口数量日益增多、人口规模日益扩张，未来城市更大的能源需求须要更大规模的能源供应。城市的能源供应情况也是备受关注。破解城市发展瓶颈，推进能源供应转型已成为势不可挡的发展潮流。各国都在发挥自己的智慧，以新兴的技术助推城市能源转型。以德国为代表的欧洲国家作为能源转型方面的先驱，更是为世界其他国家应对气候变化奠定了研究和实践的基础。

本章首先结合国际背景说明中国能源供应转型的必要性，接着总结和梳理世界发达国家能源供应转型的典型案例和经验，进而围绕能源供应的重点部门，以德国为例，梳理城市能源供应关键部门的转型经验，最后通过案例间的对比为我国城市能源供应转型总结经验与启示。具体包含以下几个方面的内容：

（1）发达国家能源供应转型的经验。
（2）以德国为例的城市能源供应关键部门的可持续发展经验。
（3）我国城市能源供应转型革命与实践。

9.1　能源供应转型的国际经验

自原始社会时期，人类开始将火运用于生产生活后，能源便成为人类生存所需的一种重要资源。在人类诞生早期，火是我们生活中必不可少的一部分，它被广泛运用于多个方面，包括为人类带来温暖、将生的食物烧熟以及生活中的其他需要。随着技术的进步，人类学会将大自然的"馈赠"，即煤炭，运用于生活中。通过在日常生产生活中对煤炭进行开采及运用，化石能源开始正式进入人类的日常生活中，并与我们的生活息息相关。后续蒸汽机的发明具有重要的意义，使煤炭这一能源更为广泛地走进千家万户。不仅如此，燃煤发电厂也参与到了生产过程中，电力取代了木材，成为主要的生活能源。19 世纪 80 年代，内燃机的发明改变了煤炭主导的局面，石油和天然气开始越来越被人们需要。各项地质理论以及钻井、炼油等多项技术迅速发展，又使油气产量更上一层楼。在20世纪60年代，油气在一次能源中占比已经超越了煤炭，达到了半数以上，成为世界上最主要的能源。

任何事物都具有两面性，诚然，一系列的化石燃料在各部门的大规模运用带来了社会的进步，但与此同时，它们也造成了一些重大的人类健康和人类福祉问题。越来越多的负面效应出现在我们的视野当中，令人无法忽视其带来的严重后果。因此，为应对这些负面效应，当务之急就是要制定绿色能源战略，从而降低对环境和社会的影响，实现可持续发展。

在传统能源带来的负面效应下，全世界开始寻求能源领域的转型。能源领域的转型是为了谋求社会的可持续发展，提供持续可用的能源，在控制成本的同时减少对环境的破坏。化石能源并非不会被耗尽，缺乏可持续性，而绿色能源等是相对可持续的。绿色能源的发展对可持续发展的重要性显而易见。对于绿色能源的需求推动了能源领域的转变，主导能源开始从传统化石能源向新能源转型，减少了化石燃料的负面影响。在改善环境、产生积极影响的同时，还能满足生产应用的清洁能源需求。基于此，世界各国为了实现可持续发展，纷纷开始了能源转型的探索。

9.1.1 德国能源转型

德国为了实现可持续发展，也开展了一系列推进能源转型的工作。与其他国家不同的是，德国能源转型的最初目的并非是减少化石能源使用和降低温室气体排放，而是源于民众激烈的反核诉求。在日本2011年福岛核电站事故发生后，德国民众便呼吁不再使用核能，并展开了大规模的抗议行动。自此，德国走上了能源转型的道路，决定在未来的40年里，在电力行业舍弃核电，一步步向其他可再生能源转移，不再一味依赖核能和煤炭。下面介绍德国为实现可持续发展而采取的一系列措施。

在德国能源行业转型的过程中，相关政策的制定发挥了重要作用。德国能源转型的法律法规框架主要围绕2000年颁布的《可再生能源法》（EEG），即以EEG为中心的一系列法律法规体系。这一体系围绕电力、交通、供暖多个领域制定了相关政策和众多法案，其目的就是激励可再生能源的发展，推动德国的能源转型，实现可持续发展。在实践过程中，面对遇到的问题以及新的要求，该法案被不断修改调整，不断适应着实际能源市场的发展。这一法案分别在2004年、

2009 年、2012 年、2014 年和 2017 年做出了修改，最新的一次修改是在 2020 年。对可再生能源法进行的六次修订，为提高可再生能源的占比提供了法律保障。可再生能源法将光伏和风电确定为能源供应领域的中心位置。德国可再生能源发电量显著提高，至 2020 年，在总发电中所占的比重达到了近一半。这意味着德国能源转型在这一阶段取得了成功。

德国在打破电力领域的垄断、推进市场化改革方面也做出了很多努力。德国早在 1998 年就通过了《电力市场开放规定》，意味着德国启动了对电力市场大刀阔斧的改革。在德国对电力市场进行改革之前，其电力市场在资本的控制下具有高度垄断的特征。在改革的进程中，电力市场相关的规定得以公布和实施，以往垄断电力市场的能源寡头被拆分，促进了电力领域的市场化转型。与此同时，传统能源企业也开始谋求转型发展，向着更为可持续的方向转变。德国于 2015 年发布了《适应能源转型的电力市场》，这是一项具有战略性意义的行动。德国计划构建适应能源转型的电力市场"2.0 版本"，决定废弃以往的过度补贴或奖励政策，并公布了电力市场改革的具体内容。此外《德国电力市场法》进一步推进了电力市场弃核、去煤和提升可再生能源份额，帮助实现经济、可靠、可持续的电力供应。

此外，随着数字化时代的到来和相关技术的不断发展，德国能源领域也开始寻求与数字化的结合。政府为了促进能源领域与数字化的深度融合，也颁布了相关的法案来推动能源领域的转型发展，如 2016 年颁布的《能源转型数字化法案》，主要目的在于推广智能电表的安装与适用，即致力于推进电力供应系统逐步满足未来能源转型发展的需要。此外，为了让能源供应系统走向数字化、智慧化，德国还开展了很多数字化试点项目（Smart Energy Showcases-Digital Agenda for the Energy Transition，SINTEG），进行能源转型数字化的积极探索。除了电力部门，德国还在供热、交通、建筑等多个领域，出台一些相关的政策法规来促进可再生能源的发展。

9.1.2 美国能源转型

美国为了实现可持续发展开展了能源转型，主要集中在两方面：一方面是为了实现"能源独立"而进行的页岩气革命，另一方面是为了实现能源领域的低碳化而采取的一系列措施。

"能源独立"是美国能源转型中的重要目标，同时，美国推进能源转型也是为了实现能源行业的清洁化。发生在 20 世纪 40 年代的第四次中东战争，引发了第一次石油危机，造成了国际局势不稳定，能源价格飙升，因此时任美国总统尼克松提出了"能源独立"这一设想。由此这一设想成为之后历届美国总统的使命。成功开发页岩气就是美国为了寻求石油的替代能源、实现能源独立的一步。"能源独立"这一设想提出后，美国开始对页岩气开采技术进行攻关，在政府支持和中小公司积极参与下，经历了早期的探索和中期的技术研究，美国迎来了页岩气开采的光明与希望。在 2009 年，美国的天然气产量首次超过了俄罗斯，成为世界上最大的天然气生产国，产量达到了 6 240 亿立方米。美国在 2016 年成为 LNG（液化天然气）出口大国。页岩气开采的增加让美国成功从过去的能源进口国转成了一个可以全面实现能源自给的天然气出口国。从"能源独立"提出的 40 多年来，每一届的美国政府都在通过各种政策和措施来保障美国能源供应尤其是油气供应的安全。2017 年特朗普政府为了推动美国能源的发展提出了"美国优先能源计划"，也是基于"能源独立"，支持发展清洁煤电的技术，此外还提出要以保护环境为前提来发展能源等计划。

除了对能源独立的追求，美国对能源的可持续发展也十分重视。通过大力发展天然气和可再生能源，来实现可持续发展的目标。美国以可持续发展为目标的能源转型侧重于天然气、清洁煤、核能和其他清洁能源的开发和使用。美国政府为开发新能源采取了一系列措施。

2007 年，美国能源部为了实现可持续发展目标，成立了先进能源研究计划署（ARPA-E），为可再生能源领域的技术保障提供相应的政策支持。该机构成立后，为包括太阳能、风能、储能、碳捕捉以及输电等多个可再生能源领域提供政府资助。美国为了进一步推动新能源的发展，出台了一系列法律法规，如《2005 国家能源政策法》为光伏投资制定了减免政策，推动光伏的发展；《2007 美国能源独立及安全法》和《2009 年恢复与再投资法》加大了对清洁能源及技术的投资规模；2009 年，奥巴马政府出台的《美国清洁能源安全法》，确立了美国能源转型中清洁能源的发展方向以及相应的减排目标。另外，为挖掘新经济增长点，摆脱经济危机，奥巴马政府发起了美国有史以来最大规模的清洁能源复苏战略。奥巴马政府认为推动新能源的发展，可以为民众带来更多的就业机会，从而恢复经济。2021 年年初，新任美国总统拜登，签署了一系列的行政命令，包括重新加入特朗普曾宣布退出的巴黎协定。同时，拜登还承诺将在未来 10 年内大幅削减美国温室气体排放，预期将其排放量减少到至少比 2005 年低 50%。这是为了使全球的气温保持在生命可以适应的范围内，即全球平均温度比工业化前水平高出约 1.5℃。这一承诺让美国探索可持续的能源利用方式，从而进一步促进可持续发展。

9.1.3 丹麦能源转型

丹麦为了实现可持续发展也做出了一系列举措，其中丹麦的两次能源转型一直被大众所关注。在绿色能源的转型上，丹麦一直都走在前列，是当之无愧的"排头兵"。2019 年，丹麦的整个电力生产过程就已经相对绿色、清洁，产生的污染也相对较少。其供给主要来源于风能和太阳能这类更为清洁的能源。它们的占比超过了一半，达到了历史最高，这是前所未有的进步。丹麦可再生能源发展如火如荼，相较之下，作为曾经的"大哥"，煤炭的占比却在逐年下降。目前在供给侧总发电量中的比例已经下降到了 13%，较 2017 年降低了 7 个百分点。

丹麦能源转型的重头戏是风电，值得中国借鉴。丹麦的一次能源系统转型主要聚集在供应侧。从 20 世纪石油危机以来，丹麦就一直在改革其能源体系。丹麦率先采取了风力发电的现代利用措施，此外还扩大了区域供热和热电联产。丹麦大力提倡发展风电，成为第一个建设商业海上风电场的国家，并在接下来的几十年中一直是风电行业的先驱。通过几十年的努力，丹麦顺利地完成了一次能源转型。在能源供应领域，到 21 世纪初，能源自给率达到 100%。能源的供应更为多元，不仅实现了能源的净出口，而且在风电等可再生能源领域形成了技术优势。

虽然经过了一次能源转型，但丹麦的能源供给侧依旧是高碳结构。20 世纪 90 年代，由生产活动带来的温室气体的排放与日俱增，随之产生的是严峻的气候问题。同时，国内气田的减产也带来了长期进口需求。在多方因素的影响下，丹麦再次将能源转型纳入工作议程，开启了新形势下的再一次能源转型工作。2011 年《能源战略 2050》发布，这一战略对未来丹麦能源领域做出了部署，并对实现这一目标的具体举措进行了安排。预计在 2050 年前彻底摆脱对化石能源的依赖，丹麦计划采取提高能效、增加可再生能源使用、减少总能源消费等一系列相应的配套措施（Røpke et al.，2019）。

2019 年 12 月，丹麦的气候法案被议会通过，是世界上首个气候方面的法案。该法案承诺了一系列关于温室气体的排放目标，并以 1990 年的排放值作为基准，在 2030 年前，丹麦将减少现有温室气体排放量的 70%。除此之外，还提出了另一个雄心勃勃的目标，即到 2050 年彻底摆脱化石燃料，实现低碳、零化石燃料社会。能源消费百分之百地由可再生能源支持。2020 年 5 月丹麦政府在原有气候法案目标的基础上，进一步提出世界首个气候"行动计划"。该行动计划是为了实现气候法案中提出的减排七成的目标，具体来说该举措主要涵盖以下六个方面：建造能源岛、发展绿色技术、提高建筑物的能源效益、采用区域供暖或电热泵的绿色供暖、提高丹麦工业的绿色能源比例和能源效率等。

目前，世界能源在能源类型、生产方式和利用方式上，已经开始从高碳向低碳、从简单生产向技术生产、从一次向多次利用转变。通过对德国、美国及丹麦能源供应、能源转型的历史背景进行介绍，我们可以发现，这些国家在能源转型的过程中都在稳定能源总供应的基础上，大力促进可再生能源的供应。为了实现更加环境友好和可持续的未来，各国政府鼓励和支持在绿色能源供应领域的投资，提高可再生能源的供应和能源利用效率，从而以绿色能源取代化石燃料。这些转型措施通过制定一系列的可持续能源战略和政策，提高了可再生能源在能源供应侧的比例，推动了清洁技术的进步，有利于实现能源供应的低碳化和绿色化。

9.2 可持续发展：电力与热力部门融合——以德国城市为例

随着环境和经济之间关系的日趋紧密，可持续发展已经成为通往未来的一条必经之路。可持续发展的目标就是实现经济的高质量发展，在兼顾社会公平效率的同时保护环境，改善环境质量。正如上一节所阐述的，为了实现能源领域的可持续发展进而实现经济的高质量发展，各个国家不断进行着能源转型方面的探索，并取得了丰硕的成果。这一节，我们将以德国城市能源供应转型为例，介绍一种实现城市可持续发展的重要方式，即行业融合。为了实现城市的可持续发展，不同行业的融合是一个有效的措施。能源系统主要有四个部分，分别是电力、燃气网、区域供热网以及区域冷却网。在当前可再生能源不断发展、城市能源系统向可持续发展不断迈进的大背景下，承载能源系统的四个关键要素也需要实现融合发展。要素之间的联结有利于提高能源系统的灵活性，促进城市能源利用效率的提高。依托行业融合，可以推动城市能源供应的可持续发展。

9.2.1 可再生能源与区域供热的结合

区域供热基础设施在提高能源效率方面可以发挥重要作用。区域供热包括连接社区、城镇中心或整个城市的建筑物的管道网络，可以为集中式工厂或多个分布式供热装置提供服务。区域供热系统随着时间的演变不断进化，现如今，区域供热的潜在热源为工业废热、各种类型的热电联产厂的燃烧余热、可再生能源、大规模热泵等。随着区域供暖技术的不断发展，供热燃料从最开始的油、气、煤等化石能源，逐渐转变为包括生物质能、风能、太阳能等多种可持续能源。越来越多的热力来源可以用于区域供热。随着区域供热能源结构的变化，区域供热网络的温度水平也有所下降，能效得到提高。

丹麦、瑞典等北欧学者提出了第四代区域供热（集中供热）技术体系（4th Generation District Heating Technologies and Systems，4GDH）。第四代区域供热系统，即低温区域供热系统，供水温度保持在50~60℃区间。该系统完全不使用化石燃料，相反，诸如太阳能、地热能、风能等一系列可再生能源在这一系统中得到了充分的利用。以往的供电方式是单向的，即由热力公司向用户单向供热。如今，供热发生了由"单"到"双"的转变，从过去的"企业到用户"的单箭头升级为"企业到用户""用户到企业"的双箭头。4GDH系统被定义为一个连贯的技术和体制概念，通过智能热电网帮助可持续能源系统的适当发展。4GDH系统为低能耗建筑提供低电网损失的供热，将低温热源的使用与智能能源系统的运行相结合。

第四代区域供暖注重能源效率、灵活性以及所有可用可再生能源和废热资源的综合集成。供水温度较低使得第四代区域供暖更加有利于提高能源效率，更好地利用工业余热和蓄热，经济上更合理。此外，建筑将变得越来越节能，以此减少单位建筑面积的热量需求。低温高效的区域供热系统所发挥的作用将与日俱增。

第四代区域供热运用了当前用于实践的可再生能源，并将继续集成更多可再生以及余热资源。这一系统的灵活高效都由能源存储以及企业和用户的双向互动来保障。通过对低温供热和更优的管道系统的使用，热量在其中的损失能够达到最小化，因此，区域供热可以被运用到更多的地方。此外，4GDH也被证明具有更低的供热成本，具有经济效益（Averfalk et al.，2020）。与前三代区域供热不同，4GDH的发展涉及应对更节能建筑的挑战，以及将区域供暖整合到未来基于可再生能源的智能能源系统中。

4GDH的目标是迎接挑战，并确定实现未来可再生能源热供应的手段，作为实施整体可持续能源系统的一部分。与前三代不同的是，4GDH的发展涉及平衡能源供应与节能，这对于城市的可持续发展具有重要意义。

9.2.2 德国电力部门与热力部门的融合潜力

德国主要的供暖方式包括天然气供暖、柴油供暖、木材供暖、热泵、电供暖、太阳能供暖等，被广泛运用于不同行业的不同部门，以满足不同的取暖需求。2019 年，德国的碳减排工作取得成效，总体减排量同比减少了 5 000 多万吨，减少部分主要是由于太阳能、风能以及生物质能等可再生能源发电量的增加以及传统能源发电量的减少，用电侧超过四成的能源需求都是依靠可再生能源满足，这一比例首次超过了传统化石燃料对发电量的贡献度。但在某些领域，如建筑、交通等领域，由于石油和天然气等化石能源的广泛使用，引起碳排放增加，抵消了一部分可再生能源做出的减排贡献。可以看出，德国的建筑供暖在碳排放中占据很大比例，尽管在能源转型过程中，建筑部门被认为是转型中的重要部分，但同样显而易见的是，建筑行业内，用于供暖和制冷的可再生能源的比例一直比较低，并没有取得理想的成效。为了实现德国的可再生能源的发展目标，当前电力行业和供暖行业的融合，尤其是可再生能源发电和供暖行业的融合，即推动可再生能源的供暖的发展，促进建筑行业供暖的清洁化以及城市的可持续发展，是十分必要的。

德国城市的电力和热力部门具有很大的融合潜力，尤其是在可再生能源发电领域，主要体现在两大方面，一方面是如今德国国内碳减排以及城市可持续发展的现实需要，另一方面就是德国可再生能源的发展为两部门的融合提供了供给侧的保障。

从德国的热力部门来看，如果要实现城市的可持续发展，热电融合已经成为必然趋势。热力行业是德国能源消耗最大的行业，其行业消耗的能源总量相当于电力行业和交通行业消耗的总和，而建筑的室内供暖则在热力行业中占总热量消耗的将近五成。因此，从德国整体环境保护和减排目标来看，其建筑行业供暖是能源转型的重点领域，住宅的低碳供暖是实现能源领域零碳的重要一步。2021年 5 月，德国联邦内阁通过了修改联邦气候保护法的第一部法律草案，该草案设定了更为严格的排放目标，即到 2030 年，温室气体排放量将比 1990 年的水平至少减少 65%。此前，还应用了 55% 的减排目标。此外，该草案规定德国必须在 2045 年而不是 2050 年实现气候中和目标。为了实现德国联邦制定的减排目标，热力部门和可再生能源发电的融合具有重要的现实意义，对可持续发展目标的实现意义重大。而且，从很早以前开始，在德国"行业融合"这一方面的研究就被低碳倡导者们所关注和讨论，他们对实现融合的可能性和必要性进行了深入的探讨，即进一步拓展能源领域尤其是可再生能源发电与供暖、交通以及建筑等其他行业进行深入的融合。预计到 2030 年，热电联产将成为区域集中供热的主要方式，与此同时，区域供热也将更多地依靠太阳能、风能以及地热能等可再生能源或者大型热泵。

德国长期以来为了实现可持续发展而推进的能源转型，大力促进了可再生能源占比的提升以及能源领域技术的发展，并从国家层面，为电力行业尤其是清洁能源发电和供热行业的融合提供了政策方面的支持。

从前一部分对于各国在推动能源转型以实现可持续发展的努力可以看出，德国一直以来都致力于积极倡导和发展可再生能源，多年来一直在减少煤电的需求和促进可再生能源清洁发电的发展，尤其是风电和太阳能光伏，这些是尤为高效的发电方式，已经成为德国可再生能源发展财政支持的重点领域，并在政策的支持下得到了长足的发展。

此外，由德国国际合作机构（GIZ）发布的《关于德国能源转型的十二个见解》可以得知，在政府大力支持可再生能源发展的推动下，风能和太阳能等可再生能源占发电总量的比例不断提升，当达到一个较高的比例时，消纳方面的问题就会应运而生，出于经济方面的考虑应当采取措施限制发电峰值或利用一部分电力生产热能。如果为了所有的传输电量专门设计电网，成本将十分高，经济效益则比较低，因为这些专门设计的用于传输的电网可能在一年内的使用时间只有几个小时。因此，在可能的情况下，可以将这些电能用于热能的利用，从而达到节约能源可持续发展的目的。考虑到这一点，德国也正逐步积极拓展能源可再生应用的范围，旨在将其应用拓展到更多的领域，比如，可以将可再生能源用在供热领域中，将可再生能源运用到交通运输中，从而实现逐渐替代化石燃料的目的。正如 Diana 等人在不同假设下评估了 2015—2030 年德国区域供热网中电热技术的潜力后得出的结论一样，德国区域供热网中的电热设备潜力巨大，电热技术在德国拥有巨大的技术潜力和经济潜力。

9.2.3 德国电力部门与热力部门融合的探索

为了实现城市的可持续发展，推进不同行业间的融合发展，德国多年来做出了包括发展储能技术在内的很多探索。该技术是将可再生能源发电产生的能量通过储能设备存储起来，存储的热量可以用于供暖。倘若相变储热技术能够被大规模运用，就有望通过实现供电侧的进一步主动调峰、提高电网的灵活性以及帮助用户侧进行储能调峰等方式，实现对"废电"的再利用，让能源的使用更加"可持续"。其中，见效最大的是大规模提高可再生能源消纳，通过实现电热的融合，有效优化了城市集中供热管网的能力。不管是站在微观角度，还是站在宏观角度，热电的融合都能够对进一步改善和解决现有电网供需结构中存在的问题提供帮助。这一技术的探索为实现电力部门与热力部门融合，实现可再生能源发电供暖，通过储存热能，需要的时候再高效率地释放出来，这种能源利用方式对于实现城市可持续发展具有重要促进作用。鉴于储能技术的发展对于实现可再生能源发电供暖具有重要意义，因此，需要重点介绍德国的两种储能技术。

2019 年，德国储热技术公司同瑞典的国有企业强强联合，在柏林地区的区域热网中将一套钢储热系统投入实际生产过程中，这是热容量为 2.4 兆瓦时储热系统的首次运用。次年，该公司将这一技术制造的储热系统的容量增加到了 40 兆瓦时，在这一最新的容量更大的储热系统中主要采用钢金属作为储热介质，它是储热系统进行储热的重点，整个储热过程都是依靠它进行的，用于储热的模块重量达到了 4 吨。在储热过程中，利用电能对钢模块进行加热，当温度达到 650℃后实现电能的转化，并以热能的形式存储，这部分热能可以被用在工业生产的高温蒸汽中。利用电能对钢模块的加热将电能中的能量进行转换，将这部分能量转化到热能中。除了用于工业的高温蒸汽外，还可以用于为区域供热以及为居民室内提供热量。此外，经过转化的部分能量还可以被重新转化回原始状态，运用于发电过程，通过把轮机配套到储热系统上，把存储起来的热能再转化为电能进行使用，在这个过程中，会有约 1/4 的热能被转化回电能进行使用。但需要说明的是，这一部分的效率，即将热能重新转换为电能的过程中，转化效率并不是很高，还存在较大的提升空间。解决这一问题的方法就是把低品位的热能，即温度对应于 100~120℃的这部分热能运用到供热中去。通过这样的方式，整个系统的效率可以提高至约 95%。除了钢储热系统外，还有一项运用于储能领域的被称为"卡诺"的新发明。2020 年 1 月 16 日，德国政府发布了声明，其中十分明确地传达了最新的决定，即于 2030—2040 年中后期关闭德国国内全部燃煤电厂。做出这一决定的原因在于，德国 1/3 以上的电力都来自煤电厂的燃煤发电，伴随产生大量温室气体，进而加剧全球变暖。为了不彻底改变火力发电行业的技术，保留现存火电站大部分资产设备，同时避免该决定带来的失业等社会问题，德国宇航中心（DLR）提出了"卡诺"电池技术。据德国宇航中心的研究人员介绍，"卡诺"电池是一种低成本的，相较一般抽水蓄能装置而言很少受地域限制的，且能够储存电量的储能技术。通过使用高温热泵，可再生能源产生的电能可以被转换为一定范围内的热能，温度为90~100℃，这就是卡诺电池的工作原理。90℃的水或500℃的熔融盐都能够用于存储这一部分的热能，因此存储成本相对较低。存储起来的热能在必要的时候就可以通过转化变为热能和电能进行使用。除了能够将能量进行存储以供必要之时使用，卡诺电池还有另外一个不可忽视的好处，即可以供热和制冷，这意味着卡诺电池的应用范围可以很大。诺贝尔物理学奖获得者、储能领域国际知名专家、斯坦福大学的罗伯特·拉夫林（Robert Laughlin）教授认为，电力-热能-电力存储系统（称为"卡诺电池"）将成为在德国碳中和过程中整个能源系统中存储大量能量的重要技术。

9.3 中国城市能源转型与实践

我国经济过去可谓是高歌猛进，取得了较快的发展。较快发展也带来了日益增加的能源消费，当前我国已经成为能源第一消费国。但在能源的供给侧，我国"富煤、贫油、少气"的资源禀赋条件，使得我国能源的对外依赖度十分巨大，尤其是石油和天然气，进口依存度都非常高。能源的进口依赖度较高使我国能源领域面临着重大的能源安全问题，进口地区的集中分布使得我国的能源供给受到地缘政治与国际形势的影响；另外，我国能源虽然存在严重的供不应求现象，但能源价格的长期管制使能源价格存在非市场化的问题，价格机制也不尽合理。如果将能源价格置于政府的管控下，低价能源便无法体现市场的供求规律，反映不出资源是否稀缺，这一问题将会使人们对该资源的需求无节制地增加，资源便无法得到有效配置；此外，由于供给不足和价格扭曲，我国能源的使用效率较为低下，且一直以来在我国经济中扮演"重头戏"的都是第二产业，即占比较高，能源强度较高。一方面，产业结构的不合理与能源利用的低效使得我国经济增长的效率大大下降；另一方面，无法实现负外部成本在能源的生产和能源的利用整个过程中的内部化，给我国环境带来了破坏，严重污染了环境并破坏了生态系统。为实现新常态下的新发展，能源革命越来越受到国家的重视。

9.3.1 中国的能源革命

为了应对我国能源领域当前形势下面临的众多挑战，我国在能源领域进行了改革。中国的能源革命主要包括消费、供给、技术以及体制四个方面，除此之外，能源革命还提出了要全方位加强国际合作，在开放条件下，实现国家的能源安全。下面，对中国能源革命的四个方面进行详细的介绍。

首先，推动能源消费革命，即对不合理的能源消费进行抑制是能源革命的第一个方向。对总量的控制是改革的主要内容，通过控制总量，将节能优先落实到实践中，使之成为一条贯穿全过程的主线，具体细致地体现落实到经济社会发展全过程、各领域。与此同时，要对产业结构进行积极的调整，其中包括在城市化的过程中重视生产生活中的节能。此外，还应将勤俭节约的观念深入人们的心中，成为整个社会认可的消费观念，使得整个社会的能源使用更为节约。

其次，推动能源供给革命，建立多元供应体系是能源革命的第二个方向。要基于国内的多元能源供应来源，保证我国国内能源安全，在能源的供应侧，应当致力于促进过去导致环境破坏的传统化石能源（如煤炭）的清洁化。此外，还包括大力促进其他非传统化石能源的可再生能源的发展，使得整个能源供应的格局由煤和其他多种可再生能源以及新能源的多方位供应构成。另外，能源供应领域相应的适配网以及储备设施的建设也应当跟上，与能源供应的发展同步。

再次，推动能源技术革命、带动产业升级是能源革命的第三个方向。我们要综合考虑本国国情，在结合本国国情的基础上还要统观大局，时刻关注国际能源技术发展的最新进展，紧跟最新发展趋势，在方向上，始终坚持绿色和低碳，促进技术、产业、商业模式等方面的创新，将创新与技术紧密结合，使能源领域及其关联行业成为新的经济增长点。

最后，推动能源体制革命、打通能源发展快车道是能源革命的第四个方向。能源领域的市场化，在这一过程中，能源产品的商品属性应当实现还原，发挥其应有的作用，促进市场更为良性、更为有序的竞争，形成完善的市场体系。此外，政府提供的法制保障也是必不可少的一个重要环节。能源革命还有一个合作问题，那就是加强与国际上其他国家的全方位合作，在开放的条件下实现能源安全。立足国内，加强国家合作，有效利用国际资源。

能源革命的目标包括保障能源供应、控制环境污染、调整经济结构、应对价格冲击和保障能源安全五个维度。其中，能源供应革命是重要的维度之一，因此在能源革命中，保障能源供应是重中之重，这不仅是能源革命中的重点任务，也是符合新常态下新发展理念的战略部署。

9.3.2 能源供给侧的改革成果

自 2014 年提出能源革命以来,"十三五"期间,中国在能源生产和消费、能源体制改革与相应的技术创新方面都取得了较大的进步。其中一次和二次能源在能源供给领域的保障作用不断增强,如风能、太阳能等可再生能源的装机量不断上升,发电量占比也随之提高,已成为能源转型的重要组成和未来电力增量的主要来源。

在光伏发电领域,截至 2020 年年末,总装机容量连续 5 年来一直居于世界首位,连续 7 年新增量保持全球第一。截至 2019 年年底,中国光伏发电的装机总量占到了全部类型电力装机的十成,超过了 200 吉瓦。中国在太阳能热发电领域大放异彩,多项国际标准引领全球产业的发展,多个技术如多晶硅、电池片以及组件等的产能在全世界独占鳌头。"十三五"期间,各地区消纳情况也得到了一定程度的改善和缓解,技术不断优化升级,几年的时间不仅弃光率降低了,弃光量也相应降低了。与此同时,光伏行业的补贴强度持续下降,产业结构也得到了持续的优化。"十三五"规划中设立了光伏产业"直至 2020 年年底,光伏发电装机达到 1.05 亿千瓦以上"的目标,而我国早在 2017 年年底就完成了"十三五"设定的目标,累计装机容量达 1.3 亿千瓦。到 2020 年 10 月底,这一数字已经达到了 2.28 亿千瓦,早已经超额完成任务,新增加的光伏装机容量已经连续 8 年稳居世界第一,光伏发电量也达到了 2 230 亿千瓦时,同比增长 16.7%,光伏利用率达 98.3%,同比增加了 9 个百分点。

在"十三五"期间,我国能源供给领域,风电行业取得了可喜的成就,仅仅用了 4 年的时间,就完成了在"十三五"初期对风电行业提出的规划目标,风电的总装机容量累计达到了 2.1 亿千瓦。我国风电行业迎来了飞速的发展,实现了"十三五"期间单年最大新增装机规模。

与此同时,风电领域的消纳问题也在逐步缓解。在上个五年规划结束之时,风电的消纳问题在我国十分严重。根据国家能源局公布的数据,2015 年,我国西部地区的甘肃和新疆以及东北地区的吉林这三个省份的弃风率很高,总弃风 1/3 以上,而全国的弃风情况也并不是很乐观,2015 年平均弃风率达到了 15%,整体态势严峻。面对这一情况,国家能源局等能源主管部门为改善风电消纳情况,做出了一系列相应的措施,切实推行了一系列政策,贯彻落实并取得了一定成效。风电投资的检测以及预警、项目的建设以及定期公布的并网运行的情况,这些政策的有效落实促进了风力发电量的增加，缓解了弃风限电等遇到的问题，大力推动了风电行业的健康发展。

目前我国陆上风电已经进入了平价时代，风电的工程造价获得了明显的降低，这都是由风电行业内产生的规模效应、竞争性的配置以及技术上取得了较大的进步而促成的。造价的降低也对"十四五"期间陆上风电更进一步实现全面的平价上网具有积极的促进作用。此外，为了风电行业的平价化，政府也做出了一系列努力，政策助力一系列相关平价项目的开展，在2020年一年的时间内，平价项目产生的发电量就相当于半个三峡大坝，建设积极引导了陆上风电的发展，使其发展更为健康有序。

另外，在"十三五"期间，我国的海上风电行业也不甘落后。至2019年9月底，海上风电并网容量已经超过了500万千瓦，比"十三五"规划中要求的时间早了15个月。同时，这一年度新增的海上风电装机规模有250万千瓦，占全球装机规模超过四成，已然成为全球风电产业发展的一股不可或缺的力量。海上风电在全产业链技术进步以及体系发展智能化等各个方面，也都取得了不错的成就。平原风电领域也开始获得风电行业更多的关注。当前，我国风电技术取得了创新发展，相关产品和技术日新月异，展现出全新的风貌。

可以看出，"十三五"期间，我国在能源领域进行了很多的探索，也取得了较为显著的成效，为我国下一步能源领域的发展奠定了基础，对推动我国可持续健康发展具有重要积极的意义。

9.3.3 中国能源可持续发展探索

近年来，尤其是"十三五"期间，我国在可再生能源领域取得了令人瞩目的成就，但还需要承认的是，还有很多的问题，比如，我国在风电利用上还有很大的不足，这是由于我国当前存在着严重的弃风问题。"三北地区"虽然风力资源是最丰富的，但弃风问题为全社会所关注。在这样的背景下，为了实现城市的可持续发展，寻求技术方法解决弃风问题，从而提高我国风力资源的利用率，中国也做出了很多探索，其中一项就是风电清洁供暖，这对城市的可持续发展具有重要意义。下面以吉林省的风电供暖为例进行介绍，以吉林白城的试点作为风电供暖案例的参考。

风电已经成为越来越多的地方发展清洁能源的重要部署方向。但大规模风电场在建设的同时，也产生了消纳问题、输送通道有限以及弃风等现象。吉林白城在发展风电初期就面临着以上诸多问题。为了解决这些问题，当地开始寻求破题之法。伴随热电机组和风电装机容量的增加，弃风问题随之产生。在 2012 年 7 月底的时候，吉林省统调装机容量为 1 970 万千瓦，风电装机容量为 353 万千瓦。其中吉林省用电负荷最高达到 830 万千瓦，而相较而言最小仅为 470 万千瓦，相差 360 万千瓦。在 2012 年全年，白城市风电利用率较低，全年利用风电小时数为 1 407 小时，与计划相比，弃风率达到了 1/3。在冬季供热期，这一现象尤为严重，这一数字达到了五成以上，其中热电联产"保热调峰"对这一数字的增加"功不可没"。长期以来，吉林白城风电过剩，复合增长缓慢，调峰电源不足，因此风电的发展十分受限。

自身消纳能力与电力生产的供需不均衡、周边省份电量需求的充足以及东北—华北电量输送的基数小造成了白城电力消纳的严重不足。为有效解决风电的消纳，白城市采用了弃风电量进行电供热这一方法来解决存在的问题。使用风电供暖可以达到一箭双雕的效果。在以电供热过程中，蓄热装置起着重要作用。蓄热式电锅炉作为一种储能系统，通过对机组的改造与协调，实现调峰的目的，以此来解决消纳问题。这一项技术在发达地区，如欧洲已经得到了成熟的运用与实践的验证，上文提到的德国就是其中的典型案例。在国家政策的鼎力支持和全方位的大力扶持下，"三北"地区对这一蓄热技术进行了广泛的应用来解决本地区存在的包括消纳能力不足等各种问题。另外，"三北"地区在使用蓄热式电锅炉继续电厂的电力生产的同时，还对电力项目进行了改造，通过融合机组来实施。"三北"地区还开始使用"以热定电"的供电模式，这种模式决定其机组的调峰能力将由配置电锅炉的容量来决定。在用电量的低谷时期，将这一时期不需要的风电用于加热锅炉，其产生的热量可以用于供暖，与此同时，多余的热量还可以被暂时存储到蓄热罐中以备不时之需，在热能的使用高峰期释放出来进行供暖。

白城市通过使用蓄热装置，实现了电供暖，将弃风电量"变废为宝"，解决了一直以来让人头疼的难题。在夜间负荷低谷时间段，多余的电量可以用于加热蓄热装置产生热能，产生的热能被用于向热网供热，与此同时还可以将剩余的热能存储，通过蓄热罐实现对这一部分剩余热能的存储，这部分热能就可以用于在电使用高峰期时对热能的需求。通过利用弃风电量对电锅炉进行加热，这一部分的热经由热网被送到千家万户中，在冬季给居民供暖，一方面解决了风电消纳不足的问题，缓解了用电低谷期电网并网运行的困难；另一方面，无论是使用风电进行供电，还是通过风电加热电锅炉实现供暖，这一过程都是低碳清洁的，相较于传统能源进行发电供暖，对环境的影响更小，能够有效地提升环境质量，实现可持续发展。

白城市对风电清洁供暖这一清洁能源方式进行了大力积极的推广，这一努力能够使风电在城乡居民生活中的应用变得更加高效，更加广泛。这种清洁供暖方式的使用在一定程度上有效地解决了本地风电原来消纳不足的问题，从而使吉林省全省的调峰能力加强；还可以给供热市场注入新力量，带来新气象，形成多元供热格局，市场的多元发展，加强了供暖行业的供暖保障能力。与此同时，积极推广风电清洁供暖还可以极大缓解一次能源的供应输入压力，在冬天不再只依靠煤炭来取暖，有更多的更为清洁低碳的方式进行供暖，减少了大范围使用煤供热产生的锅炉烟尘和炉渣的排放，能够对当地的自然环境起到改善作用。

除了风电供暖，在能源领域，中国还进行了诸多探索，如垃圾无害化处理、沼气利用、各类清洁能源供暖、循环经济等。为了实现可持续发展笃行不怠，踔厉奋发，我们在对可持续发展的探索中，将理论知识不断运用到实践当中，知行合一，并对实践中遇到的问题和经验及时进行总结。可持续发展的实践任重而道远，中国将始终向着这个目标不断探索前行。

9.4 本章小结

本章在系统梳理世界发达国家在能源供应转型的成功经验基础上，进一步以德国城市能源供应系统转型发展为例，总结了行业融合、新储能技术的研发与利用在能源供应转型之路上起到的作用。在系统总结"十三五"时期我国可再生能源发展情况的基础上，分析了目前我国城市在能源供应转型上的积极探索与实践，借鉴国际先进经验，对我国能源供应系统未来进一步向可持续发展的方向转型，提出政策建议。

第 10 章　城市可持续发展与人口

城市的可持续发展与人口紧密关联，城市可持续发展的本质是城市中人的可持续发展。在城市化的过程中，显而易见的两个现象是城市人口比重和数量的增加，以及城市土地规模的扩张。浅显现象背后蕴含着深刻复杂的经济学逻辑，涉及生产、流通、交换和消费等多个环节，关系到城乡产业结构、城市经济持续增长和城市文明等多个方面。深刻理解经济社会固然困难，但从"以人为本"的立场出发，最初形成城市的逻辑和后来建设发展城市，都是为了人的更好发展，因而人是城市发展的关键和核心。研究人口与城市可持续发展问题具有重大的理论意义和实践价值。人口迁移和土地扩张只是城市化的表现形式，通过研究人口数量、结构、素质等因素与城市化的关系，我们能更加深入地理解城市化，透彻地抓住其本质，从而更有效地指导实践。本章从这一角度出发，探讨我国人口与城市可持续发展的关系、现阶段存在的问题、国外的经验，并因地制宜地提出适合我国的人口与城市可持续发展的路径。

10.1　人口对城市发展的重要影响

发展是一个自然而朴素的概念，它是指事物不断变化、前进的过程，由小到大、由简到繁、由低级到高级、由旧物质到新物质的运动变化过程。具体到人口与城市，人口发展是指人口在数量、结构、素质与分布等方面的变化过程（袁晓玲 等，2021）；城市发展则是指城市在产业规模与结构、空间规模与结构、人口数量与素质及科教文卫等方面的变化过程（史桂芬 等，2020）。人口和城市总处在这样一个不断变化的过程中，这个过程自发且无目标约束。然而冠以"可持续"这一限制词后，我们对发展有了新的期待，对发展的手段、路径、成本、结果都提出了更高的要求。

工业革命以前，在以农业为经济社会主导产业的背景下，一方面，农业经济对自然环境的高度依赖使得土地、气候条件对人类社会影响巨大；另一方面，缓慢的技术进步使人类改造自然的能力较弱。人类面临的生态环境问题并不尖锐，对生态环境问题的思考也较少。工业革命以来，快速的技术进步和产业革命使得经济结构快速转变。直接主导产业从农业为主的第一产业向第二、三产业转变，经济发展对自然环境的依赖逐渐减小，而人类活动对生态环境的影响日益扩大。经济生产过程消耗了大量化石能源，产生了大量的温室气体和其他有毒有害物质。生产的各类工业品在使用后未能及时充分地回收和处理，对生态环境造成了严重的破坏。全球变暖和生态环境的破坏导致了极端天气和自然灾害的频繁出现，反过来又对经济发展产生影响。经济发展与生态环境保护之间的矛盾日益尖锐，对相关问题的认识和反思逐渐丰富起来。

"可持续发展"的概念源于人们对经济发展与生态环境关系问题的认识与反思，最早出现在世界自然保护联盟1980年发布的《世界自然保护战略》一文中。目前，国际社会接受度最高的"可持续发展"概念，是1987年联合国环境与发展委员会出版的《我们共同的未来》中的界定："既满足当代人的需要，又不损害后代人满足自身需要的能力。"经济学家和生态学家们一致认为，可持续发展的最终目标是保证人类的生存和发展。实质上是在经济发展与生态环境之间找到一个动态平衡点，在保证公平（包括代内公平和代际公平）的前提下获得优质的生存环境且实现经济最大限度的发展。"可持续发展"是在资源利用不合理、对生态环境不友好的背景下，站在人类发展的全局和长远的角度进行理性思考得出的概念。目标是实现自然－经济－社会三维复合系统的相互协调与共同发展。

以人为本、人口与可持续发展的关系问题一直是20世纪70—80年代可持续发展相关研究的热点。人口与可持续发展之间有着密切的关系，人口发展的可持续性与城市发展的可持续性相互影响。在理想情况下，人口数量、结构、素质和分布的变化要与城市的经济发展水平相匹配。人口增长过快或过慢、人口的劳动技能素质相对于产业发展水平过高或过低都是可持续发展的障碍。因此要实现城市可持续发展，就必须有一个良好的人口条件或环境。这里的人口环境是指人口数量、人口结构、人口素质等多方面指标的综合。

人是可持续发展的核心，人口是可持续发展的要素。人口是不是可持续发展，要看数量、结构与素质等各种人口元素的变动情况。城市发展是否可持续，则要看城市产业规模与结构、空间规模与结构、人口数量与素质及资源利用和生态环境改善等方面的变化过程如何。

10.2 人口与城市可持续发展的相关研究

城市可持续发展理论是可持续发展理论在"城市发展"这一具体问题上的

运用。二者并无实质差别。工业革命以来，随着技术进步速度的加快，经济社会持续发展，城市化进程亦随之加速。城市快速扩张和人口大量聚集，城市系统自然资源禀赋约束，人类治理能力相较于城市发展速度相对落后。环境污染、交通拥挤、自然资源短缺等一系列问题日益严重，对城市发展构成阻碍。城市发展迫切需要一条可持续路径，城市可持续发展理论应运而生。

在追求城市可持续发展的过程中，人既是目标制定者，也是实施者，最终还将成为受益者。人是城市可持续发展的核心。人口与城市可持续发展问题也成为一个重要方面，相关文献颇丰。现有文献大致可以分为以下几个方面：

1. 从自然资源和环境承载力的角度，研究城市人口数量与城市可持续发展的关系

城市发展受制于土地、水资源等自然资源。要实现城市的可持续发展就必须处理好城市人口规模与自然资源承载力的关系。这产生了城市人口适度规模理论，即城市人口规模过大或过小都不好：规模太大以至于超出了城市人口承载力，会对城市的自然生态系统造成破坏，降低人们的生活质量；规模太小则没有完全实现经济发展的规模效应，造成基础设施利用效率低下和社会财富的浪费。

2. 从经济发展的角度，研究城市人口结构与城市可持续发展的关系

人口结构影响城市经济发展的方方面面。年龄结构、性别结构、区域结构等会影响劳动力市场、婚恋市场、资本市场，影响消费结构、产业结构和创新创业（赵耀辉 等，2021）。汪伟（2010）基于生命周期理论，运用省级面板数据考察了中国1989—2006年经济增长、人口结构以及二者的交互作用对储蓄率的影响，发现高经济增长与抚养比下降导致了储蓄率的上升。刘祖源等（2021）利用1990—2018年省级面板数据研究发现，少儿抚养比的上升会增加居民消费，老年抚养比和性别比上升会减少居民消费。程婉静等（2019）基于中国人口结构特征，运用面板向量自回归模型分析了劳动力年龄结构对经济发展的影响，发现经济发展的波动与劳动力结构的变动密切相关。

3. 从人力资本的角度，研究城市人口素质与城市可持续发展的关系

人口素质影响经济社会发展且依赖于经济社会发展，二者高度正相关（耿修林，2008）。人口素质也是人力资本的重要内容，人口素质的提高促进了人力资本的增加。人力资本的增长和扩散是确保经济持续发展的必要条件。从人力资本的角度，人口素质的提高使劳动质量提升，资本利用效率提高，更多具备高科学文化素质的人口也使技术进步的基数扩大。这些都推动了城市经济的持续发展。

人力资本积累是城市发展的主要驱动力之一，而人口素质的提升在其中扮演了十分重要的角色。

4. 从总体规划的角度，研究人口城市化与土地城市化的动态变化及其与城市可持续发展的关系

从城市化进程及现状来看，人口城市化与土地城市化的速度并不一致，二者对经济发展的贡献在不同时期亦有差异。总体来看，由于各地方利益驱动、土地制度缺陷和城乡二元结构等机制或历史问题，我国的土地城市化速度高于人口城市化速度。"摊大饼"式的城市扩张带来了一系列问题。由于土地制度缺陷，城市用地指标未能和城市人口挂钩。我国土地城市化与人口城市化异速增长的程度，存在着明显的区域差异和结构差异。人口城市化与土地城市化的不协调最终会产生交通、住房、社会保障和公共治理方面的一系列问题，阻碍城市的可持续发展。

5. 面向未来，研究人口老龄化对城市可持续发展带来的挑战和应对策略

21世纪以来，人口老龄化已经成为全球性问题，给城市发展带来挑战。人口老龄化改变了城市的社会组织结构，包括城市人口年龄结构失衡和就业人口负担过重等。也改变了生活保障需求和未来的城市建设内容。面向未来，人口老龄化问题已不可避免。城市要可持续发展就必须积极应对这一问题，建设"老年友好城市"。倡导人口自由流动，合理配置公共资源，切实鼓励生育。

总体来看，已有文献对人口与城市可持续发展的研究已经较为丰富。分析的角度亦很全面，但这些研究仅仅涉及了理论层面的分析，以及对个别城市的实证研究。对人口与城市可持续发展缺乏全盘考量。本章在已有研究的基础上，对我国人口基本面（数量、结构、素质）进行简要介绍，分析人口基本面与城市可持续发展的关系，并对国外典型城市的可持续发展进行了案例分析，最后提出我国人口与城市可持续发展的建议。

10.3 人口现状

10.3.1 城镇化进程中人口数量

随着经济水平提高和结构转变，城镇化率逐渐提高，总人口数量仍在增加而增长率趋于减缓。从发达国家的历史经验来看，一个地区人口增长率和该地区的城镇化水平有必然联系。一般而言，城镇化水平与人口增长速度有负相关关系。

随着城镇化水平的提高，人口增长会逐渐放缓、停滞甚至出现负增长。例如，当今城镇化水平已达到 90%～98% 的英国、美国、德国等西方发达国家，其人口增长率几乎为零或是负增长。许多学者就城镇化水平与人口增长率存在负相关关系这一问题进行了深入探讨。

一个合理且接受度较高的解释是：城市化使得农村人口大量流入城市变为城市人口。他们的就业属性也从第一产业变为第二或第三产业。这改变了社会的经济结构，有利于工业化的发展。一方面，工业化的发展对未来的劳动人口素质提出了更高的要求，这意味着生育抚养成本的提高；另一方面，城镇化提供的公共保障使居民老年生活得以保证，较高的生活水平和宗族观念的淡化使得生育抚养的物质和精神收益变低。在这一高一低的权衡中，人口增长率自然逐渐下降。

我国总人口年增长率和城镇化率的动态趋势也大致符合这一关系：1957 年我国城镇化率仅为 15.4%，而人口年增长率高达 23.23‰，总人口 6.465 3 亿。1950—2019 年中国人口总量变化情况如图 10-1 所示。

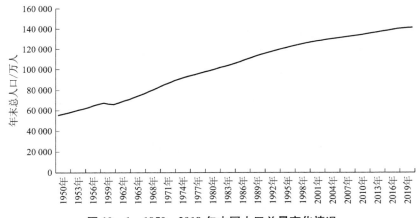

图 10-1　1950—2019 年中国人口总量变化情况

1959—1962 年由于饥荒和经济形势较差，人口出生率下降和死亡率上升，人口自然增长率下跌。在 1963 年人口增长率反弹至 33.5‰。20 世纪 70 年代初期，人口增长率仍高达 28.7‰以上，1971 年总人口 8.717 7 亿。改革开放以后，随着国家对流动人口的限制放宽，城市经济体制改革，城镇化率开始大幅提高。与此同时，人口年增长率呈现下降趋势。除了 80 年代初期第三次人口生育高峰年增长率略有提高之外，人口增长率逐年下降，由 16.7‰下降到 2010 年的 4.8‰，再到 2020 年的不足 1‰。人口总数则在 2020 年达到 14.117 787 亿。1950—2019 年中国人口变化率情况如图 10-2 所示。

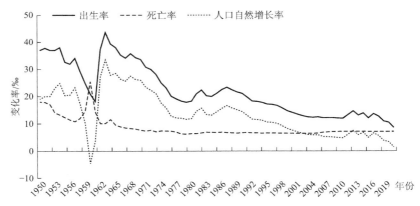

图 10-2　1950—2019 年中国人口出生率、死亡率、自然增长率变化情况

10.3.2　城市化过程中人口结构

老龄化、少子化以及家庭规模的小型化是城市化过程中我国人口结构的三个特点。首先是人口老龄化问题。根据联合国 1956 年发布的《人口老龄化及其社会经济后果》，65 岁及以上人口占到总人口的 7% 及以上即意味进入老龄化社会。1982 年维也纳世界老龄问题大会则确定 60 岁及以上人口占到总人口的 10% 及以上即是严重老龄化。照此定义，我国老龄化问题已十分严重，65 岁以上老年人口比重已经由 1982 年的 4.9%，上升到 1990 年的 5.6%、2000 年的 7%、2010 年的 8.9%，提升近 1 倍。到 2020 年，第七次人口普查数据显示，65 岁及以上老年人口比重已上升到 13.5%。1982—2020 年中国人口年龄结构如图 10-3 所示。

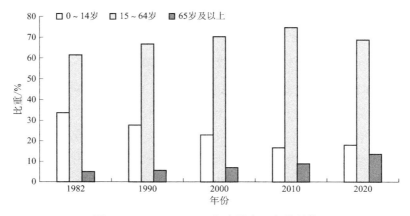

图 10-3　1982—2020 年中国人口年龄结构

其次是少子化问题。40多年来,我国0~14岁人口占总人口的比重基本上持续下降。1982年0~14岁人口占总人口的比重为33.6%,1990年下降为27.7%,2000年为22.9%,2010年为18.6%,到2020年,这一比重仅为17.71%。少子化意味着未来人力储备的减少和人口可持续发展能力的弱化,对未来的经济发展动力造成了巨大的冲击和挑战。

最后是家庭规模的小型化。根据第七次人口普查,中华人民共和国成立以来我国家庭户总量随人口规模的上升而逐年增长,由1953年的约1.34亿户上升到2020年的接近5.4亿户;平均家庭户规模则由1982年的4.41人下降到2000年的3.44人,到2010年为3.10人,2020年仅为2.62人。家庭规模逐渐小型化,这与城市化、少子化密切相关。一方面,城镇化进程的加速使得城乡之间人口流动更加频繁,造成家庭成员之间的地域割裂。一定程度上也促使了家庭规模和结构的转型。另一方面,生育意愿的普遍下降(2017年育龄妇女平均理想子女数仅为1.96,平均打算生育子女数1.75)也加速了家庭规模小型化。人口普查家庭户规模如图10-4所示。

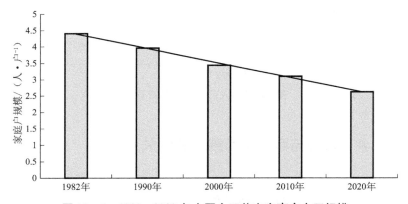

图10-4 1982—2020年中国人口普查家庭户人口规模

10.3.3 人口素质

随着经济和科教文卫事业的快速发展,我国人口素质得到很大提高。包括身体素质、科学文化素质和劳动技能素质等多方面的指标均有显著改善。身体素质方面,婴儿死亡率1970年为75.9‰,1980年为44.3‰,1990年下降至40.4‰,到2020年,已下降至5.1‰;平均预期寿命1970年为59.08岁,1980年为66.84岁,1990年为69.14岁,2015年我国男性平均预期寿命为73.64岁,女性平均预期寿命为79.63岁,均略高于世界平均水平。

随着经济社会的发展，我国人民的科学文化素质也普遍提高。2020年我国劳动适龄人口平均受教育年限为10.8年，较2010年提高1.4年，较2000年提高了2.9年。另外，2010年，在三大产业从业人员中，专科以上学历人员的比重为7.4%，较2003年第一次统计的数据提高了1.4个百分点；具有职业技术等级证书的从业人员达到163.6万人，比2000年提升了100多万人次。接受过初中、高中教育和大专以上高等教育的流动人口比重都在大幅提升。2020年第七次人口普查数据显示（如图10-5所示），我国每10万人口中受初中、高中和中专、大专及以上教育的人数分别为34 507人、15 088人、15 467人。

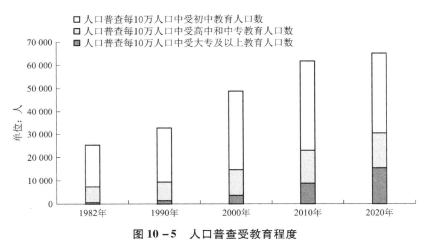

图10-5　人口普查受教育程度

10.4　人口与城市可持续发展的关系

10.4.1　人口规模与城市可持续发展

一个朴素而直观的感受是：人口规模与城市规模正相关。根据住建部发布的《中国城市建设统计年鉴（2020）》，这一感知也是基本正确的。如图10-6所示，在以省级行政区域为单位进行统计的城区面积与城区人口数据中，二者基本是正相关的，即城市规模越大，相应的人口规模也越大。

这一关系也可以从国务院2014年11月发布的《关于调整城市规模划分标准的通知》（以下简称《通知》）中看到。城市规模层级是根据人口确定的。超大城市是指城区常住人口超过1 000万的城市；特大城市是指城区常住人口在500万~1 000万的城市；大城市是指城区常住人口在100万~500万的城市（其中

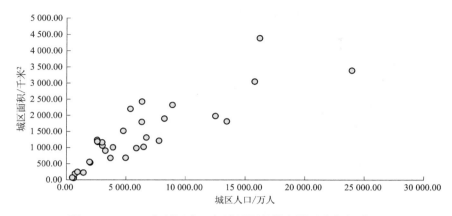

图 10-6　2020 年城区人口与城区面积散点图（省级行政区）

300 万以上 500 万以下的为 I 型大城市，100 万以上 300 万以下的为 II 型大城市）；中等城市是指城区常住人口在 50 万～100 万的城市；小城市是指城区常住人口在 50 万以下的城市。

近年来，中心城市和城市群逐渐成为承载发展要素的主要空间形式。其中，人口规模是城市竞争力的主要体现。一般来说，城市的中心城区人口规模越大，意味着这座城市集聚资源要素和辐射周边的能力越强。截至 2020 年年底，我国共有 6 个超大城市，分别是上海（城区人口 2 000 万以上）、北京、重庆、广州、深圳和天津（城区 1 000 万～2 000 万）；特大城市 10 个，分别是东莞、武汉、成都、杭州、南京、郑州、西安、济南、沈阳和青岛；I 型大城市 14 个，分别是哈尔滨、长春、大连、合肥、昆明、太原、长沙、苏州、南昌、乌鲁木齐、石家庄、厦门、宁波和福州。2020 年城区人口与城区面积散点图（全国主要城市）如图 10-7 所示。

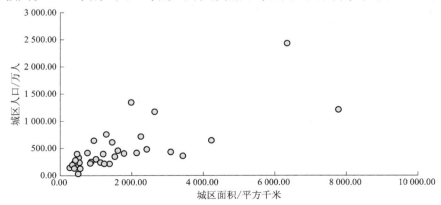

图 10-7　2020 年城区人口与城区面积散点图（全国主要城市）

城市化是社会经济发展到一定阶段的必然产物，它作为一种社会经济发展过程有其内在的规律性。遵循城市化规律是推进城市化健康发展的基本保证。在人口规模与城市规模的关系这一问题上，一个基本的规律是：人口城市化决定土地城市化，土地城市化应与人口城市化相适应。我国部分城市 2002—2020 年建成区面积如图 10 - 8 所示。

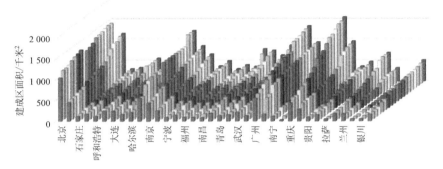

图 10 - 8　我国部分城市 2002—2020 年建成区面积（见彩插）

人口城市化是指农村人口转变为城市人口，由此使城市人口规模扩大，比重提高的过程；城市原有用地不足就要向外扩张，增大城市用地面积，由此形成的农村用地转变为城市用地的过程称为土地城市化。人口城市化、土地城市化可以分别用城市人口规模和城市空间规模来衡量。

理想状态下，城市用地规模应该由常住人口规模决定。城市用地应该随着城市常住人口的增加而增加，且二者的比例应维持在一个合理区间。城市用地增加和常住人口增加的比例低于合理区间的下限可能造成城市过度拥挤；城市用地增加和常住人口增加的比例过高则会造成土地资源的浪费。2002—2020 年部分城市人口数量如图 10 - 9 所示。

图 10 - 8 和图 10 - 9 分别展示了 2002—2020 年我国部分城市建成区面积和城市人口数量的动态变化情况。近 20 年来超特大城市如北京、上海、深圳、重庆等建成区面积虽然在逐渐扩大，但由于增速慢于城市人口增加，因而出现人口密度过大、交通拥挤、住房紧张等问题。在其他城市如长沙、昆明、太原等地，建成区面积与城市人口的比例较为平稳地保持在 0.9 ~ 1.1 平方公里/万人这一区间内，人口城市化和土地城市化的协同度较高。

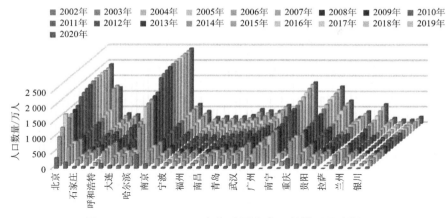

图 10-9　2002—2020 年部分城市人口数量（见彩插）

10.4.2　人口结构与城市可持续发展

总体上看，近 30 年来，0~14 岁人口数量缓慢下降，65 岁及以上老龄人口数量缓慢上升。15~64 岁人口数量（劳动主力）则经历了缓步上升，于 2014 年左右达到峰值，近 8 年来保持平稳且略有下降。人口结构失衡日益成为影响城市可持续发展的共性问题，突出的两个表现是少儿人口占比过低和老年人口占比过高。

世界银行数据库显示，2020 年世界 14 岁及以下人口占总人口的平均比重已降至 25.482%，65 岁及以上人口占总人口的平均比重已升至 9.321%，这意味着全球已经步入老龄化社会。中国的人口结构失衡更显严重：2019 年 14 岁及以下人口占总人口的平均比重已降至 23.8%，低于世界平均水平。2020 年 65 岁及以上人口占总人口的平均比重已升至 17.8%，远高于世界平均水平。1990—2020 年中国人口年龄结构如图 10-10 所示。

人口结构失衡会给城市的可持续发展带来诸多不利影响。一方面，老龄化加重了国民的抚养负担，增大了城市社会保障的压力；另一方面，少年儿童比重下滑引起劳动力的相对减少，甚至绝对减少，进而弱化了家庭养老功能。

人口结构的失衡会通过物质资本和人力资本作用于经济增长：一方面，少儿抚养比与居民消费呈负相关，但老年抚养比则与居民消费呈正相关。在同一收入水平下，少儿抚养比的下降和老年抚养比的上升使得消费增加、储蓄减少。在人均资本还未达到黄金率水平的发展中国家，人口结构失衡导致了人均资本增速下降。另一方面，少儿抚养比的下降和老年抚养比的上升意味着未来劳动力比例的

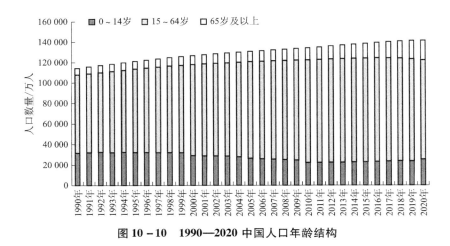

图 10-10　1990—2020 中国人口年龄结构

下降，进而影响着城市未来的潜在经济增长率。

10.4.3　人口素质与城市可持续发展

人口素质也被称为人口质量，是一个比较宽泛的概念。不同领域的研究者从不同的角度，以不同的指标刻画了人口素质。这些指标反映了人口群体认识和改造世界的能力。总结起来，人口素质主要包括身体素质、科学文化素质、思想道德素质和劳动技能素质等。一个时期特定城市或地区的人口素质反映了该城市或地区的时代特征。微观上表现在年龄、性别、健康状况、文化程度、生活水平和思想状态等方面；宏观上则表现在年龄构成、性别比例、群体健康、教育水平、社会关系等方面。

从身体素质来看，中华人民共和国成立以来，人口预期寿命增加约 42 岁，平均每年增长 0.61 岁左右。据《中国卫生统计年鉴（2018）》显示，中华人民共和国成立前，我国人口平均预期寿命仅为 35.0 岁。世界银行数据显示，我国人口预期寿命 1960 年上升至 43.73 岁，1975 年上升到 63.92 岁。不到 30 年的时间，提高近 30 岁；改革开放以后，我国人口预期寿命继续稳步提升。1981 年我国人口预期寿命为 67.77 岁，2018 年提升至 77.0 岁，增幅达 9.23 岁。据世界银行数据显示，2017 年，我国人口预期寿命为 76.47 岁，比世界平均水平 72.38 岁超出 4.09 岁。从科学文化素质来看，2020 年我国劳动适龄人口平均受教育年限为 10.8 年，较 2010 年提高 1.4 年，较 2000 年提高了 2.9 年。接受过初中、高中教育和大专以上高等教育的人口比重都在大幅提升。部分城市普通本专科人数如图 10-11 所示。

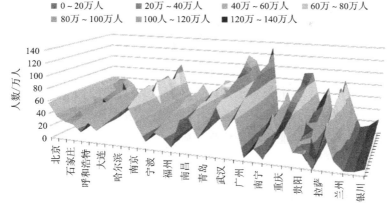

图 10-11　部分城市普通本专科人数（见彩插）

人口素质既是城市可持续发展的条件，也是城市可持续发展的结果。在现代经济发展的逻辑下，经济的竞争优势及其现代化的可能性和持续性，取决于人力资本的积累和实现。人力资本可以被确定为知识、能力和素质的总和。从宏观上来看，人口素质是人力资本的重要内容，人口素质的提高促进了人力资本的增加。人力资本的同步增长和扩散是确保经济持续发展的必要条件。从人力资本的角度来看，人口素质的提高使劳动质量提升，资本利用效率提高，更多具备更高科学文化素质的人口也使技术进步的基数扩大，这些都推动了城市经济的持续发展。

10.4.4　人口流动与城市经济增长

中国的流动人口是世界上流动性最强的人口之一。其成员大多采取临时迁移形式，并保持双重（农村和城市）居住身份。流动人口主要流向京津冀城市群、长三角城市群和珠三角城市群。近年来，这些城市群流动人口规模持续增长。但随着城镇化水平的提高，各城市群的流动人口增长速度趋缓。

流动人口通过优化产业结构，增加居民消费和促进科技创新三条路径，促进了人口流入城市的经济发展（史桂芬 等，2020）。但大规模的人口流入也对城市的公共管理和服务能力提出了巨大挑战；经济欠发达地区的人口流出城市则面临着人才流失困境和"空心城"的威胁。城市发展的不平衡造成了人口流动，劳动力供给的差距又进一步拉大了城市间的发展水平和速度差异。从全国来看，如何平衡流动人口的区域分布成为城市均衡发展的一个课题；从单个城市来看，根据城市产业发展规模控制流动人口规模，使二者相互适应才能实现发展的平稳和可持续。仅从城市经济发展的角度看，有研究表明流动人口与经济发展并不是简单的线性关系,而是"倒U型"关系(张利国 等,2022):流入一个城市的净人口规模会先随着城市经济发展水平的提高而增加,在达到一个临界点之后,随着城市经济发展水平的提高,流动人口净规模反而趋于下降。

人口流动与城市经济发展的"倒U型"关系,意味着不同的城市在追求可持续发展的过程中必须实事求是地选择适合自己的发展路径:经济发展水平较高的城市要进行产业结构升级和人口疏散,而经济发展水平较低的城市则需要抓住人口转移的机会,扩大产业规模,增强基础设施建设,借助人口回流实现经济跨越式发展。

10.4.5 城市产业发展与劳动力就业

城市可持续发展要求经济-自然-社会三维系统的相互协调和共同发展。经济增长、环境友好和社会公平被认为是城市可持续发展的三大支柱。由于城市环境具有高度人造的特点,且社会公平也依赖于经济发展,故经济的持续健康发展成为城市可持续发展的重要基础。2007—2020年部分城市第一产业增加值如图10-12所示。

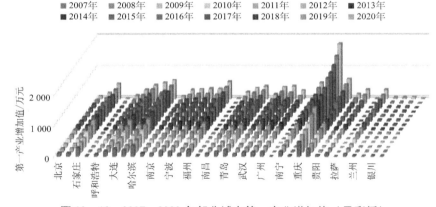

图10-12 2007—2020年部分城市第一产业增加值(见彩插)

城市经济发展依赖于产业规模的扩大和产业结构的优化。产业规模的扩大和结构的优化创造了大量的非农就业岗位,吸引了大量的劳动力;劳动力规模的扩大带来大量的消费和投资需求,进一步促进了房地产、交通等第二产业和餐饮、电子信息、娱乐等第三产业的发展繁荣。我国部分城市2007—2020年第二产业增加值和第三产业增加值分别如图10-13、图10-14所示。我国部分城市2002—2020年人口数量如图10-15所示。

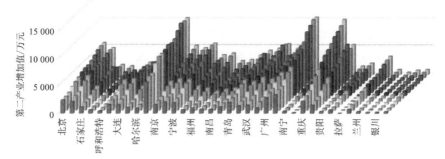

图 10-13　我国部分城市 2007—2020 年第二产业增加值（见彩插）

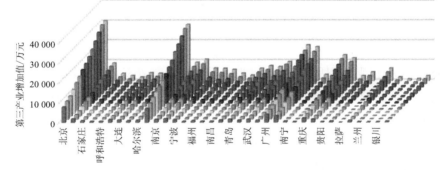

图 10-14　我国部分城市 2007—2020 年第三产业增加值（见彩插）

图 10-15　我国部分城市 2002—2020 年人口数量（见彩插）

图 10-12～图 10-15 展示了我国部分城市 2007—2020 年第一、二、三产业增加值数据，结合各个城市历年人口数量的数据，一个明显的相关关系是：横向来看，二、三产业增加值越大的城市其人口规模也越大；纵向来看，一个城市的人口随着其二、三产业增加值的增大而增大。

人口成为城市经济发展的动力。城市产业发展和人口城市化密切互动。人口城市化的动力主要来自两个方面：第一，耕地等生产资料的相对不足、由技术进步引起的农业劳动生产率的提高使得农村剩余劳动力不断增加，形成了城市化的"推力"；集聚经济和规模效益将使城市工业部门发展相对较快，城市工业比农村农业部门更高的生产效益和工资水平形成人口城市化的"吸引力"。

10.5 人口与城市可持续发展中存在的问题

10.5.1 城市人口规模与自然资源承载力不匹配

1. 城市人口规模与水资源承载力不匹配

我国幅员辽阔，囊括了高原、盆地、平原、丘陵等多样的地形结构。有热带季风气候、亚热带季风气候、温带季风气候、温带大陆性气候和高山高原气候等多种气候类型。多样的地形结构和气候类型决定了我国水资源分布不均。西南省份具有较大的蓄水潜力，而华北平原和中国西北地区，如新疆维吾尔自治区、宁夏回族自治区和甘肃省则水资源严重短缺。由经济发展带来的水资源压力也主要集中在华北、华东和西北地区。全国部分省份人均日生活用水量如图 10-16 所示。

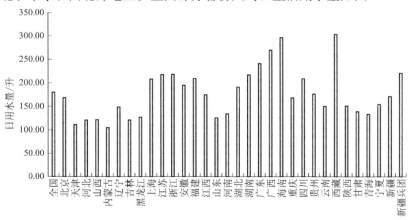

图 10-16 全国部分省份人均日生活用水量

水资源时空分布不均，与人口和经济的分布不符。西南省份水资源承载能力和潜力较大，今后应加大力度探索水资源，促进经济可持续发展。相比之下，像长江流域、珠江流域和东部沿海地区则没有相应条件。华北平原和西北地区水资源严重短缺、超负荷，有必要调整产业结构，应用先进技术，开发新的水利项目，加强节水意识，提高利用水资源的效率。就水资源短缺和生态脆弱地区而言，应采取相应措施缓解生态系统恶化。华北地区如北京、天津、河北、山西的水资源承载能力接近极低，水资源短缺已成为制约发展的瓶颈。

2. 城市人口规模与土地资源承载力不匹配

高房价是中国大多数一、二线城市的共同特征。过高的房价增加了城市居民的经济负担，造成消费的萎靡；提高了婚育成本，进一步降低了生育率，加速了少子化倾向；较高的房价收入比提高了定居城市的门槛，降低了城市的人才吸引力，阻碍了人力资本的积累。

虽然大城市房价高有其历史、制度等多方面的原因，涉及金融、土地、人口等多方面因素，但最简单的分析还是应基于商品房的供求关系上。图 10 – 17 和图 10 – 18 分别展示了 2002—2020 年我国部分城市的房地产企业竣工房屋面积及商品房平均销售价格的变化情况。

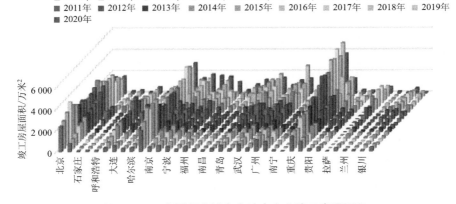

图 10 – 17　我国部分城市房地产企业竣工房屋面积

总的来看，各城市商品房供给总量均随着城市人口规模的扩大而增加。但北京、上海、广州、深圳等一线城市和杭州、昆明等二线城市商品房供给增速低于人口规模增速，这是这些城市历年来房价高的直接原因。

图 10 – 19 和图 10 – 20 展示了 2006—2020 年我国部分城市在岗职工平均工资计算的房价收入比。北京、上海、广州、深圳等一线城市和厦门、杭州等二线

城市名列前茅。

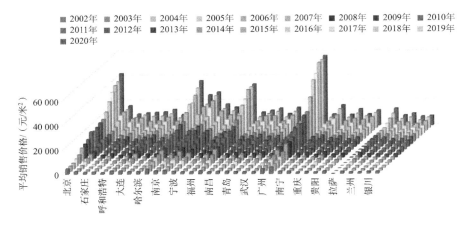

图10-18 我国部分城市住宅商品房平均销售价格（见彩插）

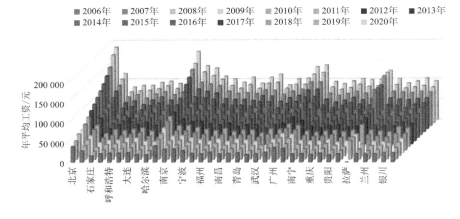

图10-19 我国部分城市2006—2020年在岗职工年平均工资（见彩插）

10.5.2 城市人口规模与城市基础设施建设不协调

在超大和特大城市，有限的城市空间聚集了大量的人口，而基础设施建设的相对不足带来了一系列的问题。

在出行方面，交通拥挤已经成为北京、重庆、广州、济南等许多城市的共性问题。交通拥挤问题包括出行时间集中、交通管理能力不足等多方面的原因，但超出道路承载能力的人口规模是主要原因之一。图10-21展示了2020年我国部分省级行政区城市公路交通状况。北京、上海、广东等地的建成区路网密度与全国平均路网密

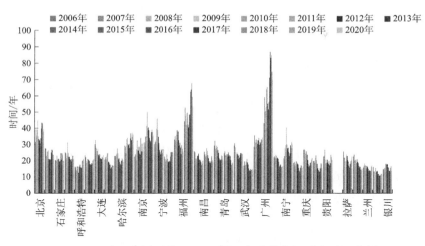

图 10-20　我国部分城市 2006—2020 年房价负担对比（见彩插）

度差异不大，但人均道路面积却远低于全国平均水平。在这些地区也更容易发生交通拥堵，过大的人口规模是主要原因。

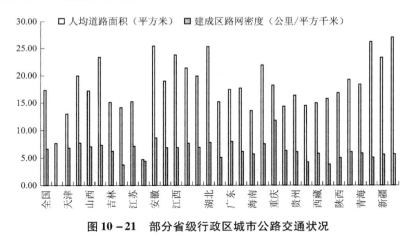

图 10-21　部分省级行政区城市公路交通状况

10.5.3　城市人口在区域经济发展中的不平衡

当前我国社会主要矛盾"是人民日益增长的美好生活需要，同不平衡、不充分的发展之间的矛盾"，在城市可持续发展这一问题上，"不平衡"的问题也十分突出。

城市经济发展依赖一定的规模效益和聚集效益。每个城市都想尽可能地将经济发展所需的劳动、资本等生产要素更多地吸引过来。但一定时期内，这些要素总是有限的，一些城市吸引的生产要素多了，那么必然有另外一些城市缺少这些要素。

近 20 年来，各区域中心城市依靠不断积聚周边城市的生产要素，吸引了大量的人才、投资、信息等优质资源，成为区域中经济发展的佼佼者。但这也导致了周边城市的人才、资本等要素的流失，经济增长乏力。城市之间的发展水平差距逐渐拉大。在人口问题上，一方面，区域中心城市有大量的人口流入，这既带来了经济增长的动力，也伴随着交通拥挤，基础设施不足，城市治理难度增大等一系列问题；另一方面，许多非中心城市则面临着人口净流出，劳动力市场萎缩的问题，经济增长缺乏动力。

10.6 人口与城市可持续发展的国外经验与国内实践

10.6.1 国外经验

1. 案例一：英国部分城市——灵活规划土地功能分区以解决住房短缺问题

将土地功能分区可以节约土地资源，促进土地高效利用。英国城市中心研究院建议在英国实施基于市场的灵活土地功能分区制度，减少规划中自上而下的配置，注重发挥市场的主导力量。灵活的土地功能分区制度一般包含以下几个方面：

英国城市中心研究院建议英格兰的"住房、社区和地方政府部（The Ministry of Housing, Communities and Local Government, MHCLG）"以及其他区域的地方政府需形成土地功能分区规则，设置尽可能简单的土地功能分区类别。目前，英国已存在 14 个类似的土地功能分区单元。根据英国城市中心研究院的设计，在每种类别的土地功能分区中，土地可以有多重用途，土地经济密度也随着经济发展水平有所调整。这种土地功能分区制度允许在没有中央规划许可的情况下对不同区块的土地用途进行微调。如某郊区因为经济发展需要，可以开发共有产权住房和社区商店，商业中心区可以开设旅店和高层公寓。

与其直接配置土地指标，中央政府应该更多关注地方在土地利用性质和土地经济密度方面的平衡。根据英国城市中心研究院的设计，任何符合国家土地功能分区标准和建设规定的城市土地利用方案均应被批准实施。这样可以将土地供应由"不确定性"转为"确定性"，将房产开发商在"土地数量"上的竞争转变为在"房屋建设质量"上的竞争，继而可以有效地解决房屋短缺问题。而且，这种体制还可以削弱土地开发许可政策与土地价值增值之间的相关性，对高房价的抑制有一定的效果。

重视土地价值，允许重复开发。根据不同区域土地价值的高低，合理配置利用土地。如在城市中心或火车站等土地价值较高的地区，应配置更多的土地面积，以满足更高的土地需求。根据城市、小镇或区域等不同空间的经济发展状况，分别制定相应的土地功能分区方案。在具有特定价值的历史、文学、美学等区域，设计特定的土地用途。在住房需求较高的地区，供应更多的居住用房，而不是"冻结"土地使用。如果房屋租金相对于当地收入水平持续提升，地方政府则会以更高利用度重新考虑土地配置。

按实际人口增长情况进行土地功能分区调整。根据英国城市中心研究院的设计，英国需根据人口在不同区域的增长情况，每5~7年对土地功能分区进行调整。并在人口增长较快和房屋空置率较低的地区，征用未规划、未开发地块的土地以解决住房供求失衡问题。如此一来，新建住房将集中在住房需求最高、房屋价格最贵的地区。同时，英国城市中心研究院设计了政府和开发商之间在建造新房时的分工：在新征用土地的建设过程中，市政府负责规划和建设下水道、学校等主干道和主要基础设施，房屋开发商负责建造支路和次要基础设施。定期更新调整土地功能分区制度，保证了城市扩张的有序性，使其与城市发展阶段和基础设施建设同步（Breach，2020）。

由国家统一设立特殊性的非经济价值地块。对具有重要非经济价值的地区，如野生动物环境保护区和历史文化遗产保护区，可纳入特殊区域，并允许此类区域不受未来发展的影响。此类特殊区域需由国家政府统一设立，兼顾当地社区和国家利益，并进行独立的成本效益分析。强调其社会效益而不是经济价值。

变更"土地开发可变税率"为统一税率。根据英国城市中心研究院的设计，城市在贯彻土地功能分区政策过程中，应摒弃随意性较高的税收形式，采用对新开发土地价值征收20%固定税率的简单方案。根据英国城市中心研究院的测算，如果采取这种统一税率的方案，那么即使在伯明翰、布里斯托尔、伦敦、曼彻斯特和纽卡斯尔等地的郊区，从170万~210万平方米新住宅中也能增加930亿~1160亿欧元的税收。根据土地功能分区制度，这些税收将被用于建设基础设施和保障性住房。

充分融入公众咨询。将公众咨询纳入地方规划体系，尤其重视弱势群体、租房居民的意见，体现社会公平。将公众咨询结果作为地方城市建设过程中提高审美体验、历史价值等的重要参考。

2. 案例二：丹麦哥本哈根——发展绿色便捷城市交通与低碳社区

（1）打造绿色城市交通体系。

通过交通限行限制排放总量。哥本哈根通过新冠病毒防疫期间的空气污染检测，发现实施交通限制对改善空气质量成效显著。疫情期间当地黑碳（BC）减少了72%，公共交通重组的黑碳减少了37%，PM_{10}（一般指可吸入颗粒物）减少了33%。当前，欧洲的斯德哥尔摩、哥德堡、隆德、马尔默、赫尔辛堡等城市均设置了低排放区域，通过限制重型卡车与公共汽车行驶降低城市排放总量。

构建货运枢纽降低物流污染。在哥本哈根，重型货车是交通污染的主要来源。哥本哈根通过构建城市整合中心（即货运枢纽），避免重型货车将货物直接运送到城市社区。所有物流均通过货运枢纽拆解分配到电动汽车中再运输到城市社区。

升级电气化公共交通系统。公共交通电气化能够有效降低交通污染。当前，我国广东省深圳市共有1.6万辆电动公交车，并在逐步淘汰非电动出租车；而哥本哈根已经实现公共交通系统全电动。

发展电气化充电游轮。一艘中型游轮的柴油发动机每天消耗150吨燃料造成的空气污染相当于100万辆汽车排放的微粒。哥本哈根港于2020年实现四个港口轮渡全电动，并构建电气化游轮充电停留港口。目前已为位于北港Ocean Quay的游轮设计陆上电力供应系统。游轮造成的空气污染是北欧港口面临的共同问题。哥本哈根为北欧其他主要港口城市提供了部分改造资金，并计划通过建设更多提供陆上电力的港口，将波罗的海地区打造成全球最可持续的游轮目的地。

打造绿色交通基础设施。自行车是最环保的出行工具。近10年来，全世界骑自行车出行的比例一直在上升。随着共享经济的发展，绿色出行逐渐成为城市居民出行新时尚。自2009年以来，哥本哈根已建成8条横跨首都、长达750多公里的自行车高速公路，为自行车出行提供便利；波哥大市将76公里长的机动车道变成了应急自行车道，自行车承载力增加了14%；墨西哥计划将现有自行车网络增加4倍；2020年9月，我国北京开通了首条全长6.5公里的自行车专用路，深圳市也计划在全市进一步开展高品质的慢行骨干网规划（包括自行车快速路网络），以改善市民出行环境，鼓励绿色出行。

（2）加强社区治理，降低空气污染。

设计城市社区。到2050年，全球将有2/3的人口集中在城市。城市建筑应在适应人口增长的同时，充分满足环境宜居与居民健康需求。哥本哈根提出建设城市社区，即构建能在 15 分钟内满足居民所有需求的建筑环境。通过绿化设施提升空气流动，改善城市景观，实现人与自然的和谐共生。

城市屋顶建绿。绿色屋顶能够有效抵消城市升温带来的热岛效应。即使是在盛夏，植物屋顶也能帮助将温度降低，而传统屋顶的温度则将达到 50℃。在哥本哈根的城市社区中，每个屋顶都将通过植物或太阳能电池板实现"绿化"；米兰市通过 7 个废弃铁路车场的改造，创建覆盖全市的绿色网络；伦敦市共有近千个绿色屋顶，覆盖面积超过 20 万平方米；曼彻斯特市研究发现，增加 10% 的绿色基础设施，可使城市平均气温下降 2.5℃。

3. 案例三：日本东京——营造开放的发展环境提升都市活力

东京通过放松管制和开放化来避免老龄化和劳动人口减少带来的经济停滞。一是营造国际化的商务环境。东京通过打造品川站、竹芝、虎之门、羽田机场空地等多个商务中心，提升对国际资本、人才、商务活动的吸引力。通过放宽税收、鼓励入驻外国企业和东京中小企业合作等措施，进一步巩固东京"亚洲企业总部集聚地"的地位。二是构建全球顶级交通基础网络。首先，建成东京三环道路，打造快捷方便的高速道路网络，提高人流物流速度，强化首都圈全部城市的国际竞争力。其次，把羽田机场建成亚洲的商务枢纽，强化国际航线功能，充实欧美航班，进一步缩短与世界的距离。通过京滨三港合作，确立日本主要门户的地位。大幅增加京滨港的集装箱吞吐量，2030 年让京滨港成为全球顶级港口。

10.6.2 国内实践

1. 超大城市案例

案例一：北京——疏解首都人口

北京的城市战略定位是中国的首都，全国政治中心，文化中心，是面向世界的国际交往中心。也是经济发展新常态下实现经济高质量发展的科技创新中心。为实现北京的可持续和高质量发展，减轻城市人口承载压力，北京近年来进行了人口疏解。

从全球主要城市的发展经验来看，大部分首都型城市都会经历从城市中心疏解人口的过程。北京促进人口疏解的经验大致可以总结为以下 4 点（邓仲良，2021）：

（1）以城市功能疏解和区域功能新布局引导人口流动。

以功能调整促进产业结构变迁，进而带动人口就业的空间变化是内在逻辑。

从全球主要"首都圈"发展模式来看,首都圈大多都经历了都市圈内部功能再布局,并引起人口疏解效应,即人口的就业和生活逐步从中心城区向郊区、周边城市迁移。城市功能再布局的具体措施主要有新城建设、卫星城建设和空间功能优化三种。

北京采取的措施是新城建设+空间功能优化:城市功能定位优化(以通州为北京行政副中心+雄安非首都功能集中承载地),推进一般性制造业、区域性物流和批发市场、部分行政和事业性服务机构及企业总部从北京向周边地区疏解。

(2)以区域内交通网络一体化促进人口自由流动。

促进交通网络一体化可显著提升地区间交通可达性,有利于形成多中心城市空间结构。美国城市间高速公路发达,汽车出行成本较低,城市中心区与城郊则发展一般干道、城际列车和有轨电车。

(3)以"疏解地机构迁出"与"承接地培育"并重,实现就业空间均衡。

功能疏解的人口转移效应取决于3个因素:第一,被疏解企业或机构是否愿意迁出。第二,疏解地产业或机构与承接地发展是否匹配。第三,劳动力就业是否依赖于被疏解产业。以美国为例,由于城市内劳动力成本和建设用地成本较高,科技公司、制造业、零售业逐步由城市中心区迁往城市郊区,尤其是大型飞机制造及高科技企业。

(4)构建与时俱进、统筹兼顾的动态协调机制。

区域功能调整和发展规划统筹需要执行力强、跨区域协调的专门机构,人口疏解是一项系统性政策,要求统一顶层制度框架和专门权力执行机构。由于经济社会发展具有长期性,在发展过程中经济体会受到外部影响,这些影响有的是有利的、有的则是不利冲击。人们的工作以及居住要求也会不断发生变化,因此相关政策也会动态调整。

案例二:上海——"开门做规划"

只有优化提升城市功能来吸引人才,才能最终实现城市的可持续发展。在新的城市发展逻辑中,打造什么样的城市来吸引人、留住人,成为牵动城市新一轮发展及其规划制订的关键。如何使利用城市规划远景目标来吸引人和留住人,上海进行了一系列的有益探索。

"开门做规划",让城市未来的预期广为人知。经济学中一个普遍认可的观点是:预期是重要的。对流动人口的影响力而言,城市未来的预期成为一个关键因素。而预期来自认识,让城市未来的预期,变成一个被知晓、被接受的发展愿景,"开门做规划"是关键。

拓宽公众参与渠道,增强公众"主人翁"意识。上海市在新一轮规划制订过程中,为了让公众参与整个规划编制的各个阶段,分别通过战略专题研讨会、概念规划设计竞赛、问卷调查、论坛交流、线上线下公示等多元化渠道实现公众参与。让市民有了"我们的未来,我们做主"的主人翁意识。

上海基于"开门做规划"的宗旨,不仅是要让公众享受广泛认可的规划成果,更重要的是实现国家战略、城市发展与民众期待的有效结合。让城市未来的预期以及具体实施过程,既吸引人,也留住人。

案例三:深圳——增强流动人口吸引力

目前,在深圳常住人口中,原住居民占比不到3%。深圳的快速发展是依靠大规模的外来移民实现的。如何增强对流动人口的吸引力,深圳给出了一份不错的答卷。20世纪80年代,在国家"严格控制大城市规模,积极发展小城镇"的方针下,几乎全国都在实行"离土不离乡,进厂不进城"的就地城市化模式。而深圳打破常规,将自己按照一个特大城市的规模进行规划,打开城门欢迎外来农民工进城。社会保障方面,"有无户籍"没有其他大城市那样存在天壤之别的福利差距。"来了就是深圳人"的口号也彰显了深圳对外来移民的欢迎姿态。这些都使深圳得以保持人口吸引力,常住人口持续增长。

深圳能够吸引并容纳如此多的外来人口,主要得益于两个方面:多类型的产业结构和量大面广的城中村。其一,深圳以工业化夯实产业基础。在40多年的发展中,深圳政府始终坚持"产业第一"。在积极发展金融、房地产、互联网等服务业的同时,高度重视以制造业为基础的实体经济,并以完整高效的产业链支持创新发展。在发展传统优势产业的同时积极进行产业转型升级。将高新技术产业、现代金融业、现代物流业、现代文化产业作为经济发展的四大支柱产业。牢固的工业基础和丰富的产业结构提供了大量的就业岗位,有效承接了外来人口。其二,深圳量大面广的城中村为外来人口提供落脚点,弥补了廉租房供给不足的缺陷。深圳通过政府、市场和社会多中心进行城中村治理。通过"政府+原村集体+市场主体"解决土地房屋历史遗留问题,通过"政府+社会"解决外来人口治理问题,取得了良好的成效。

2. 特大城市案例

案例一:武汉——放松户籍留人才

武汉是中国经济地理中心。自古就有"九省通衢"的美誉,是长江经济带的核心城市,是中部崛起的战略支点,是全面改革创新的试验区。作为中部地区经济总量最大、科教实力最强的城市,如何吸引人才、留住人才成为武汉可持续发展的一个重要课题。近年来,武汉逐渐放松户籍政策,降低落户门槛,不断提升城市的人才吸引力。2021年9月11日,武汉印发《市人民政府关于调整完善落户政策相关条件的实施意见》,落户条件进一步放松,逼近"零门槛"落户。武汉此次放松落户有4个看点:降低重点企事业单位员工落户条件,降低就业创业人员落户条件,降低随迁落户条件,降低新城区户籍人员迁入功能区、中心城区条件。武汉宽松的户籍政策成为吸引人才、留住人才的有效手段,为人口与城市可持续发展注入了活力。

案例二:成都——优化公共服务供给

成都市坚持以人民为中心的发展思想。创新公共服务组织和供给方式,实施幸福美好生活十大工程。推进老旧城区有机更新,开展高品质公共服务设施体系建设。新建基本公共服务设施3 691处,新增学位52.5万个,三甲医院数量增至54家。连续13年蝉联"中国最具幸福感城市"榜首,城市发展更有温度、市民生活更有质感。加快打造市场化、法治化、国际化营商环境。着力建设国际门户枢纽城市,推动共建西部金融中心。积极创建国际消费中心城市,持续优化宜居宜业环境。

3. I型大城市案例

案例:苏州——人才政策力度大、范围广

随着少子化和老龄化程度加剧、苏州人口红利消减,叠加产业转型需要,苏州自2010年起推出人才引进、落户、住房、生活服务等政策,政策力度大、范围广。从人才引进看,苏州2016年推出《姑苏创新创业领军人才计划实施细则》,创新领军人才科研经费最高支持额为200万元,并设置青年领军人才类别。

从落户政策看,苏州2020年宣布租房一年以上即可落户。从人才住房看,苏州2018年针对高层次人才推出人才乐居工程,为其提供购房、租房、房贷优惠。其中购房补贴最高500万元,租房补贴最高8 000元/月,房贷可放宽至贷款限额的4倍。从生活服务看,苏州在2010年推出《苏州市高层次人才享受生活待遇暂行办法》,在社保、税收、子女教育上提出细致有力的措施。

高层次人才集聚。2010—2020年,人才总量年均增长率7.8%,其中高层次人才占比由5.6%增至9.0%。从产才融合看,苏州根据产业需求引进人才,加速产业发展,尤其是新兴产业。根据政府数据,98%的领军人才企业集中在重点发展的战略性新兴产业。全市 20 个省级以上开发区集聚了 85% 的领军人才和 65% 的高层次人才，创造了 70% 以上的 GDP、80% 以上的工业总产值。

10.7 本章小结

本章在对已有文献进行回顾和梳理的基础上，从构成人口的 3 个要素，即数量、素质与结构角度，探讨与分析了可持续发展的人口条件。对中国城市发展状况进行了审视，就城市与人口可持续发展问题进行讨论。在凝练发达国家经验的基础上，对中国人口与城市可持续发展提出以下建议：

1. 加快城市户籍制度改革

深化户籍制度改革，促进人口在城乡、区域之间的自由流动，对于实现要素资源的优化配置、促进经济增长、构建公平和谐的社会具有重要的积极作用。它能够促进居民消费和投资，能够为城市的持续发展提供丰富而稳定的劳动力。通过实现公共服务和社会权利的均等化，促进社会的公平正义。

2. 优化城市发展方式

顺应不同地区城镇化空间形态，放大人口流动的空间红利，对冲劳动力供给下降。建立城市间分工体系，促进中心城市一般制造业向周边中小城市转移，强化中心城市服务经济及比较优势，提高科研机构和技术创新部门比重和资金投入，促进人力资本结构与城市经济发展匹配。

3. 以城市自然资源承载力为参照，合理控制人口规模

不同地区要素资源禀赋不同，以自然资源为基础的城市承载力因城而异。各个城市应该实事求是、因地制宜地制定城市人口发展目标。

4. 城市基础设施建设要与人口规模相匹配

城市基础设施建设规模相对人口规模过小，容易造成交通、医疗、住房、教育等资源的拥挤和短缺；城市基础设施建设规模相对人口规模过大，则造成资源的浪费。这两者都不利于城市的可持续发展。人口持续净流入的城市应该未雨绸缪，按照预期人口增长来扩大基础设施建设；人口持续净流出的城市则应该合理控制基础设施建设规模。

5. 区域协同发展，适当平衡城市间发展水平

省会城市、城市群中心城市应该与其附近城市形成产业优势的互补，降低对周围城市的"虹吸效应"，形成城市群发展的良性互动，最终实现区域协同发展。

第 11 章 城市可持续发展与土地资源利用

目前，城市化进程加快，更多的人口聚集在城市，产生多种用地需求，必然出现城市用地规模的扩张。城市的快速扩张引发了生态环境污染问题和农业耕地退化，城市土地空间的可持续利用面临着严峻的挑战。一个城市可以利用的土地资源存在着上限，用地规模不可能无限地扩张下去。而城市中开展的各项经济活动，又完全依赖于城市土地的开发利用。因此，城市未来发展需要充分识别扩张型发展模式存在的问题、引发的风险，并利用和发挥已开发的土地空间所形成的存量优势。城市土地的可持续利用对未来的可持续发展具有决定意义。

为正确把握土地空间资源扩张与城市可持续发展之间的平衡，针对上述问题，将从以下三个方面进行讨论：
（1）城市土地的内涵和研究范围界定。
（2）以土地可持续利用为视角的城市定位与分类。
（3）城市可持续发展与土地规划的国内外经验。

11.1 城市土地可持续利用的内涵与理论

11.1.1 城市土地的内涵及范围界定

城市发展是以一定范围的自然地域为边界，界限内的土地通过集中大量生产要素，形成聚集的经济效益。从功能和作用的视角看城市土地，具体指的是在城市区域中用于非农建设的土地，是保障城市社会经济发展的重要基础。从自然资源角度，城市土地是在城市区域所覆盖的范围内由陆地、水面及其上下空间局域内构成的自然历史综合体。

随着城市化进程的不断加快，根据所处的地理位置，逐渐出现了 3 种不同的土地类别，即城市土地、郊区土地和农村土地。城市土地还可以依据土地的利用情况进行分类，具体来说包括以下几个方面，即城市建成区土地（城建区）、城市规划区范围内的土地（规划区）、城市行政管理区范围内的土地（行政管理区）。其中，城市已经开发建设完成的属于城建区土地；规划区指的是遵循该城市关于土地利用的未来发展设计，按照既定的规划步骤、定时定期发展的土地，规划区土地同时覆盖近郊的农田或村镇；行政管理区，指的是基于行政区划的刚性约束范围内的土地。目前，关于城市面积的定义，是城市主城区或建成区的土地范围面积。

2021年末，我国城镇化率为64.72%。在此背景下，城市地区人口的快速膨胀以及各类经济活动，都必须在有限的土地和空间中进行。城市土地稀缺性矛盾随着人口增长和城市化进程推进变得日益突出。土地是推动城市化进程的必要物质前提，是城市社会、经济发展的基本物质载体，其在城市经济活动中所扮演的角色至关重要。未来，一座城市能否达成可持续发展目标、实现社会稳定与经济繁荣，与土地资源及国土空间能否得到合理、高效的开发与利用，将存在紧密的关联。

11.1.2 土地资源可持续利用的源起与发展

土地适宜性评价，即评估和判定土地在某种特定方面的适用性，是可持续发展理论在土地评价这一具体的研究领域中的运用。以该评价方法为基础，诞生并发展了土地资源的可持续利用研究。20世纪陆续有学者提出了可持续土地利用管理（SLM）的概念，将可持续发展的概念引申到土地资源的利用上。世界银行将SLM定义为一种以理论和知识为基础，有助于将生物多样性、土地资源、水资源以及包括投入、产出、外部溢出效应在内的生态环境管理，整合在一起，以满足可持续的粮食和膳食纤维的需求，同时维持生态系统服务的程序。《可持续土地利用评价纲要》（FESLM）在1993年由联合国粮农组织（Food and Agriculture Organization of the United Nations，FAO）颁布，该纲要确定了土地资源可持续利用的基本准则和5种关键性的评价标准（Pillars），即经济可行性（Viability）、水土资源保护性（Protection）、土地生产性（Productivity）、土地安全稳定性（Security）和社会接受性（Acceptability），并初步识别和提炼了土地可持续利用评价的关键指标。该纲要所提出的关于如何可持续地利用和发展土地资源，以及相应的基本思想与评价准则，成为各国土地资源可持续利用管理的指南与纲领。可持续土地管理需要在改善城市土地利用效率的同时，整合农村土地，特别是农业部门的技术、政策和活动，以提高经济绩效、满足城市人口急剧增长的要求，保持自然资源基本的质量和环境功能。如果不注意做到可持续发展和合理布局规划，会导致土地退化、景观的生产和服务（如生物多样性、水文、碳封存）功能显著降低。

FESLM 提出的土地可持续利用的评价体系，只是一个概念框架。由于经济发展存在着不平衡性，世界各国和地区在自然资源禀赋条件、人口数量、社会经济发展阶段等方面存在明显差异，即使可持续土地利用的基本思想原则一致，所面临的具体问题也是不一样的。因此，各国城市出现的土地可持续发展问题，还需要对具体的指标评价体系和评价方法展开进一步的研究。在选取具体的评价指标、确定的阈值方面需要因地制宜。在研究中不同国家和地区，实际是以 FESLM 框架为指南，探讨适宜本国或本地区的土地可持续利用指标的评价体系和方法。

土地利用转型是推动城乡地域体系发展的主要力量，并对区域可持续性产生直接的社会、经济和环境影响。例如，土壤侵蚀、土壤退化问题，土壤质量和农林牧业发展质量下降，影响生物多样性和生态系统功能，污染农村环境，影响农业生产和粮食安全，扰乱区域社会经济和空间结构。土地利用转变可以通过显性形态（例如数量、结构和空间模式）和隐性形态（例如质量、产权、管理模式、固定投入、生产能力和功能）的变化来衡量。

国内外学者基于不同方法从多个角度对城市土地资源的可持续利用展开了研究。从农作物产量及粮食食品安全视角，Branca 等（2013）分析了土地资源可持续利用对农作物产量的提升作用。基于土地资源利用的指标评价体系和熵权法等指标权重分析方法，Cecchini 等（2019）从橄榄作物的短期种植趋势入手，分析了地中海城市大都会地区的土地可持续利用情况。从相关的政策制定与实施效果的角度，Hălbac-Cotoară-Zamfir 等（2019）从政治决策、社会经济措施和文化特征维度对土地资源可持续利用的环境友好政策效应进行了分析。Niu 等（2021）构建了城市化与土地利用转型互馈关系的理论框架，并从人口城市化、经济城市化和社会城市化的角度衡量了城市化水平，同时从显性和隐性两个角度，对土地资源利用的形态、水平进行了评价分析。结果表明，城市化与土地利用转变之间的关系不是简单的线性关系，而是趋于复杂。合理的城市化进程和土地利用形态将促进系统的良性耦合。Li 等（2021）揭示了城市土地利用转型对中心城市经济溢出的空间影响机制，为我国继续优化城市土地资源利用效率、空间布局，促进城市协调发展提供了有益的参考。研究结果表明，促进土地市场化，加强城市土地集约利用，建立和完善城市群经济发展协调机制，有助于增强城市群中心城市的经济空间溢出效应。

11.2 城市的定位与分类

2014年中国经济发展产生诸多重要转变，告别了过去的高速增长，经济发展进入"新常态"。2017年进入高质量发展阶段。在土地资源与空间规划上，需要摒弃以往"依靠要素投入数量增长"的房地产开发思维，用好存量空间资源。之后，《土地管理法（修正案）》《土地管理法实施条例》等相继出台，标志着顶层建立起推动"存量要素增效"的政策制度。2021年，自然资源部在第三次国土调查和第七次人口普查基础上，对全国的"国土资源环境承载能力和开发适宜性"做了评价分析，主要结论是，全国城镇开发，特别是土地资源的开发与利用已经逐步进入以存量为主的发展时期。对于国土空间资源的可持续利用与发展，需要因地制宜，对于不同城市规模和定位，在发展的侧重点与前进方向上应有所区别。

11.2.1 按城市规模划分

根据一个城市常住人口的数量规模作为评价标准，设定不同的门槛值，可以将城市划分为5个类别。各国以自身人口规模等国情为依据在划分城市类型的标准上存在差异。目前，国际上通用的划分标准是由联合国制定并发布的。将常住人口超过1 000万的城市称作超大城市，常住人口超过500万但少于1 000万的城市称作特大城市。

美国商业内幕网公开发表的关于世界人口最多城市的最新排名中，排名前20的城市都属于超大城市，因为这些城市的人口规模都超过了1 000万。根据全球超大城市的最新统计数据[①]，人口规模超过1 000万的城市共有41座，预计在2030年将达到48座。其中，亚洲和太平洋地区22座、欧洲和北美洲7座、拉丁美洲和加勒比地区6座、非洲5座。中国共有10座城市位列其中。具体如表11-1所示。这些超大城市大多属于发展中国家。预计到2030年，还有更多的超大城市将出现在非洲、拉丁美洲和亚洲。该数据由联合国教科文组织发布。

---

① 参考网站：https://en.unesco.org/events/eaumega2021/megacities（访问日期：2022-03-30）。

表 11-1　全世界所有超大城市现状及 2030 年预测分布①

所在地区	超大城市个数	发达国家城市	发展中国家城市
亚太地区	29	大阪、东京、首尔	达卡、北京、上海、天津、广州、深圳、重庆、<u>成都</u>、<u>西安</u>、<u>武汉</u>、<u>南京</u>、孟买、新德里、班加罗尔、加尔各答、钦奈、<u>艾哈迈达巴德</u>、<u>苏拉特</u>、雅加达、德黑兰、吉隆坡、卡拉奇、拉哈尔、马尼拉、曼谷、胡志明市
欧洲和北美洲	7	巴黎、莫斯科、伦敦、纽约、洛杉矶、芝加哥	伊斯坦布尔
拉丁美洲和加勒比地区	7		墨西哥城、利马、波哥大、<u>圣地亚哥</u>、里约热内卢、圣保罗、布宜诺斯艾利斯
非洲	4		金莎萨、开罗、拉各斯、约翰内斯堡大都会

中国关于超大城市明确的正式定义最早见于 2014 年 11 月国务院发布的文件《关于调整城市规模划分标准的通知》，其中关于超大城市规定的门槛与国际定义一致。目前，按照城区常住人口统计数据，已经公布的超大城市共计 6 座（分别是北京、上海、广州、深圳、重庆、天津）②。实际上，武汉也被增列为超大城市③。在经过 2018 年的城市"抢人大战"之后，郑州、西安常住人口也达到了 1 000 万。由国家统计局发布的《经济社会发展统计图表：第七次全国人口普查超大、特大城市人口基本情况》（以下简称"七普"）显示，我国拥有超大城市 7 座，特大城市共 14 座。其中，武汉作为排名第一的特大城市，距离超大城市的人口数门槛仅有 5 万之差。

大规模人口向城市地区的涌入和聚集，是经济发展中城市化进程的关键现象。世界范围内的城市化进程，对人类的生产生活方式产生了深远的影响。城市人口扩张对城市土地资源利用的影响，学术界已经开展了较多研究。Wei 和 Ye（2014）以土地资源可持续利用为侧重点，综述了中国城市化进程的影响，并强调了运用时空模型的重要性。Fang 等（2016）研究了城市化进程与土地资源利用之间的耦合关系，进行了关键影响因素识别、实证分析和案例研究。也有学者研究了城市化进程对土壤生态环境污染的影响，以及伴随的危害和健康风险

---

① 注：表中带下划线的城市预计在 2030 年成为超大城市。
② 数据来源：《国家新型城镇化规划（2014—2020 年）》。
③ 数据来源：2016 年 9 月印发的《长江经济带发展规划纲要》。

(Liu et al., 2016)。Wei 等（2017）、Wei 和 Ewing（2018）研究了城市土地扩张带来的区域经济发展不平衡等现象。Long 等（2018）从耕地退化和粮食安全视角对城市化进程造成的土地资源利用风险进行了分析。

11.2.2 特色城市分类及土地资源利用面临的问题

1. 资源型城市的内涵、分类及土地资源利用

资源型城市是指以向社会提供矿产品或其初级加工产品等资源型产品为主要功能的城市（王杨 等，2011）。因此，资源型城市的生产和发展与资源的开采利用有着十分紧密的联系。王杨等（2011）根据城市所处的发展阶段，进一步将我国的资源型城市依次归类为成长型、成熟型、衰退型和再生型 4 种不同的类型，对应的数量分别是 3 个、141 个、67 个和 23 个。这些城市被视作能源资源安全的保障地、新型工业化和城镇化的主战场。

一个城市是否属于资源型城市，标准是下述 4 个关键指标，即采掘业产值占工业总产值的比重在 10% 以上；在研究地区支柱工业时，其最低要求是其产值比重大于 5%；采掘业从业人员占全部从业人员的比重在 5% 以上；采掘业从业人员规模，县级市应超过 1 万人，地级市应超过 2 万人。

关于资源型城市的形成，有两种模式，一种为"先矿后城式"，即城市完全是因为资源开采而出现的，如大庆、金昌、攀枝花、克拉玛依等。另一种则是在资源开发之前城市就已经形成并存在了，资源的开发加快了城市的发展，如大同、邯郸等，概括为"先城后矿式"。周颖等（2020）以特定城市为例，从时间维度对该类型城市土地生态安全进行动态预警评价及障碍因子诊断，为资源型城市保持区域土地生态安全和社会经济可持续发展提供了参考。

国内对资源型城市的内涵研究主要还是集中于"资源"的不可持续性上，国外则更强调单一的资源经济、资源产业在经济活动中固有的风险，以及由此导致的不可持续性，因此国外资源型城市的研究范围较广。1921 年，英国学者 Auronsseau 在开展城市职能分类和分类体系研究中首次提出了矿业城镇（Mining Town）的概念。国外资源型城市研究内容主要包括经济和产业基础、地区和城镇社会发展、社会问题与社区建设、城镇规划和设计、劳动力市场动态、交通通勤模式、公共政策等多个方面，并且随着社会发展背景的变迁而逐渐更新。资源型城市的特征方面，与国内资源型城市相比，国外资源型城镇工人流动性较强，经常在多个城市之间迁移以寻找合适的工作，而国内相关企业的就业人员则相对

固化。此外，从城市规模上来看，国外资源型城市的规模总体小于我国资源型城市，城市人口多为几千人至二三万人、规模较小。这主要是不同国情造成的，但我们在进行理论研究与经验借鉴时，也应将这一差别纳入考虑之中。

当城市主要资源的累计采出量，已经超过可采储量的70%，则表明该资源型城市进入了发展的后期、晚期，也可以称为资源枯竭型城市。这些城市的转型问题，是世界其他国家在经济增长和社会发展的过程中，曾经或正在经历的突出瓶颈。例如美国匹兹堡矿区、德国鲁尔矿区和法国洛林矿区。中国的资源枯竭型城市由国家发改委、国土资源部、财政部等单位评定。目前，共有69个城市被划定为资源枯竭型城市。对这些城市的转型发展，有学者将实证分析与具体城市案例结合开展了研究。Zhang 等（2018a）分析了资源枯竭型城市的转型效率，以及影响因素。也有学者从土地资源可持续利用、土地退化与生态修复（Guo et al.，2019；Guo et al.，2021）、产业转型（Yuan et al.，2019）等视角开展了相应的实证研究和案例研究。

2. 首都城市定位与土地资源利用

理性看待城市规模与利用效益之间存在的相辅相成、互为补充的关系是十分重要的。城市功能在一定空间范围内，具有分工协作的规律。北京城市中心由于功能过度集聚，产生了一系列问题。如人口的快速爆发式增长、拥挤的城市道路、频频发生的雾霾天气、水土资源污染等环境生态污染问题。上述问题可以概括为"大城市病"。"城市病"还出现在很多国家的城市化进程中。在非洲、拉丁美洲、南亚以及东亚的一些国家，由于城市化进程的不断推进，大量人口涌入首都和其他特大城市，造成了首都贫民窟现象，这一现象在发展中国家甚至发达国家快速城市化过程中都出现过。恶劣的居住环境引起公共卫生和安全问题、过于密集的人口聚集引发交通问题、环境污染问题和毒品交易问题等，也是形成"中等收入陷阱"的重要原因。

首都城市发展中的人口聚集，还会使传染病的传播风险大大增加。以亚太地区的发达国家日本为例，东京作为首都城市是一个繁荣的超大城市，但其中一个突出的问题是东京的人口密度过高。东京有超过1 300万人口，部分地区每平方公里超过2万人，使得东京成为一个非常拥挤的城市。另一个问题是疾病在东京传播的速度很快。这主要是由于人口过剩，疾病更容易在人与人之间传播。如果东京出现危及生命的疾病，可能非常危险，因为它会迅速传播、导致许多人死亡。

北京城市病恶化，更深层次的原因是城乡关系。人口城市化与空间城市化的脱节是形成城市病问题的重要诱因之一（Yang et al., 2018）。城市和乡村边缘地带之间脱节的区域，是北京城市病问题的典型地带。城乡关系错位也会导致城市病问题的进一步恶化。因此改善与缓解大城市病问题，除了依靠的经济技术措施和空间结构布局调整，也需要依靠城乡一体化，可能是北京城市病问题的重要出路。为避免上述国家出现过的严重"城市病"，各个城镇应承担更多的农业转移人口。这也符合我国的基本国情。

非首都核心区功能疏解，提出了总体规划方案，明确了"一核一主一副，两轴多点一区"的空间发展布局构想。空间结构布局要求的提出，规范化地确定了核心区功能重建、中心城区缓解与升级、北京城市副中心与河北雄安新区形成"两翼"、平原地区疏解与承接、新城多点支撑、山区生态环境保护涵养，形成全新发展规划布局。

3. 历史文化特色城市及其土地资源利用

建设现代化城市是当今城市发展的普遍追求目标。城市的形成，是以历史文化为根源的，是历史文化现象的凝结。城市的现代化发展需要文化支撑，文化是一座城市独有的气质。每个时代都在城市中留下自己的痕迹并形成特色。

城市特色并非近几年提出的新概念。早在20世纪80年代末建设部便提出了各城市可根据当地的气候、民俗风情、经济发展水平构建风格多样的城市。目前，学术界关于城市特色的概念主要是，有别于其他城市内容和形式的个性特征，指一个城市在自然环境与气候、经济发展、历史文化、产业资源与城市功能、开放空间与建筑实体、城市结构形态等方面不同于其他城市的特征。

多数学者将城市特色界定为一个城市区别于其他城市可识别的风格特色。目前多数城市将城市特色构造作为工作的重点。打造城市特色不仅会受到地域特色和风土文化的影响，还会受到其他人文因素的影响。譬如"赌城"拉斯维加斯。人们在构建特色城市时多将其与城市空间规划结合在一起，在对城市进行科学治理的前提下最大程度地保留自然风光的价值，打造出了独特的城市特色（苏功洲，2011）。

人文与空间是地区研究的两个方面。城市文化根植于不同的地域与历史文脉。不同的城市文化会映射出不同的外在特征表现，使得城市各具特色，并在城市发展中得到加强（谢清 等，2011）。历史文化名城指的是保护和存有文物特别丰富、具有重大历史文化价值或革命意义的城市。该定义出自《中华人民共和国文物保护法》。

从土地利用的历史发展视角，有学者探讨了国家历史文化名城地区空间变迁，研究了近 300 年各时期国家历史文化名城地区的土地覆盖特征。从土地利用历史路径的角度，具体阐述土地覆盖特征。土地利用与相对应的空间变迁存在着密切的关联关系。土地覆盖是指地表自然形成的或者人为引起的覆盖状况。土地利用变化是全球土地项目（GLP）和土地系统科学（LSS）的研究重点，也是土地覆盖变化（LUCC）的表现形式（Long et al., 2021）。因此，从本质上来讲土地利用是一个过程概念，而土地覆盖则是这一过程的重要表征。应从人口发展与空间变迁关系的视角出发，通过对国家历史文化名城地区土地利用的研究，揭示城市地区发展的历史规律，为我国城市化进程尤其是城乡统筹实践提供参考和依据。

城市特色与城市空间规划二者之间存在着相辅相成、互为补充的关系。城市特色是城市空间规划的效果呈现，反映了城市空间规划的内容。当前人们打造特色城市主要是借助城市空间规划来实现的。将自然、历史、人文风情有机地融合在城市规划中，对城市空间结构进行调整。在城市原有建筑物及自然风景的基础上进行改进，打造独具特色的新兴城市，为城市创造无声的明信片。

11.3 城市土地可持续利用的国外案例分析

随着我国经济体制从计划经济到市场经济的转型，城市土地从无偿使用到有偿使用。城市土地资源配置中市场因素越来越突出，不确定因素也越来越明显。城市规划是引导城市土地合理利用的重要手段，有利于城市的可持续发展。土地资源的优化配置作为城市规划中的一项核心任务，对城市的发展具有举足轻重的影响。

11.3.1 资源型城市与土地可持续利用

2013 年，由国务院印发的《全国资源型城市可持续发展规划（2013—2020 年）》（以下简称"规划"）指出，全国 600 余座城市中共有 262 个被界定为资源型城市（国务院，2013），超过全国城市总量的 1/3。随着经济快速发展以及资源大规模开发，资源型城市未来的可持续发展之路面临着严峻的挑战。

随着经济发展进入新常态，由于自然资源的有限性，这些城市相继进入成熟期与衰退期。经济社会发展与生态环境保护之间的矛盾日益突出。甚至由于资源的过度开采引发资源枯竭，部分城市陷入经济衰退、产业萎缩、要素聚集减弱的困境（范强 等，2021）。

资源型城市转型发展面临诸多制约和瓶颈。有学者基于文献计量分析方法对国内资源型城市转型进展进行了梳理与总结。孙轩（2021）总结了资源型城市转型的难点，提出相应对策和路径。汪涛等（2021）认为资源型城市转型发展所面临的主要问题在于路径依赖。路径依赖会对技术和制度产生双重"锁定效应"。在资源消耗殆尽时期，产业转型的能力下降，城市转型陷入困境（张生玲等，2016）。

生态安全是社会经济可持续发展的重要支撑，需要稳定的资源和环境支持（Wu et al.，2019）。生态安全评价是生态可持续发展的重要组成部分。科学评价有利于区域生态资源的合理配置，准确预测生态安全发展趋势（Wen et al.，2021）。土地生态系统在社会经济进步中起到重要的作用，但快速的城市化进程引发了大量生态环境问题，严重威胁生态安全（Su et al.，2016），土地生态系统也正在退化。生态安全模式（Ecological Sustainable Pattern，ESP）作为保护生态安全的有效途径，在协调快速城镇化与生态保护、城市规划中成为日益重要的发展需要。其中，土地生态安全（LES）诊断是以实现可持续发展目标为核心、围绕土地资源生态安全模式展开的系统性诊断。在关于土地资源可持续发展的研究中占据重要位置。有学者对城市土地资源的可持续利用进行了案例和实证研究。以构建指标评价体系为核心，Su 等（2016）、Wang 等（2020）分析了城市最优土地生态安全发展模式；Zhou 等（2020）基于机器学习方法识别了城市土地利用模式的过渡规则；Xie 等（2020）构建了围绕土地生态安全的预警模型，对城市化过程中土地资源扩张和耕地退化问题进行了研究，揭示了城市区域生态安全的潜在风险。其他研究也对土地生态安全的影响因素进行了实证定量化研究（Feng et al.，2018；Liu et al.，2019；Wu et al.，2019）。Wen 等（2021）梳理和总结了目前广泛用于生态安全评价的指标体系建设、评价方法（相关权重设定）的研究进展，以及不同研究方法的局限性。得出的结论是，当前生态安全评价研究的局限主要集中在生态安全水平阈值划分不明确、评价指标体系不一致、生态安全驱动力不确定等方面。

11.3.2 城市转型与土地可持续利用的国外案例分析

1. 美国钢都匹兹堡城市转型

随着美国煤炭和钢铁工业的衰退，匹兹堡在 20 世纪 70 年代经历了生存危机,严重的经济衰退使该市的人口锐减。这场危机唤起了当地人称为"匹兹堡之路"的新发展途径,政府、企业和学术界的领袖能够团结起来,共同解决城市面临的问题。

匹兹堡市的领导人认识到,需要吸引企业和有才华的专业人士,来复兴当地被污染的生态环境和趋于老化的基础设施。城市运行的能源来自一个集中的基于宏观电网的系统。匹兹堡由乔治威斯汀豪斯等工业家创建,是能源系统的发源地。已历经数十年,多年投资的不足使宏观电网变得低效、不可靠,而维修该系统将耗资数百亿美元。

为了应对基础设施老化带来的挑战,匹兹堡市领导人积极促进政府、企业和研究机构之间的合作,其中包括卡内基梅隆大学、匹兹堡大学和杜肯大学等高校,以及杜肯照明、NRG能源和西门子等企业,努力推动资源型城市转型发展。由此产生的城市升级计划使匹兹堡站到了清洁能源革命的前沿。智慧城市项目不是重建旧的集中式系统,而是转向一系列智能区域级微电网,这些微电网将能源生产、交通和通信相互连接,为大学、医疗保健、数据中心和社区提供基于高科技的基础设施保障。新的分布式能源系统将更清洁、更环保、更有弹性,因为微电网可以在地区停电时共享电力。借助智能数据系统,电动汽车中的电池也成为系统存储能源的一部分。

匹兹堡正在开创可再生能源系统,该系统正在推动就业水平稳定增长、提升经济活力。与钢铁行业的 5 300 人相比(目前正在运营的煤矿仅剩 2 个),该市目前在清洁能源领域雇佣的员工数量已经超过了在化石能源行业雇佣人数的总和。这也是匹兹堡市支持《巴黎协定》的主要原因。生产更环保的能源有助于净化城市,创造吸引公司和人才的优质生活。多个充满活力的技术运用场景正伴随着大学研究实验室的建设而出现。谷歌建立了匹兹堡园区,员工人数翻了一番。优步则选择在该城市推出自动驾驶汽车的研发计划。

2. 德国重工业区鲁尔区的城市转型

20 世纪 50 年代,德国西部的鲁尔区在煤矿和重工业的带动下经济繁荣。在接下来的几十年中,生产就业人数急剧下降。但为振兴该地区所做的广泛努力已帮助其逐步重塑经济。

鲁尔区是欧洲人口最稠密的地区之一,也是最大的工业中心。在 19 世纪,它发展了以煤炭开采、煤炭发电和钢铁等重工业。20 世纪 50 年代后期,由于国际竞争,鲁尔区的硬煤产量开始迅速下降。在行业的鼎盛时期,有近 48 万名工人；到 1980 年，大约有 14.3 万人；而最后 2 座矿山在 2018 年关闭时，只剩下 3 371 人。长期以来，人们强烈反对逐步淘汰煤炭，导致资源锁定并增加了成本。但由于政府分散、包容的参与战略以及与工会的伙伴关系，自 20 世纪 90 年代以来对行业的支持有所增加。这为工人提供了过渡并减少了经济困难。鲁尔区的最后一座矿山于 2018 年关闭。

鲁尔发展计划于 1968 年通过，以支持基础设施发展为核心，并支持扩大道路网络、公共交通和高等教育机构。

自宣布煤炭补贴结束后，煤炭公司、工会以及联邦州政府签署了三方协议，负责管理最后阶段的煤炭淘汰。该协议旨在通过社会可接受的裁员以及为矿工提供一揽子计划来实现公正的转型。

总体而言，以工人为中心的政策、具有前瞻性的区域结构性政策和支持经济多样化的大规模公共投资，产生了协同作用，该地区的转型努力取得了较大的成功。现今的许多举措以该地区的遗产和工业资产为基础，侧重于环境技术、工程、商品运输和社会文化项目，有助于保护地区特色。

成功的改造如埃森的一个（前）煤矿综合体，已成为联合国教科文组织世界文化遗产，提供多种文化产品。还包括国际建筑展览埃姆舍尔公园，它创造了 5 000 个工作岗位以及 7 500 套新房。大学和高等教育机构在这一转变中发挥了重要作用。到 2014 年，鲁尔区有 22 所大学，学生数量超过 25 万。这有助于提升该地区作为知识型经济体的形象、吸引雇主。

这些举措和机构共同将鲁尔区从煤炭驱动的工业区转变为以知识和旅游为基础的新区。失业率保持相对较低，避免了经济衰退和人才外迁。到 2000 年，有 100 000 名工人从事环境技术的研究和开发。1957—2000 年，鲁尔区的年均经济增长率为 1.3%。

11.4　城市土地可持续利用的中国实践与经验借鉴

11.4.1　资源型城市与土地可持续利用的国内实践

资源丰富的城市或地区往往依靠资源出口来获得经济增长和繁荣，但是资源储量走向枯竭，特别是不可再生资源的耗尽，只是时间问题。当比较优势逐渐消失时，需要进行结构转型或产业升级，工业转型对于维持一个城市经济增长和重新振兴是十分必要的。世界上不乏一些成功的案例，比如英国泰恩河畔的纽卡斯尔、美国的卢森堡、德国的鲁尔区。还有很多城市和地区却失败了，包括法国的梅茨、南希以及德国的萨尔。转型的路径受到阻碍（市场失灵）（Weber et al., 2012）。对政府现有项目的研究和评估，对于学者和决策者寻找有用的政策工具至关重要。

矿藏丰富的城市在中国的经济发展过程中占据很重要的位置，特别是在中华人民共和国成立初期、计划经济时代。这些城市的生产和出口活动以资源为基础，主要集中在采矿业。矿产资源是不可再生的，储量的耗尽只是时间问题。早在20世纪80年代末，采矿业在某些城市，如辽宁省的本溪、抚顺和阜新，已经不是一个有利可图的行业。在21世纪，城市资源枯竭已经越来越多，这些城市也遭遇了严重的经济衰退（Chen et al., 2019；Li et al., 2020）。

1. 案例一：新中国第一座石油工业城市甘肃玉门的转型之问

一个资源枯竭型城市的例子是玉门。在20世纪60年代，作为新中国的第一座石油城，开采玉门油田带来了产业和经济的繁荣，石油开采量占全国原油产量的比重曾超过一半、达到51%。玉门的石油资源随着时间推移逐渐枯竭，产能在近40年的时间里下降了70%。同很多资源枯竭型城市类似，由于未能实现产业转型、发展第二支点，在改革开放初期便出现了衰退。当大部分居民赖以生存的支柱产业倒塌，搬迁成为必然，这里也逐步变成一座"鬼城"。

基于指标评价体系和熵值法，对玉门市的土地资源进行综合评估后发现，对经济总量增长的片面追求、忽略生态效益的发展方式，除了使资源型城市最终走向资源枯竭、支柱产业倒塌、人口流失和城市衰退的结局，还导致了土地资源的生态效益和经济效益下降（张文斌 等，2012）。对石油资源的过度开采，还引起了严重的生态环境问题。污染导致当地的水质变差，田地也无法种植庄稼，几乎达到"寸草不生"的状态。Chen 等（2019）对不同类型的资源型城市开展实证研究后发现，区域经济发展、产业发展和科技发展对资源型城市的工业用地效率具有显著的正向影响。对玉门市来说，当支柱产业倒塌时，大部分从业人员离开岗位，无法继续吸引有专业技术的人才或资金流入，从而形成恶性循环。石油资源的过量开采还需要消耗大量的地下水资源，进而导致田地没有可以用于灌溉的水，粮食产量相应出现大幅锐减。人口流失、市政府搬迁、商业及教育机构也纷纷外迁，使老城建筑用地闲置，基础设施空置率达到90%（杨仁宇 等，2017）。

2. 案例二：重化工业城市河北唐山的生态旅游转型

唐山市拥有丰富的煤、铁、石油等资源优势。从唐山工业比重来看，重工业比重由 2000 年逐步增长，到 2009 年增长至 79.1%，轻工业比重由 20.5%降至 7.3%。从唐山产业结构来看前 10 个行业，对资源的依赖性较为明显：几乎都是资源性行业，包括黑色金属冶炼和轧制加工（占 51%）。对于资源型城市来说，在适当的发展阶段寻求替代产业，实现产业转型，为城市的可持续发展注入新的活力，是一项紧迫的任务。

在资源型城市转型的过程中，发展生态旅游成为一条帮助城市转型的可持续发展之路。开发旅游资源，调整城市产业结构，改变主导产业在结构上相对单一的局面。旅游业是劳动密集型产业，可以增加就业。旅游资源的长期开发保护，优化了城市生态环境、提升了城市形象。因此，旅游产业将是一个重点产业，并逐渐在产业发展中崭露头角，成为城市新的经济增长点。旅游，是基于旅游资源的文化内涵。资源型城市旅游开发受城市地理环境影响很大。一方面，资源型城市大多是现代城市，城市本身的文化底蕴并不深厚，资源文化内涵也不深厚。另一方面，资源型城市由于资源的长期开发，对环境造成了严重的破坏和污染，成为旅游业发展的不利因素。但资源型城市具有复杂的地质和地形条件，以天然地理环境为基础，寻找发展旅游业的特色资源价值，开拓资源型城市产业发展的新路径，成为城市转型的必由之路。

唐山位于华北平原东北部，燕山以南，属暖温带半湿润大陆性季风气候。背山景观格局复杂、地貌类型复杂、地理位置独特、历史悠久，为唐山旅游业的发展提供了有利的自然和人文条件，包括自然（山、海、原、林、岛）、历史遗迹和现代工业文明多种类型，旅游景点众多。

通过高速公路和高铁，唐山与北京、天津等其他大城市形成了半小时经济圈。唐山位于北京、天津、秦皇岛、承德等中国著名旅游城市的几何中心，为开展区域旅游合作提供了有利的条件。唐山所在的京津冀地区已被确定为知识经济示范区、新兴产业区、现代交通运输装备制造基地和钢铁生产基地。唐山地处山海兼备之地，拥有独特的文化资源。这里山路纵横，河谷环抱，为发展提供了良好的环境。唐山文化是河北文化的组成部分，燕山为唐山文化的形成和发展提供了独特的环境，独具特色。目前，唐山市共有文化遗产（处）102 处，其中文物单位 71 处，非物质文化遗产 31 处，开放 19 处。这些独特的文化资源是唐山旅游发展的"软黄金"。

11.4.2　资源型城市与土地资源可持续利用的支持政策

通过国家管理的资源枯竭型城市转型（RECT）计划，资源枯竭型城市的地方政府可以获得相应的福利待遇和优惠政策，可以根据当地具体发展情况，灵活地设计和实施相应的政策和倡议。具体而言，根据政府文件，福利涵盖四大领域：①国家资金。用于弥补地方政府在可持续发展方面的赤字，以解决财政、环境和失业等长期问题。自该项目启动以来，该来源的年度资金增长了6倍，2013年达到194亿元，累计资助657亿元。②来自银行的资金。资源枯竭型城市可以获得优惠利率的优惠贷款，以支持其转型和可持续发展。例如，中国国家开发银行承诺根据城市的需求提供金融支持。③对资源枯竭的萧条行业企业的财政援助。目的是缓解企业的财务压力，协助资本投资和生产技术升级。持续遭受严重亏损和债务的表现不佳的公司被鼓励寻求重组、合并、清算或其他解决方案。④不同级别的政府合作，促进和发展资源枯竭型城市的替代战略产业。其目的是使主导产业多样化，提高基础产业的经济附加值。这种方法鼓励企业逐步走出舒适区，特别强调将逐步延伸价值链和优化产业结构的前向垂直一体化。

进入RECT计划的资源枯竭型城市具有几个共同特征。首先，它们经历并遭受了可开采矿产资源（如煤炭、石油、金属等）枯竭和行业效率的收缩，导致了许多矿业公司破产。其次，它们的地方公共财政薄弱。受到经济停滞和税基不足的阻碍，80%的矿业公司是国有企业，其纳税义务由地方政府承担。因此，地方政府在改善公共基础设施方面面临困难。再次，它们的基础部门比较单一。采矿业通常占当地GDP的60%~70%，有时甚至超过80%。最后，资源枯竭地区的社会经济条件也很脆弱。采矿业的收缩增加了低技能人群的失业率，减少了家庭收入。

RECT计划旨在将资源枯竭型城市从经济衰退中拯救出来、继续其工业发展。该政策专门针对经历城市资源枯竭并且急切需要实现产业升级的地区。Sun和Liao（2021）应用公司数据进行了实证研究，检验资源枯竭型城市转型计划的效果。计划提高了当地企业的产出和资本，提升幅度约为13%；刺激了就业和生产率，提升幅度约为7%。2008年的第一次RECT和2009年的第二次都是有效的。前者对资本的影响更大，后者的作用主要体现在对就业形势的改善上。该项目通过向下游延伸价值链，刺激更高附加值的活动，促进了产业升级。

11.5 本章小结

本章首先对城市土地的内涵与范围进行界定，围绕中国城市化进程，对目前土地资源可持续利用的源起与发展、主要研究方法进行系统的梳理。土地适宜性评价主要以 SLM 和 FESLM 框架为基础，各国因地制宜地采用适合本国经济发展水平的土地资源利用评价指标体系。已有研究从多个角度开展了实证分析和案例研究。根据城市定位对城市进行分类研究，系统分析不同类型城市在土地资源利用中面临的问题和瓶颈。总结和梳理国内外资源枯竭型城市发展和转型的典型案例，土地资源的优化配置在城市规划发展中的重要性进一步凸显。

第 12 章　城市可持续发展与水资源利用

可持续发展强调长期的经济增长。城市对于社会进步有着重要作用。城市得以发展，才能更好地贯彻可持续发展战略。目前，水资源问题已成为困扰我国发展的一大难题。为了解决这一难题，对水资源进行综合治理有着重要的意义。本章首先介绍了水资源承载力这一概念，并对其构成及方法进行了介绍；接着阐述了水资源利用方面的难点，最后对国内外的治理经验进行梳理与借鉴，促进城市的可持续发展。

（1）水资源承载力的评价方法。
（2）水资源利用问题。
（3）水资源治理经验。

12.1　水资源承载力及其评价方法

12.1.1　水资源承载力定义

"承载力"最开始是用来描述物理现象的一个量，它指的是物体在没有任何损伤的情况下的最大（极限）载荷。目前已被广泛运用在各个领域。如生物领域群落生态学，它是指在某种既定的环境中，某种生物所能达到的数量的最大值。在土地这一领域中，土地承载力是说土地在一定的情况下，它可以负荷的极值。综上，对于水资源承载力这个概念可以做出以下解释：处于特定的条件下，水资源可以负担的生物个体数量的极限，它必须满足既定的标准。因而，水资源承载力这一定义的产生反映出水资源在城市可持续发展过程中有着至关重要的影响。随着时代的进步，人们生活水平不断提升，水资源短缺的问题逐渐成为制约区域可持续发展的重要因素。水资源的不可或缺性，在缺水干旱的地区尤为明显，对于区域经济的制约强度也越发明显，因此，这一概念在 1985 年由新疆水利软科学集团首次提出。

由于时代的持续发展,人们对于水资源承载力的见解也有所变化。夏军等(2018)认为水资源承载力更加强调水资源与经济之间的联系,它是以一定的人口为基础的,从而更好地带动经济的发展;李林子等(2020)认为水资源承载力要以生态环境为基础,该系统所能有效地负荷经济及人口的最大值,即最理想的状态。这些概念都较为抽象。实际上,本章所主张的水资源承载力是兼顾人类社会与自然界平衡的一个概念,不限于以上研究提出的概念。

总而言之,水资源承载力不仅是一个环境定义,更是社会定义,既包括了对水资源因素的衡量也包括了对社会因素的衡量。由于对环境因素的直接度量是比较困难且不全面的,所以要运用多种模型,从资源、人口、经济承载力等角度出发,从多个角度对水资源承载力进行分析。下面将介绍现在研究中被提出的水资源承载力的一些评估方法。

12.1.2 水资源承载力研究理论基础

水资源承载力的研究是传统的水资源理论向社会经济系统的延伸,其目的是试图以水资源这一单维资源作为约束条件来反映水资源对社会、生态环境和经济的贡献,从一个侧面来表征水资源与社会、生态环境和经济的协调发展特性。因此,必须以水资源、水环境形成和发展过程为基础,按生态经济系统的规律和统计学规律进行水资源承载力的研究。关于水资源承载力的研究基础,不同学者的研究结论也有所不同。但大多数是围绕三方面来展开的。它们分别是:可持续发展理论、水生态社会经济复合系统理论和自然－人工二元模型水文循环。

第一,可持续发展理论。它着重指出三个方面:一是不同代际之间在使用自然资源上要公平;二是在不同的地区要保证公平;三是兼顾经济及人口等相互关系,谋求共同发展。在这种思想的引导下,如今,人们越来越提倡可持续发展,促进人与社会共同发展,不再只是追求经济的发展。

第二,水生态经济复合系统理论。这是说生态环境是一个由众多子系统所构成的大系统,这个系统具有一定的条理性,各个子系统与生态环境有机结合,形成了一个有着某种关系的整体,是由水资源、环境及社会共同组成的。生态和经济状况在影响承载力方面产生了很大的作用。首先,水资源承载力影响着当地的生态环境,如土地肥沃程度,同时也影响当地的土地利用率,从而导致影响当地的生态环境;其次,生态环境的变化必然会同时影响社会经济系统。通过上述分析,水资源承载力是以该理论为前提条件并进行讨论,从最初的水资源到生态再到社会，然后深入阐述了三者之间的相互关系，而不是孤立地看待问题，以求社会能够持续发展。

第三，自然-人工二元模型的水文循环。通常情况下，它是自石器时代产生和发展的，随着工业革命的发展，人类逐渐拥有了改变自然的能力，人类活动破坏了原有单一自然流域的水循环，在原有的自然循环水中产生了人工侧向分支循环，形成了一个动态变化的过程。具有二元结构的城市水资源动态演化构成了社会经济发展的基础，是生态环境控制因素，也是诸多水问题共同的症结所在。因此它是进行城市水资源承载力研究的一个基石。

12.1.3 水资源承载力的组成

从内容上来看，水资源系统的承载力包括两方面。一个是水资源总的需求量，另一个则是水环境总量，主要是处理工业活动中所排放的水。根据水所处的情况所具备的、用来调整自身的能力，水资源的总量从供需两个角度来看，分为生态需要的水量以及水资源系统能供水的能力。具体内容如图 12-1 所示。

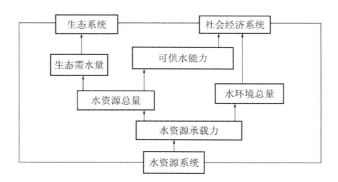

图 12-1 水资源承载力的构成

衡量水资源总的需要量。水资源总量是指由于水汽下落到地面上所形成的水源的总和，包括来自地面上的雨水及地面之下岩石中的水源。现在已经有许多测试总量的方法，最常见的是扣除重复水量法。这种算法的思路相对而言容易为大多数人所接受，即把各种水资源的总量相加，再去掉多次出现的部分。一般而言，这是一个固定的值，能达到这个地区所能负荷的理想情况。判断将其变成生态的储存水源的功效。

估计水环境容量。水环境容量指的是当处于某个地区时，水资源自身可以吸纳污垢最理想的情况，再将这种情况加以量化。如果要对其进行分析，我们能做的很有限。从与水质有关的活动，如调研、制订计划，到污水处理的相关活动，需要配合进行。

12.1.4 水资源承载力评估方法

依据前面的分析，水资源承载力受到多方面的影响。许多专家学者对水资源承载力进行了大量研究。有的从区域角度切入，讨论水资源与人口的关系，认为水资源极大地促进了社会的进步；也有的从安全角度切入进行研究，比如考察水资源承载力与水资源安全的关系。现有的研究成果采用了以下方法来解决这个问题：

1. 主成分分析模型

Men 等（2017）提出了基于层次分析法的指标权重确定的评价方法，用于计算和评价水环境的承载能力。在之后的几年，为了对其研究进行深入与细化，Cao 等（2020）也对水资源的承载能力进行了评估，采用的方法是主成分分析法。在众多定量分析的方法中，主成分分析法可以减少水资源管理问题中涉及的变量繁多的问题。

在使用统计方法进行分析时，主成分分析作为一种手段，主要是对由许多数据组成的一个集合施行统计方面的剖析，降低复杂度。它通过运用正交变换的方法，进而使得一连串的可能会产生某种关系的变量的实际值发生变化，因此数据集被映射到一系列线性独立变量。更具体一些，我们能够认为主成分等价于某个未知的式子，它能够运用最小二乘法加以计算，方程系数可以表示映射的方向。通过这种方法可以对数据进行深入加工，包括标准化等。对水资源承载力评价领域来讲，使用主成分分析的主要步骤有：

第一，选择指标数据。根据可行性原则、系统性原则以及科学原则选择指标，并分类为经济、社会、环境、水资源。

第二，对数据进行进一步的加工与处理，使其具备一定的规范性。对第一步中所选取的数据进行相似的操作，尽可能采用数学模型来预测它的有效程度。

$$x'_{ij} = \frac{x_{ij} - \bar{x}_j}{s_j}(i = 1,2,\cdots,n; j = 1,2,\cdots,p) \tag{1}$$

第三，计算相关系数矩阵。

$$\boldsymbol{H} = \begin{vmatrix} r_{11} & r_{12} & r_{1P} \\ r_{21} & r_{22} & r_{2p} \\ r_{P_1} & r_{P_2} & r_{pp} \end{vmatrix} \tag{2}$$

$$\gamma_{ij} = \frac{\sum_{k=1}^{P}(x_{k_i} - \bar{x}_i)(x_{k_j} - \bar{x}_j)}{\sum_{k=1}^{P}(x_{ki} - \widetilde{\bar{x}_i})(x_{k_j} - \bar{x}_j)} \tag{3}$$

其中，$\gamma_{ij}(i, j=1, 2, \cdots, p)$ 为原始变量 x_i 与 x_j 的相关系数，H 为协方差矩阵，是反映标准化后的数据之间相关关系密切程度的统计指标，值越大，说明有必要对数据进行主成分分析。

第四，计算特征值和特征向量。

$$P_i = \frac{\lambda_i}{\sum_{i}^{P} i\lambda}(i = 1,2,\cdots,p) \tag{4}$$

第五，计算主成分的承载力及综合指标分数。

$$l_{ij} = \sqrt{\lambda_j a_{ij}}(j = 1,2,\cdots,m;\ i = 1,2,\cdots,p) \tag{5}$$

$$a_{ij} = \frac{l_{ij}}{\sqrt{\lambda_j}}(j = 1,2,\cdots,m;\ i = 1,2,\cdots,p) \tag{6}$$

$$z_i = \sum a_{ij} x_{ij} \tag{7}$$

$$z = \sum_{i=1}^{m} P_i z_i \tag{8}$$

2. 水资源供需平衡方法及多目标分析模型

该模型通过使供水量与需水量达到平衡的方法来评估其承载力，这种方法更有利于水资源的正确使用。最初，它以生态和持续为基础，将不同领域和行业的水源综合起来再进行统一管理，进而将能够供应的水资源的总量作为限制，借助这种模型，判断这个时代所处的阶段适应的形式（如生产力在不同行业的配置情况、农作物的种植比例）、供水量的具体形式及在不同地域的分布状况。最后，如果已经达到了平衡，水资源的安排问题也得到了解决，接下来则需要估计承载力的大小情况——分为人口发展的数量和经济进步在量上的飞跃。在这个方法计算的过程中，使用的最主要的模型通常为多目标分析模型。

3. 系统的分析方法：动态模拟递推法

这个方法的重点为凭借测算供水量与需水量的均衡状态时的总量，显现出承载力的具体情况和最终维持人口及经济变化的量变。这种方法的本质是模仿手段，它把模仿的变化和数理方法联系在一起，借助计算机上相应的步骤预估某个地区关于水资源尽可能逼真地符合供需规律的活动，再按照每一年运转的真实效果有针对性地做出适应性更改，促使它和现实保持相同。

谈到区域水资源承载力分析系统，在通常情况下，这个体系是由四大子系统组合而成的，具体包括水的供应、使用、排放及水资源四部分。具体的过程分为四道程序。首先，要评估这个地区的水资源的使用状况，分析开发利用条件。其次，根据区域社会经济发展规划，预测未来需水量和总量。再次，以一个地区所拥有的水资源的总量及开垦挖掘的优势为前提，估计这个新的规划。在实现其要求的情况下，能够实现的供应水资源的总量，并因地制宜，采取适当的方法。最后，通过按照年份计算水资源，达到供给和需求的平衡，采用一定的方法测算并分析如今的承载力，以此类推，直至实现水最高的承载力。

4. 系统动力学方法与系统动力学仿真模型

系统动力学（SD）模型将对评估特定的对象所采用的质和量的思想联系在一起，具体是将各个子部分与整体、子部分之间联系起来，独立但不孤立地进行考察、联合和概括并得出结论，并配有特殊的蒙特卡洛模拟软件，是一种很方便进行政策模拟的模型，能够形成极佳的联系并反过来对其加以解释，常常被应用在较为困难的情况中，如不能直接加以考察的、存在多个未知情况的和研究对象性质尚不明确等。通过这种方式所求来的情况与我们所理解到的情况是不能等同的，它是借助所做出的各式各样的决定对其进行虚拟，明确地映射出各个要素之间的相关性，实践性强。

1. 设计系统流图

系统流图是把一些主要的没有固定的数与一定的记号或字母联系在一起。考虑到生态与社会经济之间多种因素的相关性，最终产生了系统流程图。主要的作用是呈现出在因果关系中那些难以表现的一些变量的特性，进而通晓系统的机制，最后达到自己的目的。流图一般具有两个主要的变量，即状态变量及变化率。

2. 建立方程与构建模型

以水资源承载力及适用情况作为前提，构建解释各种未知数的数学方程，并借助电脑进行虚拟研究。构建出的方程往往有：状态方程、常数方程、速率方程、表函数、辅助方程等。模型是由这些动力学方程组成的。

3. 模型的仿真计算

由于实施的计划有差异，所以也会产生有区别的具体数值借助这种虚拟行为，可以进一步计算出处于不同的条件下所产生的确切的结果，涉及的范围主要有：国内生产总值、人员情况、第一产业的产值、需氧量等其他相关的范围。将这种评估值对比并解释差异的原因，从而为选择哪个措施提供便利。

12.1.5 水资源承载力评价方法总结

通过上述分析，我们可以发现水资源承载力涉及的内容广泛、复杂，已有研究的分析主要借助了主成分分析模型、多目标分析模型、系统动力学仿真模型等研究方法。目前，国内外尚无统一、成熟的方法。但从文献中可以看出，水资源承载能力的估算包括两个重要维度：一是区域水资源的供给；二是区域水资源的需求。现实中，水资源管理的因素非常复杂，测量模型中的变量往往众多，难以估计，所以需要因地制宜，根据经验，运用恰当的方法或理论，为水资源规划提供有用的信息。

12.2 中国城市化进程中的水资源利用问题

12.2.1 水资源利用效率的研究综述

关于水资源利用效率的研究，许多学者基于水足迹理论和相关分析方法进行了研究。如孙付华等（2019）采用了 DEA-Malmquist 的方法，建立了相应的模型，阐明了影响水资源利用效率的因素，最终得出了结论：科技的发展会促进生存效率的提升，但是，对于水资源来说，则恰恰是负相关的。所以，他主张我国需要不断创新，完善手艺和本领，增加规模，从而实现效率的提升。除此之外，因为 DEA-Malmquist 方法自身的不足，导致其在数据分析这方面只能固定在某个或某段时间上，缺少动态性，时间的长度不足。

现有文献中关于效率的研究，效率大多是通过前沿效率分析求得，需要通过 DEAP 软件来实现。如今，广大学者认为这是适用情况最好、最可靠的一种方法。

由于适用的类型有所偏差，在各自的范围内下列方法各有优势，因此它们都被认为是有效评估效率的方式。

参数方法一般包括随机前沿方法（Stochastic Frontier Approach，SFA）、自由分布方法（Distribution Free Approach，DFA）、厚前沿的方法（Thick Frontier Analysis，TFA）及递归厚前沿的方法（Recursive Thick Frontier Approach，RT-

FA)。SFA 最早由 Aigner、Lovell、Schmidt（1977）提出，其他的几种情况均是以前者为基础不断发展演化的。DFA 很值得信赖，它一般是借助一些考虑之外的、偶然情况下的因子来加以处理，由 Berger 在 20 世纪末所提出，它借助之前的相关面板知识为基础建立框架。

数据包络分析法（Data Envelopment Analysis，DEA）和自由排列包方法（Free Disposal Hull）构成了非参数方法。近年来，DEA 已广泛应用于企业运营、公共管理、医学、教育等各个领域的绩效评估中。在运用非参数方法的时候，会通过构建最佳前沿面来构架最佳效率机构，其他测算主体或是决策单元格和这个前沿面的比较，就是它们的相对效率值。

参数方法和非参数方法的优劣体现在以下两方面。其一，是否受到某种未知的影响因素的干扰。通过 SFA 会成立一种前沿面，它是未知的，同时将两种影响因素加以枚举，一个是统计方面的，另一个则被称为管理上的。它将后者单独罗列出来，也就是说它可以在很大程度上提高一定的效率，而 DEA 方法建立每个决策单元公用的前沿面，可能会影响其真实性。其二，适用生产模式不同。SFA 模型主要适用于单一产出多个投入的情况，而 DEA 模型适用于多产出、多投入的生产模式。

综上，考虑到衡量水资源利用效率是多投入多产出的生产模式，DEA 模型是更为合适的分析效率的方法。DEA 最大的优点是无须思考投入与产出二者的数学关系，并且无须提前估算参数，相应的权重假设也不需要进行，增加了客观性；直接用产出和投入的加权和的比，求出决策模块的投入产出效率。在此基础上，通过 DEA 方法来建模及方程，这均与信息的处理和加工没有关联。

然而，这里也存在着需要留意的细节。一般来说，参考集元素在数量上设定了一个下限，即是将输入与输出的总数翻了一番。数据一定不是负数。如果前两者之间具有很大程度的关联度，DEA 的识别功能则会下降。另外，如果将更多的 DMU 放在一起形成一个参考集，则"同一类型"不会得到充分反映，但如果根据某些特征将它们划分为若干子集，则每个子集中的 DMU 都能更好地反映"同一类型"，这一般可以得到一些有用的信息。

最具代表性的 DEA 模型有 C2R、BC2、FG、St 等。C2R 模型有一个假定，即将收益率保持在一个既定的水平之上，接着逐个求出决策单元的相对效率。BC2 模型则以 C2R 模型为前提，认为收益的量变是可以发生变化的，并引入凸性假设 $Ein^* = 1$，从而对其进行分割，即为纯技术效率及规模效率。多数情况下,我们能够评价该方法的综合效率,但是,手段或范围会造就低效的产生。如果目的是增加规模及改进技术时,则需要对上述两种影响因素进行仔细考虑,利用 BC2 模型加以思考;反之,选择 C2R 模型用来衡量。

本章主要是通过对水的利用效率进行研究,从而更好地使用水资源,也就是说,当产量保持不变时,削减水资源的投入。此外,相对而言,对于投入来说比较容易执行,故而采用了这种 DEA 方法。

有 n 个 DMU,每个 DMU 有 m 个输入 x_{1j},x_{2j},…,x_{mj} 和 s 个输出 y_{1j},y_{2j},…,y_{sj}(其中 x_{ij},$y_{ij} > 0$),在这种情况下,它需要满足:

$$\begin{cases} \min\theta \\ \sum_{j=1}^{n} \lambda_J x_J \leq \theta \chi_0 \\ \sum_{j=1}^{n} \lambda_J y_j \geq J_0 \\ \sum \lambda_J = 1 \end{cases} \quad (9)$$

本章对于投入产出指标进行界定:

1. 投入产出指标

衡量水资源利用效率的传统方法是单因素投入指数,它用单一的水资源投入来衡量经济产出,如经济发展带来的平均水量,按照前边的分析,这种情况下忽视了影响水资源的因素与其余因子之间的影响。

2. 外部环境因素

Dong(2014)提出经济增长越快,水资源利用效率和配置效率提高的可能性就越大。每个行业对水的需求是不同的,这是各自的结构所导致的,从而也会影响到利用效率。随着产业结构从较低生产率的部门向高生产率的部门或行业的转变,全国的水资源利用效率可以提高。这通常被称为"结构性股息假设"。技术进步带来新的改进技术和新设备;这反过来通常会提高生产效率,并可以减少生产过程中的用水量。经济开放通过人力资本提升和技术扩散带来先进的技术、设备和管理。它还通过竞争和积极的溢出效应加强当地产业。这导致水利用效率的提高。水价上涨意味着生产成本增加导致企业利润下降,那么工业界将努力提高用水效率。Ma(2012)发现水价上涨可以促进人们更有效地利用水资源。他进一步指出,目前的水价制定忽略了水资源维护成本和大型水项目的环境影响。"资源诅咒"假说认为,资源利用机会成本低的地区在规划产业结构和生产时，往往会通过过度利用扭曲资源配置，从而显著降低利用效率。

综上，在采用 DEA 方法衡量水资源效率的时候可以考虑经济增长、产业结构、技术进步、经济开放度、水资源禀赋、水资源价格和政府影响力等因素。具体的变量描述如表 12-1 所示。

表 12-1 影响水资源利用效率的变量描述

变量名	变量定义
经济增长	Ln（实际人均国内生产总值）
产业结构	第一产业增加值/GDP 总量
技术进步	研发价值/GDP 总量
政府影响力	农林水费支出/一般预算支出
经济开放度	进出口总额/国内生产总值
水资源	Ln（人均水资源）
水价	家庭年用水支出/家庭年总消费支出

12.2.2 中国水资源利用面临的主要问题

第一，水资源短缺问题突出。水资源短缺已成为制约中国经济社会发展和人民生活不断改善的瓶颈。目前，干旱缺水的地区已涉及 20 多个省区市，其面积约 500 万平方公里，占我国陆地面积的 52%，占全国耕地面积的 64%，占全国人口的 45%。在全国 600 多座建制市中，有近 400 座城市缺水，其中缺水严重的城市达 130 多个，不少城市定时供水，居民与职工不得不半夜起床接水；有的城市甚至出现"理发不洗头，麻雀喝柴油"的奇特现象。随着人口的持续增长和经济高速发展，工农业和人民生活用水将持续增加，水资源供需矛盾将更为突出。据预测，中国 2030 年需水总量将达到 7 119 亿立方米，可供水量为 6 990 亿立方米，届时将短缺水资源 129 亿立方米，社会发展的巨大压力可想而知；此外，目前中国的供水总量为 5 500 亿立方米左右，要达到 2030 年可供水量，平均每年需要增加可供水量 100 多亿立方米，这不仅需要投入庞大的资金，还要解决一系列复杂的社会环境问题，任务非常艰巨。

第二，水资源污染严重。由于用廉价淡水稀释污水从而达到排污标准成为众多排污企业的惯用伎俩，大量未经处理或处理过但仍不达标的废水、污水被直接排入江、河、湖、库等公共水体，甚至一些地区陷入"越污染—越缺水—越污染"的恶性循环，另外，滥用化肥、农药、水土流失对水资源带来了严重的面源污染。据统计，全国废污水年排放总量已从1949年的20多亿吨增加到2004年的693亿吨，而污水处理率仅为14%。在总长13万公里的评价河段中，水质为Ⅳ类及以上水的污染河段高达40.6%，全国90%以上城市水域、50%的地下水和75%以上的湖泊水域均不同程度地遭到污染；50%以上重点城镇水源达不到饮用水质标准。由于水资源污染日益加剧，部分公共水体的承载能力被突破，出现严重的水质退化，导致了水资源可利用量的进一步减少，使原本短缺的水资源雪上加霜。

第三，水资源利用效率低下、浪费现象严重。农业用水量占全国总用水量的70%左右，但水资源利用效率普遍不高，全国农业水资源灌溉的平均有效利用率约为40%，而发达国家则达70%以上；在水资源匮乏的西北地区，农业灌溉用水约占总用水量90%，而平均有效灌溉利用率仅为30%～40%。工业用水的水平明显低于发达国家。中国工业用水的重复利用率仅为50%～60%，发达国家则已达到了70%～90%。同时不少企业缺乏科学的用水观念，供水管道和用水设备因跑、冒、滴、漏等损失的水量约占取水量的15%，个别的竟达到50%。生活用水铺张浪费的现象十分严重。据估算，因居民生活供水管道老化、水龙头滴漏造成的用水损失达到了总用水总量的20%。全国每年因此浪费的水资源高达10亿立方米。

12.3 水资源可持续发展的国际经验

几乎每个国家都出现了水资源不足的问题，只是影响程度不同。由于每个国家实施的制度与暴露出的问题不同，所采取的补救方法也各有特色，比如：①由过去的单个部门到多部门的统一治理；②通过相应的法律及条文；③增加市场工具的使用；④大量采用新的技术等方法，增加收益；⑤允许公众与利益相关者参与水资源管理。

12.3.1 国际水资源管理体制

在欧洲，欧盟在21世纪初通过了相应的文件，明确了各个成员国应共同采取的策略、确定的目标与手段。现在，对于水资源的管理，欧洲存在着许多形式。一种是不考虑地域，而是对流域进行管理；另一种是以行政区为基础，按照地域进行管理；还有一种是前两者进行协作配合。在此，英法德更加强调将和水有关的部门进行整合，而英国又是距离标准最贴近的。环境部作为重要的部门，其职责在于对特定范围的水资源制订计划及制定后续的使用和保护措施，保证合理度。英国是将流域作为基础，设立了特定的部门与相应的水资源产生呼应。

在法国，有一些机构进行相关活动，专门负责处理水资源。作为行政部门，环境部的主要活动在于对水资源进行保护与管理，发挥政府在特定行业的作用；委员会则将中心放于出台相应的方针，起草法律条文上；各个流域各自都包括委员会与相应的管理部门。前者具有立法的职责，然而，特定的部门则负责对委员会所做出的决定进行具体的施行。环境部对二者同时具有监督的职责。法国是以许多机构为基础的，出台了众多方针，对各个流域进行治理。

德国的法律明确指出，政府对于水资源的治理享有一定的自主权。每个州必须在当地制定各自的法规，把它们转变为各个州的法律的一部分，或通过补充条款来进行解释。作为解决这类问题的机构，环境部的日常事务涉及对水资源所进行的治理以及在不同地区所进行的协作。大体上，德国是通过州和政府部门来牵线的。

英国、法国、德国三个国家存在着共性，均以法律的形式规定了所处的地位及拥有的权力。英法两个国家完善了管理体系，它跨越了所管辖的范围，是以流域为基础的；但是，德国则成立了特定的部门，进行专事专治。

类似的，新加坡所采用的一个重要的举措是对体制实行变革，将一切涉及水的机构进行兼并。在此之前，它们是独立经营的。公用事业局主要用于水资源的供应；环境部则负责处理废弃的水资源及相关的活动。出于战略的考虑，新加坡成立了独立的部门，公共事业局隶属于其下。相比传统的情况，它的职能也在不断延伸，从对废水进行处理到治洪等更高层次的应用。如今，公用事业局主要是管理水的一系列事务。新加坡主要是由分至合，形成一个统一的结合体，实现综合治理。

12.3.2 水资源管理的经济手段

每个国家都采取了形形色色的经济方法对水资源进行保护，例如，对有着不同作用的水定价策略不同、进行财政拨款、出台相应的制度条例对再生水进行管理、相应的环保税收优惠政策，以及对过度排污的罚款，都起到了很好的作用。

1. 水权及水权交易

在水权法方面，美国尚未形成成熟的法律。各个州都独立管理相应的水源。在通常情况下，每个州都有着自己的制度进行规范。然而，由于所处区域的不同，相应的法律法规也不尽相同。

在美国，各个地区纷纷开启了水交易。然而，考虑到有的人怀疑不加以任何条件的贸易对水的使用情况可能会有影响，所以相关州政府有权力对水的交易进行干涉。

除此之外，美国也在积极进行水质的交易，从而减少成本，提升效益。现如今，EPA（美国环保署）将其政策重心放在积极提倡有关水质成分的交易和减少泥沙量上，同时，对于那些不利于人体健康的、对水质及环境有着不良影响的活动一律持否定态度。

2. 财政支持和补贴

在日本，政府会按年定期预先划出一笔丰厚的财政拨款，用于水资源的各项活动，从开发到运营再到最后的维护。在国家的税收与国债发行的收入中，会有一部分交由中央政府进行补贴。除了地方税，当地的政府也依靠中央政府所提供的较低利率的贷款及发行债券。

在以色列，政府会下发相关文件，责令相关部门对水资源管理提供资金上的馈赠及较有诱惑力的利率。对于第一产业的相关部门，则给予一些经济上的援助。

12.4 水资源管理的中国实践与经验借鉴

12.4.1 义乌"五水共治"水资源管理

义乌的经济快速发展，同时也给城市带来了产业分散、环境污染、水资源混杂和污染等问题，再加上基础设施陈旧、综合治理难度大、生态供水薄弱、管理监督难度大等因素，注定了义乌市水资源治理是一条艰难坎坷的道路。义乌是一个缺水城市，人均年水资源不足全省的1/4。作为小商品之都，义乌工厂、餐饮企业多，导致工业废水多，而且，由于相应的基础设施建设落后，义乌治水工作难上加难。

义乌正在创新治水模式，并完善外部制度。自 2013 年 6 月以来，义乌开展部署，将"可游泳"设定为自己的目标，同时将"河长制"定为起点，逐步推进项目建设，通过实行各项规章制度来保驾护航，同时也将重心放在水岸建设上，做到两手抓，两手都要硬。2016 年，以前两年的治水成果为基础，义乌市完善"1 + 9 + 14 + 6"新模式，具体而言，1 指的是宏观的规划，9 是对水源进行治理，14 为乡镇各个街道主体的责任，6 即保障机制，逐步施行对水资源进行全面整治。

义乌认识到源头治污是治理污水的基础。义乌首先抓源头，对城市河流进行"全面"调查，形成"问题清单"，有针对性地解决农村生活污水，城市雨污，农业非点源污染，市场和特殊行业污染，河流、湖泊、水库、池塘污染，城市污水等污染源，对城市和乡村的环境进行整合治理，对雨水进行初步处理。同时，更严格地对农村、城市等污染源头进行处理，从施工等方面入手，全力开展精细化分类治理。

项目工程是引擎，2016 年义乌将项目建设作为基础，加大投资，安排 261 个治水项目，30.99 亿元投资，治水项目工程四面开花。义亭、江东等污水厂扩建工程启动，内河水系激活工程的实施，都是义乌通过项目带动治水，形成治水和经济双拉动增长格局的经典案例。

长效机制是关键，义乌为每条河流聘请"保姆"，在全市各级落实"河长制"，完善相关组织制度，明确各级政府职责，以岗位来确定责任，换人但是岗位不发生变动，共同担负起河流"治、管、保"职责。义乌还为每位河长配齐终端设施，每条河流建立河长的联系渠道，出台 8 项配套制度，推动巡河与治河实时化、数字化、规范化，真正做到全天候、无死角监管。

义乌除了在治理网格化方面进行了努力，还建立了一系列的法律法规来完善义乌标准。首先，完善城镇分流排水体系，规范污水排放问题，例如雨水、生活污水等。其次，提高义乌工业区污水排放标准，加强工业源头污染的管控，规范工业功能区的污水处理工作。再次，制定了农村污水处理标准，完善农村生活污水处理长期运行的原则；除了城镇、工业园区、农村外，在建工地的污水处理也是应该受到重视的环节，为此，义乌市出台了相关文件及法律法规，以期规范在建工地的排污水平，实现在建工地排水许可证的全覆盖，雨污分流情况全达标。

12.4.2 国内外经验对中国的启示

面对水资源管理的巨大压力，各国从多个层面采取了许多应对措施，包括改变管理模式和改进创新的政策手段等。由于人口持续增加、经济发展加速和水资源在时间和空间分布上的不均匀，以及管理政策的不完善，中国正面临着越来越严重的水资源短缺和水质恶化问题，它影响了国家的经济情况与人民的生活水平。目前，为了解决水资源问题，实现可持续发展的目标，一些地方的水资源管理工作已经卓有成效。上述的一些经验可以为中国改善水资源管理提供有益启示。

首先，由政府管理。推进水资源监督管理体制改革，严格执行国家水资源监督管理责任制，增强地方自然资源监督管理力量，进一步强化地方行政机构支撑全局的功能，建立长远、高效、稳定的水资源机制体系。

其次，经济管理。建立完善的价格实施细则，按照目标受众的实际状况适时对价格做出更改。为不同需水量的群体设立不同的价格，对于那些存在不配合情况的群体，必要时需要采用相应的措施加以惩罚，提高用水效益。

最后，提高公众参与度。加强对公众的节水教育，通过不同层级和多种形式，进行知识宣传。不只是要通过知识普及的形式，也要生成一定的明文制度，从而真正改善水资源的管理水平。

12.5　本章小结

经济蓬勃发展，人口持续增长，城市的规模日益增大，这使人类在水资源方面的需求不断增长，水资源对人类的生活与城市的发展有着至关重要的作用。本章首先引入水资源承载力这个概念并进行简要介绍，接着指出了中国城市化进程中的水资源利用问题，并对国内外关于水资源治理的经验进行了梳理与借鉴，希望以此解决水资源问题，实现可持续发展。

第 13 章　城市群建设与区域经济可持续发展

利用城市群建设推动区域经济可持续发展是全球区域经济可持续发展的趋势，也是我国政府高度关注的问题。2019 年年底，新冠疫情突然暴发，加上经济增速持续放缓等多重不利影响，中国政府出台了以城市群为改革方向的重大改革文件。在未来较长一段时间内，如何以区域经济体一体化为核心的城市群建设推动中国区域经济可持续发展成为学界亟待研究解决的问题。

为正确把握如何利用城市群建设推动中国区域经济可持续发展，本章将从以下几个方面讨论城市群建设与区域经济可持续发展：

（1）城市群建设对区域经济可持续发展有什么样的作用？

（2）中国城市群建设基本现状是什么样的？

（3）国际上有哪些城市群建设推进区域经济可持续发展的典型案例？对中国城市群建设有何启示？

（4）世界三大湾区建设与湾区经济发展对中国粤港澳湾区建设和区域经济可持续发展有什么样的经验借鉴？

（5）未来中国城市群建设与区域经济可持续发展的道路应该如何选择？

13.1　城市群建设与区域经济可持续发展的关系

城市群的概念可以追溯到 19 世纪末 Howard 在《明日的田园城市》一书中提出的"城镇群体"概念。自此，国内外学者在研究城市问题时，不再局限于单个城市，而是注重多个城市地理范围的研究。早期的城市群研究集中在城市群的成长、演化、管理等方面。随着经济的快速发展，有学者开始关注城市群对经济增长的影响。大多数学者研究认为城市群发展对经济增长有积极推动作用（原倩，2016）。Portnov 和 Schwartz（2009）认为城市群不同区域对城市经济增长影响不同，城市群外围地区对城市经济增长有积极作用，但城市群中心区域对经济增长有消极影响。在此基础上，有学者研究了城市群对经济增长的机制（吴福象等，2008）、城市群发展与区域差距（赵勇 等，2015）。

我国城市化经历了一个快速发展的历程，目前已经不是一个简单的城市发展的问题，而是城市与城市的关联性愈发密切，城市与城市之间横向相融的规模不断扩大，城市群与城市群之间的合作相容性不断提高，形成了规模巨大的城市圈与城市圈之间的深度合作与融合。城市的概念、城市圈与城市群的范畴都发生了极大的变化。不难想象中国还会发展范围更加广阔、规模更大的城市带。比如人口的流动方向已经发生了新的变化：不再是简单的农村—城镇—城市的流动，而是由城市（镇）向大城市、中心城市、省会城市流动，也就是向城市群集中的区域流动。

长期的大规模人口流动、集聚会使城市规模逐渐变大。城市与城市之间在空间、地理上更加接近，界限愈加模糊，形成新的规模庞大的城市群的集聚现象，即城市发展趋势之一就体现为规模是超大的。出现这种城市集群化现象的理论基础就是城市经济学中所谓的城市集聚效应。城市集聚效应使得在这个范围内所有的要素都是流动的，所有的资源都是高效配置。因此，城市集聚效应可以极大提高生产率，资源得到更佳的组合配置，创新环境由于竞争不断改进，技术创新的辐射与传播更加迅速，优质人力资源不断涌入，发展吸引力不断增强，可以更好地促进该区域经济可持续发展。

改革开放40多年来，中国的改革史也是一部区域经济发展史，党中央、国务院自始至终高度重视区域经济协调可持续发展，不断推出多种举措、政策法规，推动区域经济可持续发展。其发展轨迹可以概括为以下几个发展阶段：

第一阶段：20世纪80年代。政府为了实现扩大对外开放、发展外向型经济的目标，首先推出了建设经济特区的历史性措施，以期经由非均衡的区域经济发展，打造区域经济发展的示范区，启动了以提升区域竞争力为目标的沿海地区区域经济发展的战略。东部沿海城市群的发展成就显著。在现代服务业、高新技术产业、自主创新能力等方面，东部地区紧紧抓住中央政策机遇，发展非常迅速，有力提升了东部地区综合实力。东部地区技术创新能力的不断提高，吸引了大批高素质人才和大量资本要素，使东部地区步入高质量发展阶段。

第二阶段：20世纪90年代后。遵循全国一盘棋的均衡协调发展的战略思路，为推动城市可持续发展，中央提出很多战略规划。标志性措施是启动了"西部大开发"战略，东部反哺西部，推动西部的发展。同时，20世纪90年代提出的振兴东北老工业基地等战略都是为了促进区域经济协调可持续发展。

第三阶段：进入21世纪以来。中央政府颁布了一系列发展纲要与规划，作为指导性文件。在中央的统一规划下，我国区域经济发展进入统筹协调发展快车道。借鉴东部崛起经验，支持西部、中部、东北协调可持续发展，目前已经构建起了东部、西部、中原、东北的区域经济可持续发展格局。在此基础上，城市与区域经济可持续发展成绩显著，为进入新时代全面推进现代化建设奠定了牢固的基础。

第四阶段：中国发展进入新时代以来。新时代的主题就是实现中华民族的伟大复兴。在新的历史背景下，中国经济发展进入新的发展阶段。党的十八大、十九大报告不仅制定了宏伟的发展蓝图，而且给出了具体的政策意见。随后，京津冀等发展战略先后被提出，此外还提出深圳社会主义发展先行示范区建设等战略。诸多战略的提出充分表明长期困扰中国经济深化改革、高质量发展的区域差异、可持续发展问题得到有效解决。

当然，我国区域发展不平衡、不充分的问题依旧没有完全解决，在新的发展条件下，许多未解决的问题、新产生的问题以及潜在的问题都需要加以解决，我国区域可持续发展依然面临众多的挑战。到2035年这样一个时期内，我国面临的主要任务是基本建成现代化国家。这就意味着在未来相当长一段时间内，区域经济协调可持续发展是中国经济发展面临的核心问题。区域经济可持续发展的关键是结合当前面临的新挑战，制订、颁布战略规划，为实现经济高质量发展奠定最牢靠的基础。"十四五规划""2035远景规划"等明确指明了高质量发展的战略方向，也为下一步中国区域经济发展格局做了总体战略部署。

在国家政策的有力支持下，纵观我国区域经济发展路径，可以看出在很大程度上，我国区域经济发展主要依托城市群的优势，辐射到整个区域，从而使区域经济得到全面提升与发展。所以，城市群建设在我国区域经济发展中发挥了全面的先导性引领作用。小城市、大城市逐渐融为一体，打造出新的产业、生活、生态城市群经济体。2017年起颁布的《中原城市群发展规划》等规划纲要，充分彰显出城市群建设的重要性。特别是打造粤港澳大湾区，在更高层面上推进我国对外开放的深度与广度，充分证明中国正向着建设世界性的城市群跨越。所以，城市群是区域一体化的高级演进形态，这个结论是被中国区域经济发展实践证明了的。区域经济发展的高级形式就是形成规模大、影响力大、引领力强、辐射功能齐全的城市群。

在中国新型城镇化迈向高质量发展阶段，城市群对区域经济可持续发展起着非常重要的作用。城市群主要通过相关关联，补充不同结构、不同类型的城市，实现各种效应最大化（Fang et al.，2017）。促进城市间创新要素的流动，能够推动产业发展，使城市群的发展走在良性、可持续道路上。城市群建设过程中会带动基础设施建设、投资、消费、贸易、产业、资金、人口等集聚，通过规模经济效应、结构升级效应、技术创新效应和综合服务效应对宏观经济要素进行创新组合，产生区域要素优化效应，对经济可持续发展有不可估量的意义。此外，城市群不仅可以进行专业化分工协作，而且可以缓解城市环境污染、交通拥堵等突出问题（陈伟 等，2021）。在中国迈向中等发达国家进程、实现可持续发展的道路上，城市群将发挥至关重要的作用。

13.2 中国城市群建设基本情况

自从"十三五"规划提出建设城市群以来，中国城市群建设的相关政策方案不断增多，建设速度也不断加快。党的十九大报告愈加鲜明地提出要实施区域协调发展战略，本质上是对我国区域经济与城市群建设做了顶层设计。这标志着我国明确将区域协调发展、实现高质量发展提高到国家战略层面。发展城市群的策略就是牢牢立足于解决发展不平衡、不充分问题，大力促进全国各个区域间的长远协调发展、可持续发展。不同区域的战略规划都应该紧扣中央要求，将规划、报告、纲要落到实处。"十四五"规划和2021年政府工作报告再次强调城市群建设。"十三五"规划中提出建设19个城市群，具体包括长三角、珠三角、京津冀、长江中游、成渝、中原、哈长、辽中南、山东半岛、海峡西岸、北部湾、关中平原、山西中部、呼包鄂榆、黔中、滇中、兰州—西宁、宁夏沿黄和天山北坡城市群。"十四五"规划将海峡西岸城市群升级为粤闽浙城市群。此外，"十四五"规划提出要优化提升京津冀等城市群，发展壮大山东半岛等城市群，培育发展天山北坡等城市群。

13.2.1 城市群基本情况分析

根据各地统计年鉴，截至2020年年末，我国19大城市群经济与人口占比超过3/4，面积占比1/4。其中规模最大的是长三角城市群，发展程度最成熟的是珠三角城市群，面积最大的是长江中游城市群。图13-1给出了2019年19大城市群GDP占比情况。由图13-1可以看出，长三角和京津冀分别以19.7%和

9.3% 的占比排在前两位。宁夏沿黄城市群 GDP 占比最低,只有 0.4%。

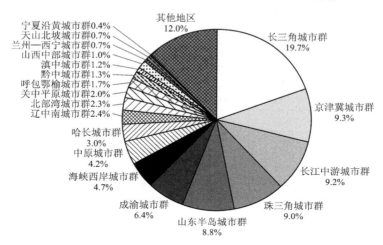

图 13 – 1　2019 年 19 大城市群 GDP 占比情况

表 13 – 1 给出了 2018 年我国城市群人口与经济基本情况。由表 13 – 1 可以看出,人口过亿的城市群有 5 个,其中最多的是长三角达到 1.5 亿。宁夏沿黄城市群人口最少只有 564 万。城镇化率最高的城市群是珠三角城市群达到 85.3%,最低的是滇中城市群,只有 47.9%。人均 GDP 最高的是珠三角城市群达到 128 625 元,最低的是兰州—西宁城市群,只有 38 008 元。

表 13 – 1　2018 年中国 19 大城市群人口、经济基本情况

城市群	常住人口/万人	人口占比/%	城镇化率/%	GDP/万亿元	GDP 占比/%	人均 GDP/元
京津冀城市群	11 270	8.1	65.4	8.4	9.3	74 373
长三角城市群	15 401	11.0	68.6	17.7	19.7	115 997
珠三角城市群	6 301	4.5	85.3	8.1	9.0	128 625
长江中游城市群	12 677	9.1	60.9	8.3	9.2	65 630
成渝城市群	10 015	7.2	53.8	5.8	6.4	57 426
中原城市群	6 905	4.9	49.7	3.8	4.2	54 946
山东半岛城市群	10 047	7.2	56.7	7.9	8.8	78 508
海峡西岸城市群	5 951	4.3	64.9	4.2	4.7	70 735
哈长城市群	4 625	3.3	58.8	2.7	3.0	59 072
辽中南城市群	3 054	2.2	58.6	2.2	2.4	72 082

续表

城市群	常住人口/万人	人口占比/%	城镇化率/%	GDP/万亿元	GDP占比/%	人均GDP/元
北部湾城市群	4 211	3.0	50.4	2.1	2.3	50 532
关中平原城市群	4 038	2.9	58.5	1.8	2.0	44 577
呼包鄂榆城市群	1 151	0.8	69.9	1.5	1.7	78 193
山西中部城市群	1 627	1.2	60.4	0.9	1.0	52 243
黔中城市群	2 702	1.9	51.7	1.2	1.3	44 412
滇中城市群	2 270	1.6	47.9	1.1	1.2	48 458
兰州—西宁城市群	1 526	1.1	59.3	0.6	0.7	38 008
宁夏沿黄城市群	564	0.4	61.4	0.4	0.4	62 057
天山北坡城市群	692	0.5	50.6	0.6	0.7	82 370
合计	105 027	75.3	61.7	79.3	88.1	75 504

资料来源：各地方统计局。

13.2.2 城市群建设基本特征

第一，东西差距逐渐缩小。结合国家统计局数据，将2020年与2015年各地区GDP占比数据进行比较，可以发现，西部、中部、东部GDP占比分别提升0.9%、1.6%、0.1%，东北地区下降3%。东部地区经济发展势头良好，得益于其产业转型升级和科技创新能力；逐步完善的基础设施，加上产业转移使中部地区经济总量增长幅度较大；得益于川渝两地带动和成渝城市群自身发展壮大及西南地区的辐射，东西差距进一步缩小；受制于产业结构等因素，东北地区呈现出疲弱状态。

第二，五大城市群发展潜力巨大。截至2020年年末，发展较为领先的成渝、长江中游、京津冀、粤港澳大湾区、长三角五大城市群人口总量接近6亿，占全国比重41%。根据《中国统计年鉴2021》可以发现，五大城市群2020年GDP总量达到57.1万亿元，占全国比重56%；人均GDP达9.5万元，和全国相比高出2.5万元；地均产值5 265万元。在城镇化仍具发展空间的背景下，城市群内部人口、经济都将持续增长。长三角、粤港澳等城市群在产业引领、制度实施、科技创新等方面起着示范作用，比肩世界级城市群。长江中游城市群、成渝城市群发展日益成熟、方向合理，并且在承东启西的战略地位之下，将对西部地区发挥更大的影响力。

第三,规模效应和集聚效应明显。有报告显示,七大城市群(京津冀、长三角、粤港澳、成渝、长江中游、关中平原、中原城市群)贡献了我国 70% 的 GDP,规模效应非常显著。长三角城市群展现出明显的经济集聚效应。长三角以三省一市为中心,是一个包括 41 个城市的大规模城市群。长三角贡献了我国近 25% 的经济总量,是我国综合实力最强的区域之一。

13.3 城市群建设的国际案例与经验借鉴

韩国在经济、文化、政治等很多方面和我国具有相似性,因此韩国城市群建设经验对我国具有一定的参考价值。日本的超大型城市建设发展,是从城市发展拥有自主规划权力开始的,这种权力可以保障城市发展的规划科学有效,吸引了大量人口流动,形成的产业引领发展、城市群综合规划、集聚效应明显的前瞻性建设经验值得我国借鉴。

13.3.1 韩国首尔城市群

首尔城市群是世界五大都市圈之一,由京畿道、仁川广域市和首尔特别市构成,人口约 2 300 万,土地面积约 11 726 平方千米。按照资源禀赋分配情况不同,三大行政区域区位功能不同。韩国 89% 的大企业、85% 的国家公共机构都位于首尔城市群。

仁川集装箱货运量位居全球 57 位,也是韩国重要的制造中心之一。京畿道是高端产业中心、制造中心,主要生产如汽车、显示器等。韩国自工业化以来,出现了环境污染、交通堵塞、房地价格上涨等一系列问题。那么,如何综合解决这些问题就成了关键。首尔市通过颁布《首都圈整备规划法》,以严格而明确的法规约束实现了人口与产业的转移。具体的做法是:通过强制措施对规模以上的建筑物征收拥塞费,对大学、工厂等人口集中需要新建或者扩建设施的进行严格控制,解决人口过密问题。京畿道属于自然保护区,主要用来保护绿地和居民用水水源等。仁川市主要承接转移出来的人口和部分产业。

13.3.2 日本首都圈

作为日本三大城市群之一的首都圈,地理位置上涵盖了东京都及其周边的千叶、神奈川、埼玉三个县。东京都政府人口统计显示,截至 2020 年 1 月 1 日,人口规模为 1 395 万人。首都圈内的统计人口有 3 660 多万人，合计人口占比达到该国人口总量的 1/4 之上。2020 年东京都 GDP 达到 94 兆日元，占比超过同年日本经济总量的 1/6。如果将东京都的 GDP 与世界各国的大城市一起进行排名，可以排第 16 位。再考虑其他三县，首都圈的 GDP 更为可观。

日本首都圈发展注重中心城市的辐射，采取"环状多极"的发展结构。这种"环状多极"结构就是坚定不移突出首都东京的政治、文化、金融、交通等的中心地位而形成核心，打造核心圈，核心圈的产业是第三产业构成主导产业。由核心区发挥辐射作用，辐射到外圈层的相关产业，引领带动外圈层产业结构，主要是第一产业。由于较为先进的交通系统，各个圈层之间形成联系非常紧密的一体化区域。由于各城市特色和发展基础不同，各城市功能与定位不同，最终形成特色鲜明、产业优势协作的发展模式，有效促进了服务、产业、市场等要素的配置效率，推动了区域经济协调发展。

13.3.3 韩国首尔城市群和日本首都圈建设对中国的经验借鉴

1. 为核心城市减负，因地制宜建设新的城市分工体系

从日本京都圈和韩国首尔城市群的发展经验来看，城市群建设过程中，中心城市应该与周边城市形成"都市圈"，在功能上相互补充，解决交通压力、环境污染、人口集聚等问题。由于各城市文化、经济、自然地理、人文等基础条件不同，城市群建设应当因地制宜、各具特色，打造分工体系明确的城市群为中心城市减负。在城市群之中要既充分挖掘城市的特色，又加强彼此间的交流合作，最大限度地避免产业同构、重复建设等现象。

2. 重视产业布局与城市功能定位

韩国政府通过多次综合规划，建设首尔都市圈。主要通过颁布法律法规疏解中心城市功能，引导部分职能向外转移——建设"城市副中心"。人口转移和产业承接主要由仁川市和京畿道地区完成，在此基础上进行开发，加速周边经济发展。外迁后，首尔城市群主要聚焦尖端服务业，包括提供科研、文化等具有较强创新能力和具有专业性的服务。"城市副中心"在功能上承担部分核心圈层的职能，在大的核心圈层之下，形成若干个新的副核心圈层，打造出不同层面的核心圈层，由此带动更多、更广泛的外圈层——形成了多中心、多圈层的特色发展模式。在产业结构上，低端产业先被转移到周边市县，周边市县再向圈外转移，形成一个新的产业分工体系。

3. 建设适合各城市群发展的交通道路

我国城市群、城市圈仅仅有 20 多年的发展历史，应该更多借鉴国外城市群的成功经验。从总体上看，国外成功的城市群建设最大成功之处是交通网络建设与管理。城市群建设是否成功，交通网络规划与管理好坏是最显著的标尺。日本都市圈发展也离不开城铁交通和地铁。由于东京道路交通不方便，铁道交通便利，所以大多数人不选择道路交通。东京有目前全球最复杂、最密集的城市轨道交通系统，每日平均运量位居世界城市轨道交通运输系统第一位。可以看出首都圈内铁道交通建设非常完备。需要强调的是，近 50 年内日本的汽车普及率变化不大。换句话说就是，在经济发展越来越快的背景下，与中国的上海、北京等特大城市相比，日本居民并没有选择私家车当作首要出行工具。同时日本首都圈拥有庞大港口群，聚集了世界级的大型港口 6 个，特色鲜明的职能分工体系带动了区域的发展。

4. 制定合理、科学的规划体系，一张蓝图绘到底

不管是产业布局还是交通道路建设，需要有分工合理的规划体系。城市群在建设过程中必须要注重制定完备、合理、科学的规划体系，遵循一张蓝图绘到底的原则。各城市、地区和国家在规划实施方面要积极协作配合，保证总体目标和具体细节高效对接与实施，这也是城市群建设的关键。比如《首都圈整备计划》对韩国都市圈职能定位、交通建设、土地开发具有重要的指导作用。各项政策措施能如期贯彻落实离不开政府之间的多次有效沟通。因此中国城市群建设过程中的规划体系完善问题及制度如何构建显得尤为迫切且重要。

13.4 世界三大湾区建设与湾区经济发展的国际经验

世界经济发展的一个客观结论就是都很重视湾区建设与发展，凡是在湾区发展起来的城市群都具有持久性的竞争力。便利的水运是构成城市群竞争实力的基础。目前世界上已经形成了美国纽约湾区、旧金山湾区和日本东京湾区三大湾区。三大湾区均为制造业和科技创新中心，经济与科技发展一直处于世界前列。三大湾区在全球竞争中占据统治地位，其政企协同、创新政策、统一领导、整体规划等因素是其发展成功的重要因素。

13.4.1 世界三大湾区建设与湾区经济

1. 旧金山湾区

旧金山湾区共涵盖 9 个县，101 个市，土地面积约 1.77 万平方千米，人口超

过 775 万，旧金山湾区综合实力非常强大，环境也非常优美。从表 13-2 可以看出，2017 年生产总值为 0.83 万亿美元，在世界三大湾区中排第三；人均生产总值 10.78 万美元，在世界三大湾区中排第一。其经济总量超过很多经济强国，比如荷兰、瑞士等。

美国旧金山湾区分为北湾和南湾，北湾注重生态与环境打造，人口密度不高，拥有优美的环境，以养老休闲和葡萄酒等轻工业加工而闻名。良好的环境使其成为西海岸的金融中心与商业中心。南湾是高科技产业园区，以硅谷科技产业区最为著名，是计算机制造、互联网、通信、新能源等高科技企业集中区。旧金山湾区也是科教文化中心，斯坦福大学就坐落在那里。另外，旧金山湾区对高素质人才具有很大的吸引力，因为它具有包容失败的创新文化能力和非常优美的自然景观。

2. 纽约湾区

纽约湾区常住人口约 2 300 万人，包括 31 个县、783 个城镇。由表 13-2 可以看出，2017 年生产总值为 1.72 万亿美元，在世界三大湾区中排第二；人均生产总值 8.46 万美元，在世界三大湾区中排第二。跨国、跨区域投资为纽约湾区建设与发展注入源源不断的资金。1921 年纽约与新泽西港务局成立，该机构对地下隧道、地铁、港口等实行协同管辖，具有很高的权力。纽约城市群利用融资极大地提高了区域内协作与科技创新管理水平，造就了很多高科技企业（钟炎君，2021）。湾区的发展提升了纽约的城市竞争力。在美国前五百强大公司中，和金融服务相关的占比超过 30%，有很多的专业服务部门和管理机构慕名而来，所以最终形成了一个对世界有影响力的管理和创新服务中心。普林斯顿等世界著名学府为纽约湾区高科技企业和金融发展提供了国际顶尖人才。纽约地铁站点数目全球最多，24 小时贴心服务，交通系统发达。

3. 东京湾区

东京湾区是日本人口密度最大的区域（东京湾区下辖东京都、神奈川、埼玉、千叶四个行政区，统称"一都三县"），常住人口约 3 800 万人，占日本总人口的 30%。由表 13-2 可以看出 2017 年东京湾区 GDP 为 1.86 万亿美元，占日本 GDP 的 1/3，在世界三大湾区中排第一；人均 GDP 4 万多美元，是日本人均 GDP 的 1.2 倍左右。

东京湾区现代服务业、制造业等行业分工有序，是世界重要的贸易中心，也是日本最大的工业城市群（丁成日，2015）。东京湾区经济发展产业引领特色明显,形成了横滨地区、千叶(县)为主体的工业带,石油等工业占据了主导位置。京滨工业区以电子信息和精密机械制造业为主,是日本重要的产业研发中心。因此,东京湾区是日本能源、金融核心区。除此之外,诸多环境和能源相关的研究机构和企业坐落于此。例如,汽车、电机、化学、石油、煤气、电力等研究所;华为、微软等研发中心;富士通、东芝、索尼、丰田、三菱、佳能等著名企业的研究所都汇聚在此。东京湾区的世界顶尖高校如东京大学为湾区建设提供了智力和人才资源。日本政府很重视研究所、大学、企业、政府多方合作,期望在商务、技术创新、成果转化等方面进行深度合作,东京湾是全球最为强大的产学研中心。

表 13-2 2017 年世界三大湾区生产总值及排名

湾区名称	国内生产总值/万亿美元	排名	人均国内生产总值/万美元	排名
旧金山湾区	0.83	3	10.78	1
纽约湾区	1.72	2	8.46	2
东京湾区	1.86	1	4.23	3

注:2017 年人民币兑美元平均汇率:1 美元 = 6.751 8 元。

13.4.2　世界三大湾区建设的国际经验借鉴

有研究表明,我们所处的世界正在经历千百年来从蒙昧走向不断变化着的城市化的过程,全球范围内经济发展的极点往往都是在湾区的大城市,现代化的进程也是城市化的过程,有学者预测在未来的 30~40 年内城市化将达到 70%。世界三大湾区城市群建设成功经验对中国粤港澳大湾区建设有重要的参考价值。从它们发展的历史轨迹分析,三大湾区经济发展展现了可供借鉴的经验,可以概括为以下几个方面:

1. 明确的开放政策的导向

开放的政策对推动湾区建设至关重要。东京湾区是亚太地区航运枢纽,是国际著名的金融中心,也是制造业创新基地。日本百强企业 90% 位于东京。此外,日本超过 30% 的银行总部也都入驻在东京。开放的政策吸引了众多世界级企业,这些企业依托东京湾区便利的交通、优质的服务、长期积累的经济基础,将日本优质的商品和服务带到世界市场上,同时还有巨大的国际吸引力。政策是引领企业投资与扩张的先导,世界各国大型企业之所以较多地集中在三大湾区,其中最为重要的原因是开放的政策和优惠的投资共同造就的营商环境。开放的政策从根本上为湾区经济发展提供了巨大的保障，可以形成企业投资信心，设置研发中心，产生先进的服务和最尖端的技术。无论从何种角度考察，开放的政策都是湾区发展的第一吸引力。由此可见，在湾区发展过程中，开放的政策引领极其重要。

2. 便利的交通运输条件

考察世界三大湾区的发展，都跟港口与贸易直接关联，我国的"粤港澳大湾区"更是这样。香港经济、贸易、金融中心的形成，湾区特征更为明显。港口与贸易对湾区建设发展提供了基本条件；便利的地铁、城铁和新干线，以及羽田和成田国际机场，完备的交通运输条件为日本经济发展提供了坚实的基础。主要由于日本资源匮乏，必须依靠进口提供所需能源、资源以及其他原材料。此外，制造业在日本非常发达，必须对外出口大量电子、汽车等产品。便利的交通运输条件为产品出口提供了保障基础。

3. 强大的科技研发能力和成熟的产业体系

城市群发展离不开科技创新驱动。富士通经济研究所数据显示，东京都集聚了超过一半的资本金在 10 亿元以上的大型企业。东京有日本 30% 的研究机构、30% 的高等院校、50% 的 PCT 专利，聚集了 40% 的大学生。东京湾区的科技创新能力非常强，占日本科技创新的主导位置。被日本高度重视的"产学官合作"，就是指政府、大学、科研机构、企业多方合作，加速实际成果转化和科技创新。东京湾区是金融中枢，还有很多轻工业、组装业和重工业，比如服装、钢铁等。东京湾区很多世界级企业都在这里设置了研发中心，汇聚了国际范围内的智慧，产业体系非常成熟。旧金山湾区的新能源、互联网、通信、计算机等高科技企业也都是依托成熟的产业体系，不断衍生、孕育新型产业。

13.4.3 中国粤港澳湾区建设与经济发展

国家发改委颁布的《2019 年新型城镇化重点任务》进一步强调城市群建设，要求城市群发展要有序按照规划进行。加大速度推进粤港澳大湾区建设、长三角一体化发展、京津冀协同发展。对成渝城市群建设具体情况进行跟踪与评估，并提出具体的建议、方案，打造新的经济增长极。从我国城市群发展的轨迹分析，目前所形成的最有发展潜力的城市群是：大湾区、长三角、京津冀。可以说这三大城市群在规模和质量上比肩世界级城市群。三大城市群经济影响力巨大，2021

年贡献了全国 GDP 总量的近 50%，不到 8% 的面积囊括了 GDP 超万亿级的城市 11 个，我国近 60% 的上市公司聚集在这里。三大城市群是我国经济增长最集中的区域，也是我国区域经济的三大增长极（也有学者提出我经济增长的第四极应该是成渝城市群）。比如，2020 年的国新办新闻发布会上披露信息，三大湾区 GDP 总占比为全国的 44%，其中粤港澳大湾区 11.4 万亿元、长三角 23.7 万亿元、京津冀 8.5 万亿元。充分说明这三大城市群为推动中国经济发展起到了至关重要的作用。在"十三五"规划中同样强调了城市群建设的重要意义，其经济总量处于世界级城市群的地位也是毋庸置疑的。进入新时代以来，中央政府通过政府工作报告、规划纲要等文件多次强调通过城市群建设提高综合实力，促进我国重点战略区域的经济融合。进入新时代之后，我们发展城市群的路径是在不同区域内，提升中心城市（主要是省会城市）带动力，用中心城市全方位带动城市圈内相关城市的发展，形成更大规模的城市群协调发展，再以新型的城市群去带动整个区域经济发展的新模式。

我们现在可以很清楚地看到：中国东部的长江三角洲，北部的京津冀地区，南部的广东、香港和澳门，还有西南部处于中国腹地的成渝城市群的发展，都对区域经济发展起到了加速度作用，都是因循这样的路径发展起来的。在这些城市群中影响力最大的是粤港澳大湾区。

粤港澳大湾区建设是中国重大战略部署。2017 年签署框架协议正式启动，2019 年颁布具体的发展规划纲要，就是通过粤港澳全面深度融合，打造创新动力更足、具有世界级影响力的城市群。粤港澳大湾区经济发展快速，2020 年 GDP 达到 11.5 万亿元，占中国经济总量的 1/9。世界 500 强企业 21 家位于大湾区。粤港澳大湾区主要优势表现在以下几个方面：

第一，规模优势。从经济发展情况来看，2020 年大湾区 GDP 为 11.5 万亿元，超过旧金山湾区，接近纽约湾区。在人口数量和区域面积上，粤港澳大湾区都大于位于美国、日本的三大湾区。尤其是拥有绝对的人口数量优势，很多学者预测，大约在 2030 年中国的"粤港澳大湾区"可达 4.6 万亿美元的 GDP，届时 GDP 总量也会在全球湾区中名列前茅。

第二，交通枢纽优势。大湾区的交通网络非常发达，有珠海等五个干线机场和五个支线机场。深圳港集装箱吞吐量位居全球榜首，东莞、珠海、深圳、广州等港口已跨进亿吨大港行列。粤港澳大湾区物流量和人流量均十分巨大，港口集装箱的吞吐量和机场货物吞吐量早已超过了旧金山湾区等三大湾区的加总。2020

年广州白云机场旅客数量为 4 376.81 万人次，居世界第一。

第三，制造业强大、经济活力优势。粤港澳大湾区经济活力强大，区域内的 9 个城市从制造业到服务业、从轻工业到重工业等产业齐全，领域宽泛。例如，珠江三角洲拥有强大的制造业基础，涉及通信、电子、研发等行业，华为、美的、格力拥有全球竞争力。2021 年工信部认定的 25 个先进制造业集群中，珠江三角洲占据了 6 个。

粤港澳大湾区在建设过程中也存在一些劣势。比如在创新投入、创新产出方面水平不高；在行业细分方面，商用服务、租赁等行业占比较低，零售业占据主导地位。和东京、纽约等城市做比较，大湾区在金融、高端商务等方面辐射能力还比较弱。此外，全球影响力有待提升，需要激发潜力。这种差距是发展历史所形成的，不可一蹴而就。因此，粤港澳大湾区需要一张蓝图一绘到底，不断激发发展潜力，厚积薄发，不断提升全球影响力。

13.5　中国城市群建设与区域经济可持续发展的道路选择

习近平总书记多次强调中国经济空间结构发生了巨大变化，城市群和中心城市建设逐渐成为主要空间形式，高瞻远瞩地指明了城市群在促进内循环、实现国内国际双循环发展中的重要地位。城市群对加速中国经济发展和增强国际竞争力的重要性不言而喻。在中央政府政策支持下，中心城市可以获得更好的发展机遇，享受更多的优惠政策，赢得更多的发展契机。我国九大中心城市可以依靠政策与竞争优势，广泛吸引人力资源，各种资源要素高效组合，形成有竞争力的城市群，发挥引领作用，迅速形成城市圈，发展多元化副中心，有利于要素更好流动组合，带动区域经济快速发展。

城市群的构建，可以培育出新的增长极，打造更多的经济增长点，形成特定区域经济更持久的发展力。尤其是城市群的发展是高质量发展的必然趋势，是人与自然的和谐，资源保护性的开发利用，要求自然环境、生态环保、社会发展、经济增长的协调统一。我国要通过城市群建设，走可持续发展的道路。可持续发展一般就是指在经济增长中坚持绿色发展理念，当代人在发展过程中不能影响后代人的资源需求。这是世界范围内坚持可持续发展，对城市群发展的制度性要求。所以，我国在区域经济发展中促进城市群发展，既要追求社会经济发展，还要关注环境等生态约束。充分利用城市群资源等方面的特色优势、参考国际经验,推动城市群建设和区域经济可持续发展。

1. 树立五大发展新理念,突出创新和绿色

我国正处在百年未有之大变局的关键时期,经济发展也处于向高质量发展的转型期,社会经济发展中也面临新的机遇与挑战。进入新时代以来,改革也进入关键期,需要不断打破一个个"天花板",对外开放也面临着以欧美等为代表的西方国家的打压,需要应对一个个"黑天鹅",要真正走出发展困境还是要打造强大的综合国力。我国目前的发展新格局是:加快经济发展的内循环,实现国内与国际的双内循。内循环发展的动力很大程度上依赖城市群综合功能的发挥。可以说,区域经济及城市群发展的方向与目标是明确的,很多发展中的理论问题在新时代中国特色经济理论中已经得到了比较充分的解决,其余就是区域经济发展实践的问题。如何不断缩小区域差距,怎样培育新的发展动力是我国区域城市群发展中的两大现实问题。我们要坚持五大新发展理念,关键与核心在于创新。持续创新是做大做强做优、缩小差距的前提,坚持绿色发展是实现区域可持续发展的必由之路。

2. 改进规划方式,促进多层次轨道交通建设

我国的轨道交通建设大多是根据城市需求被动进行的。未来城市群的交通建设应该规划先行,建设较为完备的轨道交通网络,带动城市群可持续发展。随着我国城市群快速发展,轨道交通建设不能再局限于以地铁为核心,应该强化城际铁路和市域铁路建设,构建一体化和多层次交通系统。不同类型的轨道交通服务范围不同,建设多层次的轨道交通系统可以满足居民出行要求,推动城市可持续发展。因此,合理科学的轨道交通建设方案与规划对中国未来城市群建设至关重要。

3. 依靠科技创新,建设创新型城市群

重大的科技创新都出现在现代城市与城市群。高科技研发、创新人才的集聚区一定是新型技术与思想的诞生地。因此,世界三大湾区城市群都极为重视持续性竞争力的保持,核心问题还是科技创新与创新活力的打造。显然,我国中心城市、大型城市、新建城市都面临着科技创新能力不足的问题,导致了城市群建设面临人才、技术、资金等方面的制约。此外,公共教育经费投入不足、科技进步贡献率不高、发明专利占比较低、企业和城市研发投入偏低等因素也制约了城市群建设。在城市群未来发展中,应通过加大科技创新投入、强化体制机制创新、持续关注产业创新、吸引创新人才等路径推动城市群可持续发展。目标是建设效

益良好、创新能力突出、人才集聚、环境优良、体制机制健全的城市群。

4. 加强政策引导与保障体系，创新治理模式和管理体制

习近平总书记明确指出：城市群的发展是我国区域经济发展的主要载体。鉴于我国城市群建设过程中存在政策与保障体系不健全、治理模式和管理体制亟待改进与提高等问题，未来城市群建设应该打破传统束缚，在管理体制和治理模式等方面实现全面创新，在中央政府及各地政府政策大力支持下，做好政策引导与保障体系完善等工作，积极探索研究机构、政策咨询、行业和社会组织、监督机构等多方参与的新格局。此外，还应鼓励城市共同体等合作模式，对建设过程中的规划、重大事项等进行公告，加强约束力。

5. 重塑产业布局，实现城市群功能疏解

产业布局对城市群建设极其重要。城市群建设应该重塑产业布局，注重功能分解。不同规模城市的比例、数量要均衡，区域内大中小城市发展形成合理的体系。城市群、城市带的发展潜力大小在于能否形成竞争力强大的创新体制、产业链条。习近平总书记提出"围绕产业链部署创新链，围绕创新链布局产业链"，目的就是打造符合可持续发展的产业结构。合理的产业布局会使产业结构不断优化、升级，不断实现城市群的疏解功能，不至于导致交通拥挤、环境破坏、大气污染等城市病的发生。

6. 加强区域高质量人才合作，助推城市群建设

人才是城市群发展的关键因素。因此，城市建设要主动出台相关举措吸引人才，共享区域内人才资源，加强人才之间的交流合作，助推城市群建设。在城市群建设过程中，重点是实现人才优势互补、协调共赢发展。要实现这个目标，需要完善人才服务体系、信息平台体系、人才市场体系、协同政策体系等，具体包括成立人才联盟、联合建立人才激励机制、加大人才服务保障力度、建立人才信息平台、构建有序竞争的人才市场、完善区域内人才协调发展政策等。

7. 实现城市群协同联动发展

城市群的发展建设，从一体化进程的趋势角度看，必须要构建起强大的城市群联动协调机制。这个联动协调机制的基本作用就是发展中的互动与关联事件的协调。既有要素市场的互通性，还要有协作机制的关键性。中国疫情防控的效率已经充分证明城市群联动协调性机制构建的现实意义。目前就是要加快构建适应未来发展的城市群的协调联动机制。例如，从疫情防控现状分析，城市是我国高风险区域，而相对城市来说，农村则是低风险区域，其中的主要原因在于农村人

口的流动规模与频率小于城市。这种城市与农村（包括新型农村在内）的并存，导致经济发展的模式、经济发展的地理方位都有差异和较大变化。这样必然导致社会各种危机事件以及应急管理控制都是以城市为中心的，在此前提之下以不同的辐射形式影响城市周边的农村。由此可见，联动协调机制对城市群建设非常重要。

13.6 本章小结

城市群已成为中国城市化的战略模式。加快城市群建设已写入了中国"十四五"规划，成为探索区域经济可持续发展的一个重要路径。城市群作为新型城镇化的主体形态，是支撑经济增长、促进经济转型的主要空间载体，也是参与国际竞争与合作的重要平台。近年来，我国城市群建设取得明显进展。与此同时，城市群建设过程中也存在一些问题。比如，一些城市群还未建立常态化协调机制，利益共享和成本共担机制尚不健全，个别城市群发展基础还比较薄弱。未来城市群建设还需要结合自身发展实际并借鉴国内外城市群建设的成功经验，更好地发挥城市群对激发新动能、塑造新竞争力、促进区域可持续发展的重要作用。

第 14 章 城市可持续发展的道路规划与未来展望

前面各章已经就城市的诞生演变、可持续发展的理论形成与演进、城市可持续发展的关键问题展开了广泛的讨论。经过概念的界定、重要内涵和理论的系统分析、现有文献的综述、国内外典型案例的详尽分析之后，可以明确一点：城市可持续发展具有复杂性和动态性，它所包含的主题是多层次的，它所覆盖的范围是极广泛的。除了表面上看到的资源利用问题、生态环境污染问题、人口规模极速扩张问题，城市的可持续发展与经济发展状况紧密相连、相辅相成、互为基础。本书在回顾历史和总结现状的基础上，明晰目前城市发展所面临的问题，归纳国外典型城市在转型过程中的路径和方案，勾勒出未来的发展方向。

未来继续走可持续发展之路是毋庸置疑的。针对全球变暖、过度能源利用以及超量资源开采所造成的严重后果，制定相应生态环境保护法规和管理条例需要在各国、各城市范围内推行。目前，可持续发展转型形势，尤其是城市采取行动的愿望是强烈的。本章拟围绕前述各章存在的问题、国外典型城市可以借鉴的案例，提出未来我国城市可持续发展的路径规划与展望。

（1）国际典型城市的未来转型路径总结。

（2）我国未来城市可持续发展的转型路径展望与政策建议。

14.1 未来城市可持续发展的智慧型道路规划

14.1.1 数字经济赋能的可持续发展之路——印度

印度城市人口的增长速度非常快，预计将从 2011 年的 3.77 亿增加到 2036 年的 5.94 亿——增长 57%，农村人口将从 69% 下降到 61%。城市人口的快速增长，现有的资源储量和基础设施不堪重负。

印度日立集团致力于提供融合绿色技术、数字技术和创新实力的解决方案，采用资源节约和环境可持续的技术，在大幅减少碳足迹的同时满足不断增长的能源和基础设施需求，从而帮助印度在未来的城市发展上实现可持续发展目标，同时力争达到智慧城市的愿景。

1. 为绿色出行铺平城市道路

随着城市规模不断扩大，电气化和公共交通的可达性对印度摆脱依赖传统燃油车至关重要。因为传统燃油车是道路运输碳排放的主要贡献者，印度超过 3/4 的交通运输依旧使用传统化石燃料。日立能源目前正在积极促进电动汽车（EV）的采用以及振兴地铁铁路网络，从而帮助缓解道路运输部门对传统化石燃料的过度依赖。兼顾清洁排放和可持续的公共交通运输系统的发展和推广，也将有助于缓解城市拥堵并减少车辆温室气体排放。日立集团也在帮助政府实现目标，通过将高效的现代转换器和变压器引入电力机车，到 2023 年底实现印度铁路 100% 电气化。依靠其协作共创能力，该集团正在促进由开创性的快速充电站支持的电动巴士运输系统。

上述各种措施与解决方案，正在成为安全、智能、便捷、适应气候的交通系统的基石，将引领印度走向更绿色的未来。

2. 改善能源消费

印度目前的能源消费结构仍然严重依赖不可再生能源。其中，在发电领域，化石燃料的份额仍高达 59.8%。可再生能源和核能分别占剩余份额的 38.5% 和 1.7%。这凸显了转向可再生能源的需要。日立能源正在利用其数字配电技术加强和扩大印度的可再生能源基础设施。日立能源与印度政府企业开展紧密合作，实现了输电项目的里程碑，交付了印度首个超高压直流（UHVDC）项目东北—阿格拉输电链路，这也是世界上最大的高压直流输电项目。它将水电资源丰富的东北部与印度北部、中部连接起来，全长 1 728 千米。印度成为世界上第一个提出多终端特高压直流输电链路的国家。这将有助于推动印度向绿色能源的快速无缝过渡，实现国家到 2070 年碳中和的承诺。

3. 加强和扩大城市燃气基础设施

预测表明，到 2050 年印度将出现人口激增，增长规模达到 4.16 亿。这意味着本已紧张的城市燃气配送网络将承受巨大的负荷，无法满足需求。天然气是现有燃料中污染较少的。通过提高供气能力优化天然气分配对于减少碳排放至关重要。

通过创新技术的物理和数字集成分销方案，基础设施系统部正在优化印度天然气分销商的服务能力。利用自动运营专业知识，日立在遍布首都地区的 Indraprastha Gas Limited（IGL）站点安装了核心 OT 技术、HIACS-AZ SCADA 传感器和 HIACS-AZ SCADA 系统，从而实现了对整个网络和管道的远程控制。该团队使用成熟的 IT 硬件和双 SIM GPRS 通信技术，在现场和指挥控制中心之间进行通信。成功的数字化转型确保了网络更安全、更灵敏，可以为公民提供清洁和绿色的燃料，提高他们的生活质量、建设可持续发展的社会。

变革性的自动化解决方案对城市燃气配送基础设施进行改造，日立正在为客户的日常生活提供低污染燃料。在此过程中，日立集团将为印度实现低碳城市的愿景做出重大贡献。

4. 增强城市水韧性

为实现政府为公民提供清洁饮用水的愿景，日立广受认可的"智能水解决方案"正在展示组合创新，优化供应、管理和控制，最大限度地减少分配损失，简化分配方案，保护稀缺的自然资源。日立集团支持缓解城市水资源压力，以可持续的方式提高绿色能量。

5. 开拓新型基础设施

发达经济体和新兴经济体都需要对其电力基础设施进行安全有效的管理，以有效满足劳动力和行业需求。日立利用创新性的技术提供行之有效的解决方案，通过基于 ICT 的战略来提升电力系统的价值。日立最大限度地提高和优化大规模工业操作管理、保护和加强工业基础设施。

通过在交通、可再生能源、建筑和水资源等重要领域提供生态和运营上可持续的解决方案，日立公司正在带领各城市乃至整个国家走向绿色未来之路。

14.1.2 智慧城市先导者阿姆斯特丹

在荷兰首都阿姆斯特丹，大部分基础设施都来自工业革命时代，因此必须进行调整以确保道路、住房、服务等生活质量得到改善。与此同时，城市必须变得更加可持续，以避免空气污染增加、气候变化加剧。自 15 世纪以来，荷兰 15%~20% 的土地都是从海洋、湖泊、沼泽开垦。全国只有 50% 的国土海拔超过 1 米，27% 的土地则低于海平面，这些地区拥有荷兰 1/5 的人口数量。其中，首都阿姆斯特丹市位于海平面以下 2 米处。与所有早期文明一样，水赋予城市生命。生产和运输货物的能力一直对荷兰至关重要。荷兰是世界第八大出口国，出口占该国 GDP 的 82.5%。民众一直都知道人与水的关系是十分脆弱的。过去，荷兰习惯于使用技术来抵御洪水风险。因此，生存和发展的压力促使阿姆斯特丹成为欧洲智慧城市建设的典范，也是世界上最早开始智能城市建设的城市之一。城市建设的智慧性在生活、工作、能源和交通等方面，得到多种体现。

1. 居民生活可持续性——消费的绿色低碳转型

阿姆斯特丹是荷兰最大的城市，拥有40多万户家庭。居民生活碳排放占据了全国二氧化碳排放量的1/3。阿姆斯特丹对消费品有很大需求。随着城市的不断发展，需求会进一步增加。这些消费品产生了环境负担。为了改善环境问题，该市启动了盖森菲尔德（Geuzenveld）和西橙（West Orange）项目。通过智慧化的节能减排技术，可以有效地降低能源消耗和二氧化碳排放。盖森菲尔德项目具体是为700多户家庭，提供智慧电表和能源反馈设备，促进居民关心自家的能源使用情况，确立家庭节能方案。而在西橙项目中，500户家庭将试验性地安装使用一种新型的能源管理系统。目的是节省约14%的能源消耗，同时减少二氧化碳排放。

2. 公共空间和街道利用的可持续性

为了使阿姆斯特丹在2040年成为国际顶级可持续城市的一分子，市政府发起了几项倡议。其中，乌特勒支大街（Utrechtsestraat）是位于阿姆斯特丹市中心的一条具有代表性的街道。狭窄、拥挤的街道两边满是咖啡馆和旅店，日常小型公共汽车和卡车穿梭运送货物或搬运垃圾，经常造成交通拥堵。该市启动了气候街道（Climate Street）项目，用于改善这种状况。在气候街道上，确定最有效的技术、合作协议等方法，以减少二氧化碳排放、保护街道环境，使城市的街道实现大规模的可持续性。

3. 移动交通工具的低碳可持续发展

阿姆斯特丹的移动交通工具包括轿车、公共汽车、卡车、游船等，其二氧化碳排放量对该市的环境造成了严重的影响。为了有效解决这个问题，该市实施了清洁电力港口（Energy Dock）项目，在阿姆斯特丹港口的73个靠岸电站中配备了154个电源接入口，便于游船与货船充电，利用清洁能源发电取代原先污染较大的燃油发动机。

4. 循环建筑物的可持续性——建筑物智慧低碳转型

近几年，阿姆斯特丹对循环建筑的关注在整个荷兰掀起了一场运动。为了让众多的大厦资源得到高效合理的利用，阿姆斯特丹启动了智能大厦项目。智能大厦是在不影响大厦的办公和住宿功能的前提下，将能源消耗水平压到最低程度。同时在分析大楼能源使用的具体数据的基础上，电力系统将更有效地运行。其中，ITO Tower是智能大厦项目的示范工程。其总面积达38 000平方米。

5. 信息技术创新中心——城市数据集开源共享

"阿姆斯特丹拥有的桥梁数量是 1 281 座",对于阿姆斯特丹的智慧城市倡议来说,是一个巨大的飞跃。该市 32 个部门涵盖 12 000 多个数据集。如此庞大的规模数据,很难实现信息的实时检索和数据的实时共享。过去没有建立统一的数据中心,繁忙的政府部门也没有充分的时间或资源来共享这些统计数据。而现在在智慧城市倡议下,阿姆斯特丹市开发建成了集成化的城市数据中心,这是其智慧城市发展的关键。特别是,城市数据中心已将所有的数据开源,每个人都可以实时访问这些信息,并且任何人都可以将更多的数据添加到集合中。城市数据可在线获取,并且很容易搜索、下载到本地。

有关能源生产和消费的开放数据,通过可交互的"能源地图"来实现。基于对这些数据的分析,可以回答一类问题:某一社区有多大的能源需求?附近的工业园区产生了多少废热?太阳能或者风能的利用潜力有多大?如何将用户的能源需求和能源供应(尤其是可再生能源)匹配起来?阿姆斯特丹市政府希望通过引入能源地图,增强市民对自己的能源消费行为的敏感程度,促进可再生能源的利用。另外,工商业用户也可以借助地图决定自己的能源利用方式,找到可再生能源和基础设施的位置。企业和组织可以根据这些关于能源利用效率和可再生能源生产的数据,独立开发出新的产品和服务。能源地图可以帮助实现以下功能:

(1)让所有城市利益相关者获得必要的城市数据。
(2)决策辅助,制定智能、协作的能源管理方案。
(3)借力数字技术发展,帮助和推动城市能源转型。

能源地图以互动地图的形式提供了获取城市各类数据的开放接口。部分是和能源直接联系,部分是和能源间接联系。城市能源消耗量受多方面的影响,例如城市规划和建设方式(房屋建造年份、居住面积、朝向等),以及消费者的行为(人口、收入)、交通情况,等等。

能源地图项目的初衷是为不同的项目参与方提供相关数据,使他们了解有哪些可供利用的资源从而做出最佳的决策。城市运转所积累的庞大数据为该项目的顺利施行提供了有力的支撑,利用这些数据有助于更好地改善城市环境,解决城市发展的挑战。在欧洲,很多城市能源管理项目还停留在概念层面。为了打破僵局,需要各相关方参与到城市数据的共享中来。毕竟,开放城市数据接口是城市创新发展的前提。

14.2 中国城市可持续发展的道路规划与政策建议

可持续发展理念的形成经历了相当长的历史过程。可持续发展已经不再是单一领域的发展问题或单纯的环境保护问题，而是经济、社会及生态环境三方面协调统一的全面性战略。在推行《联合国 2030 议程》的背景下，统筹人与自然和谐相处是当下世界各国的重点任务。如何对 SDGs 的实施结果进行系统的量化评价也是各界学者未来努力的方向。城市是未来经济、社会和环境协调发展的关键。

1. 城市可持续发展与降低空气污染的政策建议

城市空气质量是居民生活幸福感的重要环境基础，关乎居民的身心健康和生活品质，对城市可持续发展起重要的作用。工业生产是造成城市空气污染的重要原因。因此，合理地优化工业布局是治理城市空气污染的重要方式。我们需要根据城市的地理、气象条件等特点来对城市当中的各种污染源进行综合的分析，尤其要分析城市中工业污染源的产生情况、排放规律等。需要分析城市空气中颗粒物的来源渠道，合理地划分城市空气环境的功能区，制订出科学、合理的城市空气保护发展规划，从而有效降低城市空气污染。在现实情况中，为了有效地治理城市空气污染，环保执法等相关部门也必须加大对空气污染的监督力度。针对某些超标排放、不合理排放的企业，需要根据相关规定进行处罚、以示警诫，从而尽最大的努力从源头处减少或控制污染物的排放。另外，相关部门也需要加强对城市空气的监测，规范监控网络，为城市空气污染提供详细的数据资料，采取相关的治理对策。应该充分地进行环保宣传，提高人们的环保意识，使人们能够养成良好的环保习惯，做到思想自觉、行动自觉，从而在日常生活、工作中都约束自己的行为，注重保护环境。汽车尾气也是影响城市空气质量的重要因素。需要鼓励人们多乘坐公共交通，减少私家车出行的数量，以此来减少汽车尾气的排放量，还城市一片洁净的蓝天。

2. 提升环境承载力、持续推进节能减排

本书第 5 章阐述了城市可持续发展与城市环境承载力之间的联系，说明了研究城市环境承载力的迫切性。通过熵值法计算得到了 2004—2019 年 15 个副省级城市的环境承载力水平。研究发现，东部沿海城市的环境承载力水平相较于其他地区较高。其中深圳市的环境承载力得分基本上都位居首位，杭州、广州、厦门等城市的得分也较高。中西部地区的城市环境承载力近几年有所提升，东北地区城市（哈尔滨市、长春市、沈阳市等地区）的环境承载力较低。

在此基础上，第 7 章实证研究了城市化进程与节能减排之间的定量关系。采用 2011—2018 年的 196 个数据样本，基于中介效应模型、汉森面板门槛回归模型等计量分析技术，对提出的理论假说进行了系统而稳健的实证检验，得到城市化发展在整体上对节能减排有积极影响。研究发现对节能减排的影响机制存在直接影响和间接影响两种途径，既可以直接作用于节能减排，还可以通过促进经济增长、优化资源配置、带动互联网发展、调整就业结构等渠道间接影响地区发展，进而作用于节能减排。城市化进程与节能减排之间的关系具有明显的非线性特征，受到中介效应的影响，伴随城市化水平的提高，节能减排效率不断发生变化。

基于上述研究结果，对未来我国城市可持续发展提出以下政策建议：

不断优化产业结构布局。产业结构发展水平必须与经济发展速度适应。须进行产业结构的调整和产业布局的优化，使其与经济增长协调发展。对于东北和西部地区而言，应降低制造业、采掘业、建筑业等高排放、高污染产业的比重，大力发展电子信息、原子能工业、航空航天、精密机床等技术密集型产业，对交通运输、教育文化、物流仓储等产业发展重点支持；对于沿海和中部比较发达的城市而言，应在原有基础上进一步引进先进技术，谋篇布局，培育和壮大新兴产业。

继续加强环境保护力度。环境直接影响人类发展和城市建设。为了改善城市的环境承载力，各地要加强环保工作，特别是要在环境污染治理方面投入更多精力，将资金、技术等汇聚。落实环境污染总量控制责任制，强化重点地区、行业的控制与监测。更进一步深化工业固体废物综合利用、工业废水处理及生活废物处理的能力，进一步控制温室气体排放。改善环境质量，提升市民环保意识。

不断推动生态城市建设，建立城市循环经济体系。打破传统的"资源—产品—消费—污染排放"的经济发展方式，是实现城市可持续发展的重中之重。不能仅仅注重发展城市的经济，却对城市的生态环境造成不可弥补的破坏。要建立"资源—产品—废物—再生资源—再生产品"的循环生产模式，这样才能从根本上解决问题，实现生产消费过程中资源的低投入、高利用。最大限度减少环境污染的排放，将污染物消除于生产过程中，达到废弃物资源化、减量化、无害化的目的。将循环经济理念融入中国的城市化发展战略与政策之中，构建循环经济系统，推行循环经济，是中国城市可持续发展的必然选择。

应当继续扩大发展城市群经济。促进区域经济发展一体化，带动区域贸易交流高效可持续进行。从我国当前城市化发展的实际情况来看，我国正处于推进新型城镇化发展的重要时期。推动城市群建设、落实高质量的区域经济合作是当前经济增长形成内循环的关键机制。落实节能减排政策也成为推动可持续发展、构建美丽中国必不可少的发展途径。本书第13章的研究显示，城市化的推进发展，在整体上对节能减排具有积极的作用。因此，在当前的经济形势下，我国落实节能减排政策、顺应城市化发展的规律趋势，有助于带动区域经济水平向绿色生态的高质量方向提升。可以预期的是，随着我国区域经济发展一体化的稳步推进，内在的节能减排效应可以在更大的范围内得以实现。我国应当进一步落实城市群经济建设，贯彻"两带一路"等区域开发战略，推动区域经济发展的一体化。

在稳定经济发展的基础上，推进落实节能减排政策，实现美丽中国和现代化强国的同步推进。研究表明，城市化发展对于节能减排具有直接和间接的双重影响机制，城市化会作用于经济、资源、技术、结构等多方面因素进而影响节能减排。这一中介效应表明，要想有效落实节能减排，需从多渠道入手结合实际情况调整政策内容。经济增长对节能减排具有持续性递增的边际效应，我国应持续释放经济增长动能，坚持绿色发展、落实节能减排政策，促进实现经济发展和节能减排的"双赢"。

应当着重处理好经济增长、资源配置、互联网技术、就业结构等多方面的问题。研究表明资源的优化配置、互联网技术的发展、就业结构的调整完善在经济发展的一定区间内会对节能减排产生边际效应递增的促进作用。当城市化水平超过一定阶段后，相关因素推动节能减排的作用会相对减弱，但总体上仍然呈现正向促进关系。政府在保持经济发展的同时要利用政策手段协调资源配置、技术发展和就业结构完善等多方面问题。在以发展为第一要务的前提下，满足能源利用和排放要求，调整完善政策法规。

3. 不同定位和特色城市的政策建议

本书第6章、第10章、第11章重点论述了低碳城市、不同人口规模城市、资源型城市和历史文化特色城市，分析和研究了国内外典型案例，总结发展经验。未来的道路规划和政策建议主要有：

（1）在立法层面对低碳行为进行保障。

中国虽然针对低碳建设也有相应的政策出台，但是政策文件的数量以及质量仍有待于进一步优化。通过分析汉堡、东京以及哥本哈根的低碳建设，我们发现，三者的成功之处均离不开政府的支持。它们的经验也表明，有法律以及执法体系做有利保障，能够从国家层面宏观调控、指引低碳建设。完善绿色低碳相关的法律法规，不仅可以对企业以及民众的行为进行约束，而且可以以政府的力量推动发展清洁能源计划，大力开发低碳技术。我国在制定相关的城市低碳发展规定时，应该依据各个城市的资源条件以及地理位置等因素制定合理政策。奖惩分明，为低碳生产和消费提供激励政策，对污染环境、浪费资源的企业给予重罚并征收费用。

（2）以绿色发展的政策工具进行激励。

目前，我国的绿色经济发展政策工具主要是排污税交易、政府采购、绿色信贷、环境税以及补贴等。参照国际成功案例，我国可以参照财政治理的方式设立"碳预算"来进行碳治理。这是奥斯陆市首创的方式，将碳排放视为财政，贯穿于"碳预算"的规划设置、中间落实和后期监督环节，有效控制并拆解"碳预算"目标。另外，哥本哈根"灯塔计划"中通过"碳核算"的方式跟进各领域碳排放进程的方式也值得借鉴。中国可以在各省市区制订年度财政计划时也制订"碳排放计划"，用以指导全年的碳排放水平。从年初就对二氧化碳的排放量进行预期估计与约束，更好地推进减排工作的开展。

（3）多式联运的交通网络低碳化发展。

低碳城市的建设应该抓住交通运输业。应该学习德国汉堡的低碳多式联运方式。针对不同的距离，设置不同的交通工具组合方案，依照不同的路况以及路程动态地调整最优的交通工具。与此同时，也应该在选择交通工具的时候，落实新能源公交车的推广。哥本哈根的"城市自行车系统"也启示中国应该考虑全面建设自行车以及步行轨迹的交通系统，鼓励民众选择这种绿色出行的方式，同时也能锻炼身体。总之，对于交通的低碳式发展，应该灵活地选择并组合交通工具，还应该提高新能源燃料工具的使用，规模化地推动可再生能源发展。

（4）回收废物能源与完善循环数据库。

一方面，哥本哈根具有区域能源智能耦合的集成系统优势，使热电联产技术成为该市发展低碳的创新之举，保证了能源的高效使用。但是区域供热对地理位置有要求，国内适合集中区域供热的地方可以调研应用类似技术与方法。另一方面，哥本哈根利用垃圾焚烧以及工业余热进行供暖的方式也是值得借鉴学习的，这充分利用了废物能源，节约又环保。企业内部实现物料的循环交易，需要像开普敦市的企业一样建立一个跨行业的循环经济数据库。充分汇总废料的供给以及循环材料的需求，有利于资源利用效率的提高。

（5）提高新能源研发投入与使用。

能源消费对城市的碳排放量有着举足轻重的作用。积极优化能源结构对于推动低碳建设是十分必要的。一方面可以限制传统能源的使用额度，并提高煤炭的利用效率；另一方面可以统筹推进水能、风能、太阳能等的研发与利用。德国汉堡在低碳建设的过程中非常重视氢能的使用。中国也可以通过发展氢能项目，制造氢能动力设备，以及"废物制氢能"等方式，提高氢能在能源结构中的占比。新能源的探索是低碳化建设中至关重要的环节，也是经济社会高质量发展所必需的。

14.3 本章小结

本章在总结前述各章的基础上，提出有针对性的政策建议。以荷兰和印度建设未来智慧城市为例，对未来城市可持续发展的智慧化转型及主要途径进行了展望。智慧城市的建设通过智能化的交通运输系统、能源消费与供应系统、可持续的公共基础设施为主要载体，通过数字技术实现资源利用最大化，同时减少能源消耗和降低二氧化碳排放。城市运转过程中产生的大量数据可以通过开放接口的方式实现信息共享。这些经验可以为中国未来的城市可持续发展道路提供具有实践意义的规划方案。

参 考 文 献

[1] ADAMS S, BOATENG E, ACHEAMPONG A O, 2020. Transport energy consumption and environmental quality: does urbanization matter? [J]. Science of the total environment, 744: 140617.

[2] ARCURY T A., JOHNSON T P, SCOLLAY S J, 1986. Ecological worldview and environmental knowledge: the "new environmental paradigm" [J]. The journal of environmental education, 17 (4): 35 – 40.

[3] ARROW K, BOLIN B, COSTANZA R, et al., 1996. Economic growth, carrying capacity, and the environment [J]. Environment and development economics, 1 (1): 104 – 110.

[4] AUNAN K, WANG S, 2014. Internal migration and urbanization in China: impacts on population exposure to household air pollution (2000—2010) [J]. Science of the total environment, 481: 186 – 195.

[5] AVERFALK H, WERNER S, 2020. Economic benefits of fourth generation district heating [J]. Energy, 193: 116727.

[6] BAI Y, DENG X, JIANG S., et al., 2018. Exploring the relationship between urbanization and urban eco-efficiency: evidence from prefecture-level cities in China [J]. Journal of cleaner production, 195: 1487 – 1496.

[7] BRANCA G, LIPPER L, McCARTHY N, 2013. Food security, climate change, and sustainable land management: a review [J]. Agronomy for sustainable development, 33 (4): 635 – 650.

[8] BREACH A, 2020. Planning for the future: how flexible zoning will end the housing crisis [M]. London: Centre for Cities.

[9] CALTHORPE P (Ed.), 1991. Sustainable communities: a new design synthesis for cities, suburbs, and towns [M]. San Francisco: Sierra Club Books.

[10] CAPROTTI F, COWLEY R, DATTA A, et al., 2017. The new urban agenda:

key opportunities and challenges for policy and practice [J]. Urban research & practice, 10 (3): 367-378.

[11] CECCHINI M, ZAMBON I, PONTRANDOLFI A, et al., 2019. Urban sprawl and the "olive" landscape: Sustainable land management for "crisis" cities [J]. GeoJournal, 84 (1): 237-255.

[12] CENTER B P, 2020. Annual energy outlook 2020 [J]. Energy Information Administration (12): 1672-1679.

[13] CHAN K W, XU X, 1985. Urban population growth and urbanization in China since 1949: reconstructing a baseline [J]. The China quarterly, 104: 583-613.

[14] CHAN K W, 1994. Cities with invisible walls: reinterpreting urbanization in post-1949 China [M]. New York: Oxford University Press, USA.

[15] CHAPMAN E J, BYRON C J, 2018. The flexible application of carrying capacity in ecology [J]. Global ecology and conservation (13): e00365.

[16] CHE Y, ZHANG L, 2018, "Human capital, technology adoption and firm performance: impacts of China's higher education expansion in the late 1990s" [J]. The economic journal, 128 (614): 2282-2320.

[17] CHEN M, LIU W, TAO X, 2013. Evolution and assessment on China's urbanization 1960-2010: under-urbanization or over-urbanization? [J]. Habitat international, 38, 25-33.

[18] CHEN M, LIU W, Lu D, et al., 2018. Progress of China's new-type urbanization construction since 2014: a preliminary assessment [J]. Cities, 78: 180-193.

[19] CHENG X, LONG R, CHEN H, 2019. Coupling coordination degree and spatial dynamic evolution of a regional green competitiveness system—a case study from China [J]. Ecological indicators, 104: 489-500.

[20] CHIARINI B, D'AGOSTINO A, MARZANO E, 2020. The perception of air pollution and noise in urban environments: a subjective indicator across European countries [J]. Journal of environmental management, 263: 110272.

[21] CHOE K A, LAQUIAN A A, 2008. City cluster development: toward an urban-led development strategy for Asia [R]. Asian Development Bank.

[22] DAVIES E G, SIMONOVIC S P, 2011. Global water resources modeling with an integrated model of the social-economic-environmental system [J]. Advances in

water resources, 34 (6): 684 – 700.

[23] DECHEZLEPRETRE A, SATO M, 2017. The impacts of environmental regulations on competitiveness [R]. LSE Research Online Documents on Economics.

[24] DI TELLA R, MacCULLOCH R, 2008. Gross national happiness as an answer to the Easterlin Paradox? [J]. Journal of development economics, 86 (1): 22 – 42.

[25] DOMAZLICKY B R, WEBER W L, 2004. Does environmental protection lead to slower productivity growth in the chemical industry? [J]. Environmental and resource economics, 28 (3): 301 – 324.

[26] DOURMA A, DE WINTER J, DUFOURMONT J, et al., 2018. Amsterdam circular: evaluation and actions perspectives.

[27] DUDLEY B, 2019. BP statistical review of world energy 2016 [M]// BPLC. British petroleum statistical review of world energy. London: Pureprint Group Limited, UK.

[28] FANG C, LIU H, LI G, 2016. International progress and evaluation on interactive coupling effects between urbanization and the eco-environment [J]. Journal of geographical sciences, 26 (8): 1081 – 1116.

[29] FANG C, YU D, 2017. Urban agglomeration: an evolving concept of an emerging phenomenon [J]. Landscape and urban planning, 162: 126 – 136.

[30] FENG T, DU H, LIN Z, et al., 2020. Spatial spillover effects of environmental regulations on air pollution: evidence from urban agglomerations in China [J]. Journal of environmental management, 272: 110998.

[31] FENG Y, YANG Q, TONG X, et al., 2018. Evaluating land ecological security and examining its relationships with driving factors using GIS and generalized additive model [J]. Science of the total environment, 633: 1469 – 1479.

[32] FRIEDMANN J, 2006. Four theses in the study of China's urbanization [J]. International journal of urban and regional research, 30 (2): 440 – 451.

[33] GEBRE-EGZIABHER T, 2019. Urbanization and industrial development in Ethiopia. In The Oxford Handbook of the Ethiopian Economy.

[34] GODSCHALK, DAVID R, 2004. Land use planning challenges: coping with conflicts in visions of sustainable development and livable communities [J]. Journal of the American planning association, 70 (1): 5 – 13.

[35] GOMES DA SILVA F J, GOUVEIA R M, 2020. Global population growth and

industrial impact on the environment [C]// Cleaner Production, Cham: Springer: 33 -75.

[36] GROSSMAN G M, KRUEGER A B, 1995. Economic growth and the environment [J]. The quarterly journal of economics, 110 (2): 353 -377.

[37] GUAN W J., Zheng X Y., Chung K F, 2016. Impact of air pollution on the burden of chronic respiratory diseases in China: time for urgent action [J]. The lancet, 388 (10054): 1939 -1951.

[38] GUO S, Zhang Y, Qian X., 2019. Urbanization and CO_2 emissions in resource-exhausted cities: evidence from Xuzhou city, China [J]. Natural hazards, 99 (2): 807 -826.

[39] GUO, Q., MENG X, LI Y, et al., 2021. A prediction model for the surface residual subsidence in an abandoned goaf for sustainable development of resource-exhausted cities [J]. Journal of cleaner production, 279, 123803.

[40] GUO, X., ZHU Q, LV L, et al., 2017. Efficiency evaluation of regional energy saving and emission reduction in China: A modified slacks-based measure approach [J]. Journal of cleaner production, 140, 1313 -1321.

[41] HĂLBAC-COTOARĂ-ZAMFIR R., KEESSTRA S, KALANTARI Z, 2019. The impact of political, socio-economic and cultural factors on implementing environment friendly techniques for sustainable land management and climate change mitigation in Romania [J]. Science of the total environment, 654: 418 -429.

[42] HAN Y, WEI F, YE G, 2018. A study on evaluation the marine carrying capacity in Guangxi Province, China [J]. Marine policy, 91: 66 -74.

[43] HANSEN B E, 1999. Threshold effects in non-dynamic panels: estimation, testing, and inference [J]. Journal of econometrics, 93 (2): 345 -368.

[44] HAO Y, WU Y, WU H, et al., 2020a. How do FDI and technical innovation affect environmental quality? evidence from China [J]. Environmental science and pollution research, 27 (8): 7835 -7850.

[45] HAO Y, GUO Y, GUO Y, et al., 2020b. Does outward foreign direct investment (OFDI) affect the home country's environmental quality? The case of China [J]. Structural change and economic dynamics, 52, 109 -119.

[46] HAO Y, Gai Z, Wu H, 2020c. How do resource misallocation and government

corruption affect green total factor energy efficiency? evidence from China [J]. Energy policy, 143: 111562.

[47] HENDERSON V, 2003. The urbanization process and economic growth: the so-what question [J]. Journal of economic growth, 8 (1): 47-71.

[48] HOLLANDER J, JOHNSON M, DREW R B, et al., 2019. Changing urban form in a shrinking city [J]. Environment and planning B- urban analytics and city Science, 46 (5): 963-991.

[49] HUAN Y, LIANG T, LI H, ZHANG C, 2021. A systematic method for assessing progress of achieving sustainable development goals: a case study of 15 countries [J]. Science of the total environment, 752, 141875.

[50] HUO T, LI X, CAI W, et al., 2020. Exploring the impact of urbanization on urban building carbon emissions in China: evidence from a provincial panel data model [J]. Sustainable cities and society, 56: 102068.

[51] IEA, 2017. International energy agency, world energy outlook 2017 IEA [R]. Paris. https://www.iea.org/reports/world-energy-outlook-2017.

[52] MASSON-DELMOTTE V, ZHAI P, PIRANI A, et al., (2021). Climate change 2021: the physical science basis [R]. Contribution of working group I to the sixth assessment report of the intergovernmental panel on climate change, 2.

[53] ITO K, ZHANG S, 2020. Willingness to pay for clean air: evidence from air purifier markets in China [J]. Journal of political economy, 128 (5): 1627-1672.

[54] JIA Z, CAI Y, CHEN Y, et al., 2018. Regionalization of water environmental carrying capacity for supporting the sustainable water resources management and development in China [J]. Resources, conservation and recycling, 134: 282-293.

[55] JIANG S, LI Y, LU Q, et al., 2021. Policy assessments for the carbon emission flows and sustainability of Bitcoin blockchain operation in China [J]. Nature communications, 12 (1), 1-10.

[56] JUN W, ZAKARIA M, SHAHZAD S J H, et al., 2018. Effect of FDI on pollution in China: new insights based on wavelet approach [J]. Sustainability, 10 (11), 3859.

[57] KEEBLE B R, 1988. The brundtland report: 'our common future' [J]. Medicine and war, 4 (1), 17-25.

[58] KOZLOWSKI J M, 1990. Sustainable development in professional planning: a potential contribution of the EIA and UET concepts [J]. Landscape and urban planning, 19 (4): 307-332.

[59] KUZNETS S, 1955. Economic growth and income inequality [J]. American economic review, 45, 1-28.

[60] LANDA-CANSIGNO O, BEHZADIAN K, DAVILA-CANO D I, et al., 2020. Performance assessment of water reuse strategies using integrated framework of urban water metabolism and water-energy-pollution nexus [J]. Environmental Science and pollution research, 27 (5): 4582-4597.

[61] LEVINSON A, TAYLOR M S, 2008. Unmasking the pollution haven effect [J]. International economic review, 49 (1): 223-254.

[62] LI J, DU H, WANG Z, et al., 2017. Rapid formation of a severe regional winter haze episode over a mega-city cluster on the North China Plain [J]. Environmental pollution, 223: 605-615.

[63] LI Q, WU B, LIU J, et al., 2020a. Characteristics of the atmospheric boundary layer and its relation with PM2.5 during haze episodes in winter in the North China Plain [J]. Atmospheric environment, 223: 117265.

[64] LI Y, YE H, SUN X, et al., 2021a. Coupling analysis of the thermal landscape and environmental carrying capacity of urban expansion in Beijing (China) over the past 35 years [J]. Sustainability, 13 (2): 584.

[65] LI H, CHEN K, YAN L, et al., 2021b. Urban land use transitions and the economic spatial spillovers of central cities in China's urban agglomerations [J]. Land, 10 (6): 644.

[66] LI X, COID J W, TANG W, LV Q, et al., 2020b. Sustained effects of left-behind experience during childhood on mental health in Chinese university undergraduates [J]. European child & adolescent psychiatry, 30 (12): 1949-1957.

[67] LI Y, CHIU Y H, LU L C, 2019. New energy development and pollution emissions in China [J]. International journal of environmental research and public health, 16 (10): 1764.

[68] LIANG W, YANG M, 2019. Urbanization, economic growth and environmental pollution: evidence from China [J]. Sustainable Computing: Informatics and Systems, 21: 1-9.

[69] LIN B, ZHU J, 2018. Changes in urban air quality during urbanization in China [J]. Journal of cleaner production, 188: 312-321.

[70] LIN B, ZHU J, 2017. Energy and carbon intensity in China during the urbanization and industrialization process: a panel VAR approach [J]. Journal of cleaner production, 168: 780-790.

[71] LIN B, ZHU J, 2019. Impact of energy saving and emission reduction policy on urban sustainable development: empirical evidence from China [J]. Applied energy, 239: 12-22.

[72] LIN B, ZHU J, 2021. Impact of China's new-type urbanization on energy intensity: A city-level analysis [J]. Energy economics, 99: 105292.

[73] LIU C, WU X, WANG L, 2019. Analysis on land ecological security change and affect factors using RS and GWR in the Danjiangkou Reservoir area, China [J]. Applied geography, 105: 1-14.

[74] LIU J, 2010. China's road to sustainability [J]. Science, 328 (5974): 50.

[75] LIU L, ZHANG M, 2018. High-speed rail impacts on travel times, accessibility, and economic productivity: a benchmarking analysis in city-cluster regions of China [J]. Journal of transport geography, 73: 25-40.

[76] LIU L, ZHANG X, ZHONG T, 2016. Pollution and health risk assessment of heavy metals in urban soil in China [J]. Human and ecological risk assessment: an international journal, 22 (2): 424-434.

[77] LIU M, Han G, Zhang Q, 2020. Effects of agricultural abandonment on soil aggregation, soil organic carbon storage and stabilization: results from observation in a small karst catchment, Southwest China [J]. Agriculture, ecosystems & environment, 288: 106719.

[78] LIU R Z, BORTHWICK A G, 2011. Measurement and assessment of carrying capacity of the environment in Ningbo, China [J]. Journal of environmental management, 92 (8): 2047-2053.

[79] LONG H, GE D, ZHANG Y, et al., 2018. Changing man-land interrelations

in China's farming area under urbanization and its implications for food security [J]. Journal of environmental management, 209: 440 – 451.

[80] LONG H, KONG X, HU S, et al., 2021. Land use transitions under rapid urbanization: a perspective from developing China [J]. Land, 10 (9): 935.

[81] LV T, WANG L, ZHANG X, et al., 2019. Coupling coordinated development and exploring its influencing factors in Nanchang, China: from the perspectives of land urbanization and population urbanization [J]. Land, 8 (12): 178.

[82] LV Y, CHEN W, CHENG J, 2020. Effects of urbanization on energy efficiency in China: new evidence from short run and long run efficiency models [J]. Energy policy, 147: 111858.

[83] MAESTAS N, MULLEN K J, POWELL D, 2016. The effect of population aging on economic growth the labor force and productivity [Z]. NBER Working Papers.

[84] MAGURA T, FERRANTE M, LÖVEI G L, 2020. Only habitat specialists become smaller with advancing urbanization [J]. Global ecology and biogeography, 29 (11): 1978 – 1987.

[85] MALTHUS T R, 1986. An essay on the principle of population (1798): the works of Thomas Robert Malthus [M]. London: Pickering & Chatto Publishers: 1 – 139.

[86] NAGAOKA T, NAKAYAMA N, 2021. Influences of industrial development and urbanization on human lives in premodern Japan: views from paleodemography [J]. International journal of paleopathology, 33: 103 – 112.

[87] NIU B, GE D, YAN R, et al., 2021. The evolution of the interactive relationship between urbanization and land-use transition: a case study of the Yangtze River Delta [J]. Land, 10 (8): 804.

[88] OTSUKA A, GOTO M, SUEYOSHI T, 2014. Energy efficiency and agglomeration economies: the case of Japanese manufacturing industries [J]. Regional science policy & practice, 6 (2): 195 – 212.

[89] PORTNOV B A, SCHWARTZ M, 2009. Urban clusters as growth foci [J]. Journal of regional science, 49 (2): 287 – 310.

[90] POUMANYVONG P, KANEKO S, 2010. Does urbanization lead to less energy use and lower CO_2 emissions? a cross-country analysis [J]. Ecological econom-

ics,70(2):434-444.

[91] RASHID H, MANZOOR M M, MUKHTAR S, 2018. Urbanization and its effects on water resources: an exploratory analysis [J]. Asian journal of water, environment and pollution, 15 (1): 67-74.

[92] RITCHIE H, ROSER M, 2018. "Urbanization". Published online at OurWorldInData.org. Retrieved from: https://ourworldindata.org/urbanization [Online Resource].

[93] RØPKE I, JENSEN C, QUITZAU M B, 2019. The role of households in Danish energy policy: visions and contradictions [M] // Energy Demand Challenges in Europe. Cham: Palgrave Pivot: 35-46.

[94] SACHS I, 1999. Social sustainability and whole development. [M]// BECKER E, JAHN T (Eds.), Sustainability and the social sciences. New York: Zed Books and UNESCO: 25-36.

[95] SADORSKY P, 2013. Do urbanization and industrialization affect energy intensity in developing countries? [J]. Energy economics, 37: 52-59.

[96] SAGER L, 2019. Estimating the effect of air pollution on road safety using atmospheric temperature inversions [J]. Journal of environmental economics and management, 98: 102250.

[97] SHAHBAZ M, LOGANATHAN N, MUZAFFAR A T, et al., 2016. How urbanization affects CO_2 emissions in Malaysia? the application of STIRPAT model [J]. Renewable and sustainable energy reviews, 57: 83-93.

[98] SHANG J, WANG Z, LI L, et al., 2018. A study on the correlation between technology innovation and the new-type urbanization in Shaanxi province [J]. Technological forecasting and social change, 135, 266-273.

[99] SHARIFI A, 2021. Urban sustainability assessment: an overview and bibliometric analysis [J]. Ecological indicators, 121: 107102.

[100] SHENG P, HE Y, GUO X, 2017. The impact of urbanization on energy consumption and efficiency [J]. Energy & environment, 28 (7): 673-686.

[101] SHI Y, SHI S, WANG H, 2019. Reconsideration of the methodology for estimation of land population carrying capacity in Shanghai metropolis [J]. Science of the total environment, 652: 367-381.

[102] SILVA D R, MUÑOZ-TORRICO M, DUARTE R, et al., 2018. Risk factors for tuberculosis: diabetes, smoking, alcohol use, and the use of other drugs [J]. Jornal brasileiro de pneumologia, 44: 145 – 152.

[103] SU Y, YU Y Q., 2020. Dynamic early warning of regional atmospheric environmental carrying capacity [J]. Science of the Total Environment, 714: 136684.

[104] SU Y., CHEN X, LIAO J, et al., 2016. Modeling the optimal ecological security pattern for guiding the urban constructed land expansions [J]. Urban forestry & urban greening, 19: 35 – 46.

[105] SUN C, ZHANG F, XU M, 2017. Investigation of pollution haven hypothesis for China: an ARDL approach with breakpoint unit root tests [J]. Journal of cleaner production, 161: 153 – 164.

[106] TAN R, TANG D, LIN B, 2018. Policy impact of new energy vehicles promotion on air quality in Chinese cities [J]. Energy policy, 118: 33 – 40.

[107] TEHRANI N A, MAKHDOUM M F, 2013. Implementing a spatial model of urban carrying capacity load number (UCCLN) to monitor the environmental loads of urban ecosystems. case study: tehran metropolis [J]. Ecological indicators, 32: 197 – 211.

[108] TONG C H M, YIM S H L, ROTHENBERG D, et al., 2018a. Assessing the impacts of seasonal and vertical atmospheric conditions on air quality over the Pearl River Delta region [J]. Atmospheric environment, 180: 69 – 78.

[109] TONG S, FENG Z, YANG Y, et al., 2018. Research on land resource carrying capacity: progress and prospects [J]. Journal of resources and ecology, 9 (4): 331 – 340.

[110] TONG X, BRANDT M, YUE Y, et al., 2018c. Increased vegetation growth and carbon stock in China karst via ecological engineering [J]. Nature sustainability, 1 (1): 44 – 50.

[111] VALLANCE S, PERKINS H C, DIXON J E, 2011. What is social sustainability? a clarification of concepts [J]. Geoforum, 42 (3): 342 – 348.

[112] VALENCIA S C, SIMON D, CROESE S, et al., 2019. Adapting the sustainable development goals and the new urban agenda to the city level: initial reflections from a comparative research project [J]. International journal of urban

sustainable development, 11 (1): 4-23.

[113] WACKERNAGEL M, REES W E, 1997. Perceptual and structural barriers to investing in natural capital: economics from an ecological footprint perspective [J]. Ecological economics, 20.

[114] WANG H, HE Q, LIU X, et al., 2012. Global urbanization research from 1991 to 2009: a systematic research review [J]. Landscape and urban planning, 104 (3-4): 299-309.

[115] WANG S, LI G, FANG C, 2018a. Urbanization, economic growth, energy consumption, and CO_2 emissions: empirical evidence from countries with different income levels [J]. Renewable and sustainable energy reviews, 81: 2144-2159.

[116] WANG X, QI J Y, ZHANG X Z, et al., 2019a. Effects of tillage and residue management on soil aggregates and associated carbon storage in a double paddy cropping system [J]. Soil and tillage research, 194: 104339.

[117] WANG Z, YANG Z, ZHANG B, et al., 2022. How does urbanization affect energy consumption for central heating: historical analysis and future prospects [J]. Energy and buildings, 255: 111631.

[118] WANG J, WEI X, GUO Q, 2018b. A three-dimensional evaluation model for regional carrying capacity of ecological environment to social economic development: model development and a case study in China [J]. Ecological indicators, 89: 348-355.

[119] WANG W, ZHAO D, MI Z, et al., 2019b. Prediction and analysis of the relationship between energy mix structure and electric vehicles holdings based on carbon emission reduction constraint: a Case in the Beijing-Tianjin-Hebei Region, China [J]. Sustainability, 11 (10): 2928.

[120] WANG C, YU C, CHEN T, et al., 2020. Can the establishment of ecological security patterns improve ecological protection? an example of Nanchang, China [J]. Science of the total environment, 740: 140051.

[121] WEBER M, COHEN I J, KNIGHT F H, 2017. General economic history [M]. London: Routledge.

[122] WEI Y D, YE X, 2014. Urbanization, urban land expansion and environmental change in China [J]. Stochastic environmental research and risk assess-

ment, 28 (4): 757-765.

[123] WEI Y D, LI H, YUE W, 2017. Urban land expansion and regional inequality in transitional China [J]. Landscape and urban planning, 163: 17-31.

[124] WEI Y D, EWING R, 2018. Urban expansion, sprawl and inequality [J]. Landscape and urban planning, 177: 259-265.

[125] WELSCH H, 2006. Environment and happiness: valuation of air pollution using life satisfaction data [J]. Ecological economics, 58 (4): 801-813.

[126] WEN J, HOU K, 2021. Research on the progress of regional ecological security evaluation and optimization of its common limitations [J]. Ecological indicators, 127: 107797.

[127] WEN S, LIN B, ZHOU Y, 2021. Does financial structure promote ECER? evidence from China [J]. International review of economics & finance, 76: 755-766.

[128] WU H, HAO Y, REN S, 2020. How do environmental regulation and environmental decentralization affect green total factor energy efficiency: evidence from China [J]. Energy Economics, 91: 104880.

[129] WU J, LIANG G, HUI D, et al., 2016a. Prolonged acid rain facilitates soil organic carbon accumulation in a mature forest in Southern China [J]. Science of the total environment, 544: 94-102.

[130] WU L, SU X, MA X, et al., 2018. Integrated modeling framework for evaluating and predicting the water resources carrying capacity in a continental river basin of Northwest China [J]. Journal of cleaner production, 204: 366-379.

[131] WU X, LIU S, SUN Y, et al., 2019. Ecological security evaluation based on entropy matter-element model: a case study of Kunming city, southwest China [J]. Ecological indicators, 102: 469-478.

[132] WU Y, JIA S, QING Y, et al., 2016b. A versatile and efficient method to fabricate durable superhydrophobic surfaces on wood, lignocellulosic fiber, glass, and metal substrates [J]. Journal of materials chemistry A, 4 (37): 14111-14121.

[133] XIE H, HE Y, CHOI Y, et al., 2020. Warning of negative effects of land-use changes on ecological security based on GIS [J]. Science of the total environment, 704: 135427.

[134] XU B, LIN B, 2015. How industrialization and urbanization process impacts on CO_2 emissions in China: evidence from nonparametric additive regression models [J]. Energy economics, 48: 188-202.

[135] YANG T, GBAGUIDI A, YAN P, et al., 2017. Model elucidating the sources and formation mechanisms of severe haze pollution over Northeast megacity cluster in China [J]. Environmental pollution, 230: 692-700.

[136] YANG Y, LIU Y, LI Y, et al., (2018). Measure of urban-rural transformation in Beijing-Tianjin-Hebei region in the new millennium: population-land-industry perspective [J]. Land use policy, 79: 595-608.

[137] YAO F, ZHU H, WANG M, 2021. The impact of multiple dimensions of urbanization on CO_2 emissions: a spatial and threshold analysis of panel data on China's prefecture-level cities [J]. Sustainable cities and society, 73:103113.

[138] YUAN Q, SONG H, CHEN N, et al., 2019. Roles of tourism involvement and place attachment in determining residents' attitudes toward industrial heritage tourism in a resource-exhausted city in China [J]. Sustainability, 11 (19): 5151.

[139] YUN X, SHEN G, SHEN H., et al, (2020). Residential solid fuel emissions contribute significantly to air pollution and associated health impacts in China [J]. Science advances.

[140] ZAPOROZHETS A O, KHAIDUROV V V, 2020. Mathematical models of inverse problems for finding the main characteristics of air pollution sources [J]. Water, air, & soil pollution, 231 (12): 1-13.

[141] ZHANG F, WANG Y, MA X, et al., 2019a. Evaluation of resources and environmental carrying capacity of 36 large cities in China based on a support-pressure coupling mechanism [J]. Science of the total environment, 688: 838-854.

[142] ZHANG H, XIONG L, LI L, et al., 2018a. Political incentives, transformation efficiency and resource-exhausted cities [J]. Journal of cleaner production, 196: 1418-1428.

[143] ZHANG M, LIU Y, WU J, et al., 2018b. Index system of urban resource and environment carrying capacity based on ecological civilization [J]. Environmen-

tal impact assessment review, 68: 90-97.

[144] ZHANG N, YU K, CHEN Z, 2017a. How does urbanization affect carbon dioxide emissions? a cross-country panel data analysis [J]. Energy Policy, 107: 678-687.

[145] ZHANG Q, ZHENG Y, TONG D, et al., 2019b. Drivers of improved PM2. 5 air quality in China from 2013 to 2017 [J]. Proceedings of the national academy of sciences, 116 (49): 24463-24469.

[146] ZHANG X, BRANDT M, TONG X, et al., 2022. A large but transient carbon sink from urbanization and rural depopulation in China [J]. Nature sustainability: 1-8.

[147] ZHANG X, ZHANG X, CHEN X, 2017b. Happiness in the air: how does a dirty sky affect mental health and subjective well-being? [J]. Journal of environmental economics and management, 85: 81-94.

[148] ZHANG Y, HUA X, ZHAO L, 2012. Exploring determinants of housing prices: a case study of Chinese experience in 1999-2010 [J]. Economic modelling, 29 (6): 2349-2361.

[149] HAO Y, ZHANG Z Y, YANG C, et al., 2021. Does structural labor change affect CO_2 emissions? theoretical and empirical evidence from China [J]. Technological forecasting and social change, 171: 120936.

[150] ZHENG W, WALSH P P, 2019. Economic growth, urbanization and energy consumption—a provincial level analysis of China [J]. Energy economics, 80: 153-162.

[151] ZHOU L, DANG X, SUN Q, et al., 2020. Multi-scenario simulation of urban land change in Shanghai by random forest and CA-Markov model [J]. Sustainable cities and society, 55: 102045.

[152] 钞小静, 沈坤荣, 2014. 城乡收入差距、劳动力质量与中国经济增长 [J]. 经济研究 (6): 30-43.

[153] 陈睿山, 赵志强, 徐迪, 等, 2021. 城市和城市群可持续发展指数研究进展 [J]. 地理科学进展, 40 (1): 61-72.

[154] 陈伟, 修春亮, 2021. 新时期城市群理论内涵的再认知 [J]. 地理科学进展 (5): 848-857.

[155] 陈彦斌，林晨，陈小亮，2019. 人工智能、老龄化与经济增长 [J]. 经济研究（7），47-63.

[156] 程婉静，武康平，田亚峻，2019. 劳动力年龄结构对中国经济发展的影响 [J]. 技术经济（1）：104-111.

[157] 代瑜平，戴蓓蓓，2021. 城镇化对碳排放的影响研究回顾与启示——基于 WOS 知识图谱分析 [J]. 环境保护与循环经济，41（12）：98-104.

[158] 邓仲良，2021. 从国际比较和历史视角看城市人口疏解政策. 齐鲁学刊（6）：125-136.

[159] 丁镭，贡金涛，2021. 中国科技创新和城镇化关系的演进特征和研究进展——基于 CiteSpace 的计量与可视化分析 [J]. 科技创新与生产力（1）：43-49.

[160] 都阳，封永刚，2021. 人口快速老龄化对经济增长的冲击 [J]. 经济研究（2）：71-88.

[161] 段佩利，刘曙光，尹鹏，等，2018. 中国沿海城市开发强度与资源环境承载力时空耦合协调关系 [J]. 经济地理（5）：60-67.

[162] 范丹，孙晓婷，2020. 环境规制、绿色技术创新与绿色经济增长 [J]. 中国人口·资源与环境，30（6）：105-115.

[163] 范强，史月，王戏游，2021. 型城市建成区用地扩张时空特征 [J]. 辽宁工程技术大学学报（自然科学版），40（4）：355-359.

[164] 封志明，李鹏，2018. 承载力概念的源起与发展：基于资源环境视角的讨论. 自然资源学报（9）：1475-1489.

[165] 高婷，李国星，胥美美，等，2015. 基于支付意愿的大气 PM2.5 健康经济学损失评价. 环境与健康杂志，32（8）：697-700.

[166] 耿修林，2008. 经济发展对人口素质的影响分析. 管理世界（11）：168-169.

[167] 郭存芝，彭泽怡，丁继强，2016. 可持续发展综合评价的 DEA 指标构建. 中国人口·资源与环境（3）：9-17.

[168] 李惠娟，周德群，魏永杰，2018. 我国城市 PM2.5 污染的健康风险及经济损失评价. 环境科学，39（8）：3467-3475.

[169] 李菁，张毅，2022. 长三角城市群新型城镇化与生态效率耦合协调及驱动因素研究 [J]. 生态经济，38（3）：109-114，141.

[170] 李林子，傅泽强，封强，等，2020. 基于专利视角的中国大气环保产业技

术创新能力研究[J]. 环境工程技术学报,10(1):160-166.

[171] 刘祖源,庞丽华,2021. 人口结构对消费内循环的影响研究[J]. 价格理论与实践(7):83-86,165.

[172] 陆铭,陈钊,2004. 城市化、城市倾向的经济政策与城乡收入差距[J]. 经济研究(6),50-58.

[173] 罗润东,李琼琼,童玉芬,2022. 新世纪以来国际城市群研究前沿及其四维度热点解读——基于Citespace对Web of Science数据库的文献计量[J]. 东岳论丛,43(01):150-168.

[174] 任玉芬,方文颖,王雅晴,等,2020. 我国城市水资源利用效率分析[J]. 环境科学学报(4):1507-1516.

[175] 邵超峰,陈思含,高俊丽,等,2021. 基于SDGs的中国可持续发展评价指标体系设计. 中国人口·资源与环境(4):1-12.

[176] 史桂芬,李真,2020. 人口流动助推地区经济增长的机制研究——基于长三角城市群的面板数据. 华东经济管理(6):10-18.

[177] 孙才志,姜坤,赵良仕,2017. 中国水资源绿色效率测度及空间格局研究[J]. 自然资源学报(12):1999-2011.

[178] 孙付华,陈汝佳,张兆方,2019. 基于三阶段DEA-Malmquist区域农业水资源利用效率评价[J]. 水利经济,37(2):53-58,78,87-88.

[179] 孙轩,2021. 当前我国资源型城市推动绿色转型的难点与对策[J]. 重庆理工大学学报(社会科学),35(12):7-13.

[180] 孙钰,梁一灿,齐艳芬,等. 2021. 京津冀城市群生态效率的时序演进与空间分布特征[J]. 生态经济(12):74-82.

[181] 唐子来,顾姝,2015. 上海市中心城区公共绿地分布的社会绩效评价:从地域公平到社会公平[J]. 城市规划学刊(2):48-56.

[182] 汪涛,张家明,禹湘,等,2021. 资源型城市的可持续发展路径[J]. 中国人口·资源与环境,31(3):24-32.

[183] 汪伟,2010. 经济增长、人口结构变化与中国高储蓄[J]. 经济学(季刊)(1),29-52.

[184] 王鹏龙,高峰,黄春林,等,2018. 面向SDGs的城市可持续发展评价指标体系进展研究. 遥感技术与应用(5):784-792.

[185] 王翔宇,王元慧,高培超,等,2021. "可持续社会指数"的研究综述与

展望. 地球科学进展（3）：317-324.

[186] 吴大放，胡悦，刘艳艳，等，2020. 城市开发强度与资源环境承载力协调分析——以珠三角为例. 自然资源学报（1）：82-94.

[187] 吴福象，刘志彪，2018. 城镇化群落驱动经济增长的机制研究——来自长三角16个城市的经验证据［J］. 经济研究（11）：126-136.

[188] 吴康，戚伟，2021. 收缩型城市：认知误区，统计甄别与测算反思［J］. 地理研究，40（1）：213-229.

[189] 夏军，左其亭，2018. 中国水资源利用与保护40年（1978—2018年）［J］. 城市与环境研究（2）：18-32.

[190] 易其国，陈慧婷，2021. 基于能值生态足迹和生态效率的贵州省可持续发展评价. 生态经济（4），170-176.

[191] 袁晓玲，李思蕊，李朝鹏，2021. 为城市发展定标：城市高质量发展评价体系构建研究. 西安交通大学学报（社会科学版）（3）：18-24.

[192] 原倩，2016. 城市群是否能促进城市发展［J］. 经济研究（9）：99-123.

[193] 张利国，冷浪平，2022. 流动人口与经济发展——基于城市面板数据的实证研究. 当代财经（2）：16-27.

[194] 张生玲，李跃，酒二科，等，2016. 路径依赖、市场进入与资源型城市转型［J］. 经济理论与经济管理（2）：14-27.

[195] 张希良，黄晓丹，张达，等，2022. 碳中和目标下的能源经济转型路径与政策研究. 管理世界（1）：35-66.

[196] 张燕，盛妮，蓝裕平，2020. 粤港澳大湾区可持续发展效率研究——基于三阶段SBM-DEA模型. 技术经济与管理研究（11）：122-128.

[197] 赵先贵，肖玲，马彩虹，等，2006. 基于生态足迹的可持续评价指标体系的构建. 中国农业科学（6）：1202-1207.

[198] 赵耀辉，杨翠红，李善同，等，2021. 人口结构变化与社会经济发展. 管理科学学报（8）：154-162.

[199] 赵勇，魏后凯，2015. 政府干预、城市群空间功能分工与地区差距——兼论中国区域政策的有效性［J］. 管理世界（8）：14-29，187.

[200] 钟炎君，2021. 美国城市群的发展及启示［J］. 武汉轻工大学学报，40（2）：80-86.

[201] 周茂，李雨浓，姚星，等，2019. 人力资本扩张与中国城市制造业出口升

级：来自高校扩招的证据［J］. 管理世界（5）：64-77，198-199.

［202］周颖，何如海，陆雅雯，等，2020. 资源型城市土地生态安全预警与障碍因子诊断［J］. 西安建筑科技大学学报（社会科学版），39（2）：47-54.

［203］朱晓丹，叶超，李思梦，2020. 可持续城市研究进展及其对国土空间规划的启示［J］. 自然资源学报，35（9）：2120-2133.

后　记

　　经过一年多的努力，本书即将出版。可持续发展是全人类的共同愿景，是高质量发展的重要标志，也是我国全面建设社会主义现代化强国的重要指引。随着全球城市化进程加快，城市成为落实可持续发展的关键。城市可持续发展融合国家与地区、经济与社会发展的方方面面，将贯穿于我国"十四五"、"2035"乃至"2060"中长期发展过程。走可持续发展道路，促进经济社会与人口资源环境之间协调、健全地发展是中国城市化的必然选择。中国如何借鉴国际经验化解城市化过程中的经济发展、资源环境、人口与土地等问题，实现城市可持续发展，是笔者一直关心的问题，也是本书写作的初衷。

　　从博士毕业进入北京理工大学管理与经济学院和能源与环境政策研究中心工作至今，笔者一直专注于可持续发展、绿色发展、能源经济、环境政策方面的研究工作。本书是笔者工作多年来在城市可持续发展研究成果的阶段性总结和提炼。本书也是我和同行、同事及学生的共同学术成果结晶。付梓之际，笔者要特别感谢以下同事和好友：北京理工大学能源与环境政策研究中心的廖华教授、王科教授、余碧莹教授、梁巧梅教授、李果教授、吕鑫教授、刘文玲副教授、马晓微副教授，北京师范大学张生玲教授、林永生教授、张江雪副教授，澳大利亚悉尼科技大学施训鹏教授，伦敦大学学院米志付教授，台湾中山大学张存炳教授，湖南大学张跃军教授，华东理工大学邵帅教授，山东大学常东风教授，中国地质大学（武汉）於世为教授，暨南大学何凌云教授、马春波教授，江苏大学龙兴乐教授，南京理工大学王玉东教授，南京航空航天大学王群伟教授，华北电力大学张金良教授，西南财经大学黄俊兵副教授，以及上海交通大学张攀副教授等。他们在本书的撰写及各章节研究过程中给予了笔者不同形式的帮助和支持。笔者的合作博士后杨楚潇博士、研究生吴海涛、柴晶霞、郭云霞、巴宁、许璐、黄靖雯、李颖、李宇佳、蔡依廷、张靖等在本书的写作过程中做了查阅资料、完善书稿等协助，在此一并表示感谢。

　　在本书的撰写过程中，得到了国家社会科学基金重大项目"数字经济推动社会主义生产、生活以及生态和谐共生研究"（项目批准号：22ZDA107）的资助和支持。借此机会，还要特别感谢北京师范大学经济与资源管理研究院名誉院长李晓西教授、党委书记张琦教授。同时特别感谢北京理工大学副校长、北京理工大学能源与环境政策研究中心主任魏一鸣教授，管理与经济学院院长王兆华教授、党委书记颜志军教授、副院长唐葆君教授、副院长张祥教授等领导，以及管理与经济学院的各位同仁，感谢他们对我和我的团队长期以来的关爱、支持和帮助。没有他们的扶持和帮助，本书难以完成。也特别感谢所有参与和支持编纂工作的朋友！

由衷地希望本书的出版能为中国城市可持续发展研究以及未来相关政策制定贡献绵薄之力。由于知识水平有限，书中存在错漏和不妥之处，恳请各位读者批评指正！

郝宇
2022 年 6 月 20 日于北京

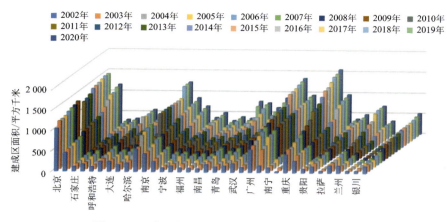

图 10-8 我国部分城市 2002—2020 年建成区面积

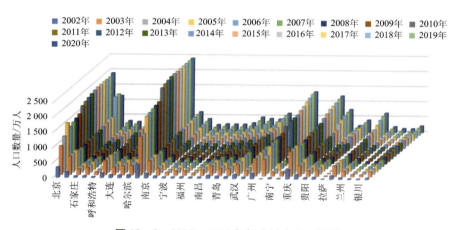

图 10-9 2002—2020 年部分城市人口数量

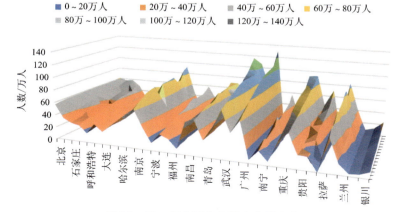

图 10-11 部分城市普通本专科人数

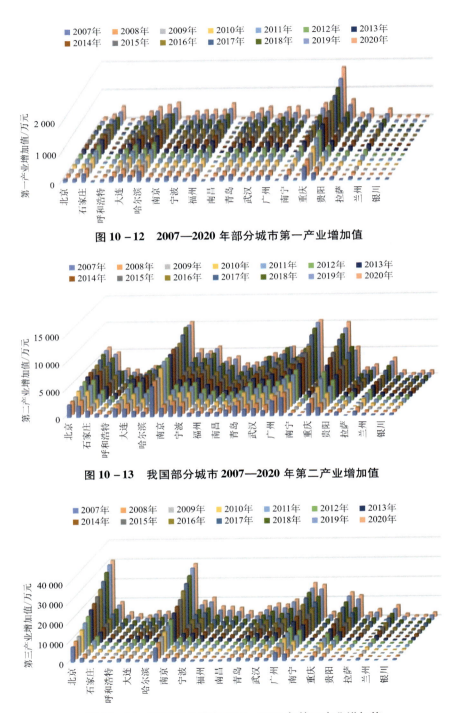

图 10-12　2007—2020 年部分城市第一产业增加值

图 10-13　我国部分城市 2007—2020 年第二产业增加值

图 10-14　我国部分城市 2007—2020 年第三产业增加值

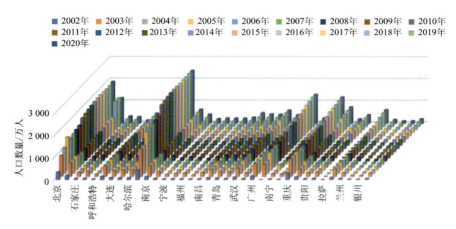

图 10－15　我国部分城市 2002—2020 年人口数量

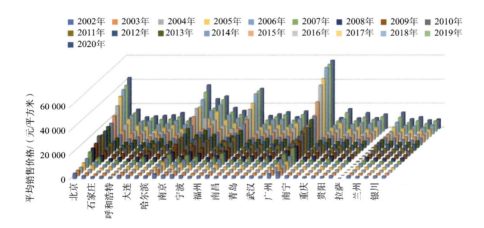

图 10－18　我国部分城市住宅商品房平均销售价格

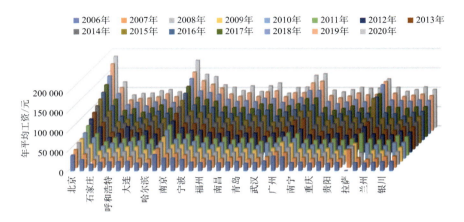

图 10-19 我国部分城市 2006—2020 年在岗职工年平均工资

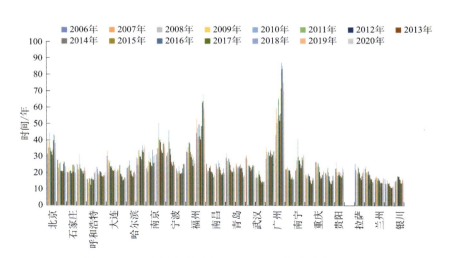

图 10-20 我国部分城市 2006—2020 年房价负担对比